21世纪 MBA 规划教材

财务报表分析

(第三版)

ANALYSIS OF FINANCIAL STATEMENTS

王化成/主编
刘亭立 姚燕 黎来芳/副主编

北京大学出版社
PEKING UNIVERSITY PRESS

图书在版编目(CIP)数据

财务报表分析/王化成主编.—3版.—北京:北京大学出版社,2023.1
21世纪MBA规划教材
ISBN 978-7-301-33351-8

Ⅰ.①财⋯　Ⅱ.①王⋯　Ⅲ.①会计报表—会计分析—研究生—教材　Ⅳ.①F231.5

中国版本图书馆CIP数据核字(2022)第173924号

书　　名	财务报表分析(第三版)
	CAIWU BAOBIAO FENXI(DI-SAN BAN)
著作责任者	王化成　主编
责 任 编 辑	任京雪　徐　冰
标 准 书 号	ISBN 978-7-301-33351-8
出 版 发 行	北京大学出版社
地　　　址	北京市海淀区成府路205号　100871
网　　　址	http://www.pup.cn
微信公众号	北京大学经管书苑(pupembook)
电 子 信 箱	em@pup.cn
电　　　话	邮购部 010-62752015　发行部 010-62750672　编辑部 010-62752926
印 刷 者	河北文福旺印刷有限公司
经 销 者	新华书店
	787毫米×1092毫米　16开本　19.75印张　476千字
	2007年7月第1版　2014年11月第2版
	2023年1月第3版　2023年1月第1次印刷
定　　　价	56.00元

未经许可,不得以任何方式复制或抄袭本书之部分或全部内容。
版权所有,侵权必究
举报电话:010-62752024　电子信箱:fd@pup.pku.edu.cn
图书如有印装质量问题,请与出版部联系,电话:010-62756370

第三版前言

经营管理者、股权投资者、债权投资者、社会中介机构、政府职能部门等都需要了解企业。只有了解企业,才能做出与企业相关的正确的决策。而财务信息是了解企业的最为重要的渠道,它是对企业财务状况和经营成果综合、系统、连续、完整的反映。但是企业的财务信息内容庞杂、形式多样,如果面面俱到地去了解,则可能抓不住重点。因此,恰当的财务分析可以帮助决策者掌握企业财务信息中所反映的相关财务状况和经营成果,迅速准确地抓住与自身决策密切相关的问题。

教材整体素养目标:本书的目的就在于让读者掌握财务分析的基本程序、重要内容以及财务分析的常用方法与技巧,使读者不仅能看懂财务信息,还能读透财务报表、运用财务数据,通过财务分析对企业的方方面面做出评判,找到存在的问题,做出正确的决策;同时,引导读者关注上市公司财务现实问题,理解企业主体的经济性与社会性,通过财务报表分析方法的学习,具备经世济民的社会责任感、遵纪守法的契约精神、预判风险的职业敏感度、诚实守信的职业素养和促进企业可持续发展的职业理想。

本书由四部分共10章组成。

第一部分包括第1章和第2章,属于财务分析的基础部分,这部分为后面的具体分析做好了铺垫。

第1章讲授了财务分析的基本理论。主要内容包括财务分析的主体、目的、基本内容、方法和程序等问题。

第2章讲授了作为财务分析背景的财务信息问题。主要内容包括财务信息的重要意义、产生财务信息的会计系统、财务信息的主要形式——财务报表及附注等问题。

第二部分包括第3章至第7章,属于财务分析的主体部分,分别讲授了企业偿债能力分析、营运能力分析、盈利能力分析以及其他能力分析等方面的内容。

第3章讲授了企业偿债能力分析的理论与方法。主要内容包括影响企业偿债能力的基本因素、短期偿债能力分析、长期偿债能力分析、利息及固定费用偿付能力分析以及影响偿债能力的特别项目等问题。

第4章讲授了企业营运能力分析的理论与方法。主要内容包括企业营运能力分析的基本内容、企业短期营运能力分析以及企业长期营运能力分析等问题。

第5章讲授了企业盈利能力分析的理论与方法。主要内容包括企业营业收入分析、企业成本费用分析以及反映企业盈利能力的主要财务指标分析等问题。

第6章讲授了企业其他能力分析的理论与方法。主要内容包括企业发展能力分析、竞争能力分析以及防御风险能力分析等问题。

第7章讲授了企业财务状况的综合分析。主要内容包括杜邦分析法、沃尔评分法、经济增加值（EVA）以及平衡计分卡（BSC）等问题。

第三部分包括第8章和第9章，属于财务分析的扩展部分，分别讲授了价值评估与信用评级的内容。

第8章讲授了企业价值评估的理论与方法。主要内容包括价值评估的思路与定价模型。

第9章讲授了企业信用评级的理论与方法。主要内容包括国内外信用评级体系介绍、信用评估的作用和程序以及财务预警的理论与模型。

第四部分包括第10章，作为全书的总结，以一个综合案例的形式详细讨论了财务分析的理论与方法在实践中的应用问题。

第10章以汇川技术为例，将财务分析的理论与方法以图文并茂的形式表现出来，对汇川技术近年来的财务状况和经营成果进行了分析，从而对本书加以总结。

作为一本学术性与实践性相结合的财务分析教材，本书的特点可以概括为以下方面：

第一，理论与实例相结合。本书通过理论与实例相结合的形式，通俗易懂地将财务分析的理论与方法进行了讲解，理论部分深入浅出，实例部分融会贯通。本书主体章节采用了两个真实案例进行对比分析。通过这一既有时间跨度又有横向比较的案例，比较完整地对整个财务分析体系进行了演示。

第二，文字与图表相结合。本书除了对财务分析的理论与方法进行文字介绍，在分析中还大量使用图表这种直观的形式来加深理解和认识，图文并茂，易于理解。

第三，讲解与启发相结合。本书除了每章的正文部分对财务分析的相关知识点进行讲解，章节的最后还附有与本章内容相关的案例分析和思考题。通过案例分析和思考题，启发读者对相关内容进行深度思考，以便读者更好地理解每章的理论与方法。

本书由王化成教授担任主编，刘亭立、姚燕、黎来芳担任副主编。参加初稿编写的有王化成、刘亭立、姚燕、黎来芳、李凯飞、姬鸿恩、闫存岩。最后由王化成教授审阅定稿，刘亭立协助主编做了大量的审稿工作。

希望本书能够对您的学习和工作有所帮助，同时衷心地希望您对书中可能出现的错漏提出宝贵意见。

编　者
2022年1月于北京

目　录

第1章　总　论 ······ 001
1.1　财务分析的主体 ······ 004
1.2　财务分析的目的 ······ 004
1.3　财务分析的内容 ······ 006
1.4　财务分析的方法 ······ 008
1.5　财务分析的程序 ······ 013

第2章　财务报表概览 ······ 017
2.1　财务信息概述 ······ 020
2.2　财务报表及附注 ······ 025
2.3　其他财务信息 ······ 038

第3章　偿债能力分析 ······ 043
3.1　短期偿债能力分析 ······ 046
3.2　长期偿债能力分析 ······ 061
3.3　影响偿债能力的特别项目 ······ 073

第4章　营运能力分析 ······ 081
4.1　资产管理与营运能力 ······ 084
4.2　流动资产营运能力分析 ······ 087
4.3　长期资产与总资产营运能力分析 ······ 098

第5章　盈利能力分析 ······ 107
5.1　盈利能力概述 ······ 109
5.2　基于营业活动的盈利能力分析 ······ 111
5.3　基于投资报酬的盈利能力分析 ······ 117
5.4　基于市场与股份的盈利能力分析 ······ 124
5.5　盈利能力的趋势分析与结构分析 ······ 127

第 6 章　其他能力分析 ……………………………………………………………… 137
6.1　发展能力分析 …………………………………………………………… 140
6.2　竞争能力分析 …………………………………………………………… 149
6.3　防范风险能力分析 ……………………………………………………… 159

第 7 章　财务状况综合分析 ……………………………………………………… 183
7.1　杜邦分析法 ……………………………………………………………… 186
7.2　沃尔评分法 ……………………………………………………………… 190
7.3　经济增加值分析 ………………………………………………………… 197
7.4　平衡计分卡分析 ………………………………………………………… 201

第 8 章　财务分析与价值评估 …………………………………………………… 215
8.1　现金流量定价模型 ……………………………………………………… 218
8.2　股利定价模型 …………………………………………………………… 232
8.3　市盈率定价模型 ………………………………………………………… 236

第 9 章　财务分析与信用评级 …………………………………………………… 245
9.1　信用评估概述 …………………………………………………………… 248
9.2　信用评估程序 …………………………………………………………… 252
9.3　信用分析与破产预警 …………………………………………………… 260

第 10 章　财务分析综合案例——基于汇川技术的分析 ………………………… 275

附录 ………………………………………………………………………………… 293

参考文献 …………………………………………………………………………… 299

练习题答案 ………………………………………………………………………… 303

第 1 章 总 论

[学习目标]

学习本章,你应该掌握:
1. 财务分析的主体以及各个财务分析主体的分析目的;
2. 财务分析的基本内容,从而大致了解本书后面章节的结构体系;
3. 财务分析的基本方法,为本书后面的具体财务分析打下基础。

[素养目标]

关注上市公司财务现实问题,理解企业主体的经济性与社会性。

[引导案例]

加拿大西部某著名的四季游览胜地公司计划增加几项新的娱乐设施,包括增加造雪能力,新建一架高速升降梯、一家具有700个座位的餐馆、一个新的滑雪设备零售商店,以及改善现有基础设施和条件等。新的投资计划需要2 500万美元的资金。公司董事会计划在两个星期内安排一次会议以就提议进行表决。对于公司的财务总监和领导层而言,他们需要了解公司近年来的盈利状况、资金周转状况以及公司的债务状况等,并结合公司发展战略来决定是否通过此提议;如果新投资计划的资金需求准备通过申请贷款来解决,那么银行需要考虑公司已有的债务状况以及其以往的信用状况,并结合新项目可能给公司带来的盈利潜力来决定是否给予公司贷款;对于公司已有的股东而言,他们需要了解新项目可能带来的风险和收益,以此做出是否继续持有公司股票的决定;对于公司潜在的投资者而言,他们需要了解新项目的风险和收益情况,并考虑新项目给公司带来的发展潜力,从而决定是否投资于公司股票。不同的公司利益相关者,从自身决策的角度出发需要不同的决策信息,因此我们需要了解如何对公司的财务报表进行分析。

财务分析是以财务报表等资料为依据,运用一定的分析方法和技术,对企业相关情况进行分析,以帮助决策者做出经济决策的过程。在具体学习财务分析以前,我们必须弄清楚谁进行分析,为什么要分析,分析些什么,用什么方法来分析,按照怎样的程序去分析。"谁进行分析"就是分析主体的问题,"为什么要分析"就是分析目的的问题,"分析些什么"就是分析内容的问题,"用什么方法来分析"就是分析方法的问题,"按照怎样的程序去分析"就是分析程序/步骤的问题。

1.1 财务分析的主体

财务分析的主体就是与企业存在现实或潜在的利益关系,为了特定目的,对企业的财务状况、经营成果、现金流量状况等进行分析和评价的组织或个人。财务分析的主体分为内部主体和外部主体。内部主体是指对企业进行财务分析的企业内部人士,主要指企业内部的经营管理者,当然也包括普通员工。外部主体是指对企业进行财务分析的企业外部组织或个人,包括企业外部的各个利益相关者,如债权投资者、股权投资者、社会中介机构、政府职能部门等。

1.2 财务分析的目的

财务分析可以帮助分析主体加深对企业的了解,减少判断的不确定性,从而增加决策的科学性。不同的财务分析主体需要通过财务分析做出不同的决策,因而在进行财务分析时有着各自不同的目的。

1.2.1 经营管理者的目的

经营管理者作为企业委托代理关系中的受托者,接受企业所有者的委托,对企业运营中的各项活动以及企业的财务状况和经营成果进行有效的管理与控制。虽然相对于企业外部的所有者和债权人等,经营管理者拥有更多了解企业的信息渠道和监控企业的方式方法,但是财务信息仍然是一个十分重要的信息来源,财务分析仍然是一种非常重要的监控方法。因此,企业的经营管理者是企业财务分析的重要主体之一。与外部分析主体相比,经营管理者作为企业内部的分析主体,所掌握的财务信息更加全面,所进行的财务分析更加深入,因而财务分析的目的也就更加多样化。

经营管理者对企业的日常经营活动进行管理,就需要通过财务分析及时地发现企业经营中的问题,并找出对策,以适应瞬息万变的经营环境。

经营管理者需要通过财务分析,全面掌握企业的财务状况、经营成果和现金流量状况等,从而做出科学的筹资、投资等重大决策。

经营管理者为了提高企业内部的活力和企业整体的效益,还需要借助财务分析对企业内部的各个部门和员工等进行业绩考评,并为今后的生产经营编制科学的预算,等等。

1.2.2 债权投资者的目的

债权投资者也叫债权人,是指以债权形式向企业投入资金的自然人或法人。这里所说的债权投资者既包括现实的债权投资者,又包括潜在的债权投资者。由于企业的偿债能力会直接影响现实和潜在债权投资者的放款决策,所以他们是企业财务分析的重要主体之一。

依据债权的期限,债权人分为短期债权人和长期债权人。

短期债权人由于债权期限短于一年或一个营业周期,因此在财务分析中往往比较关心企业的短期财务状况,如企业资产的流动性和企业的短期现金流量状况等。因为企业的短期负债通常需要在不远的将来动用现金来偿还,因此企业资产的变现能力(即流动性)和企业近期的现金流量状况直接决定着企业是否有能力如期偿付这些短期债务。

长期债权人由于债权期限长于一年或一个营业周期,因此在财务分析中往往比较关心企业的长期财务状况,如企业的资本结构和财务风险。由于企业的长期负债不需要在近期内动用现金来偿还,因此长期负债的安全性通过所有资产来保障。每一元负债有更多的资产与其相对应,负债就越安全。因此,企业负债在资产中所占的比重,或者说负债与所有者权益的比例(即通常所说的资本结构)在一定程度上反映了企业财务风险的高低,是长期债权人通常非常关注的因素。当然,长期债权人在财务分析中还会比较关注企业的长期现金流量状况,因为在企业不破产清算的情况下,企业的长期债务到期也需要用现金来偿还。

除上述直接影响短期偿债能力和长期偿债能力的因素外,债权人还想通过财务分析了解企业的盈利能力和资产周转效率,因为企业的盈利是企业现金流量最稳定的来源,而企业资产的周转效率又直接影响着企业的流动性和盈利水平。

1.2.3 股权投资者的目的

股权投资者也叫所有者或股东,是指以股权形式向企业投入资金的自然人或法人。这里所说的股权投资者既包括现实的股权投资者,又包括潜在的股权投资者。企业投资回报的高低会直接影响现实和潜在股权投资者的投资决策。同时,企业所有者又是企业委托代理关系中的委托者,需要依据财务分析等对经营管理者的受托责任履行情况进行评价。所以股权投资者是企业财务分析非常重要的主体。

获得投资报酬是股权投资的重要目的,因此股权投资者在财务分析中首先会非常关注企业投资回报的高低。股东的投资回报需要由企业的盈利能力来保障,所以在投资回报之外,股权投资者还会关心企业的收益水平、成本费用控制能力等。

股权投资者是企业收益的最终获得者和风险的最终承担者。对长期投资者而言,企业的长远发展可能比眼前利益更加重要。而企业一旦破产,股东处于财产分配顺序中的最末位,很可能血本无归,蒙受巨大损失。因此,股权投资者除关心企业的盈利能力以外,在财务分析中还会密切关注企业的发展前景和风险程度。

上市公司的股权投资者除关注上述因素外,还想通过财务分析了解企业的股利分配、股价走势等。

1.2.4 社会中介机构的目的

会计师事务所、律师事务所、资产评估事务所、证券公司、资信评估公司以及各类咨询公司等社会中介机构,在为企业提供服务时,都需要站在客观的立场上,为企业相关事项提出建议、意见、评定等。在服务过程中,这些社会中介机构都或多或少地需要借助财务分析,了解企业相关的财务状况和经营成果等。因此,社会中介机构也是企业财务分析的主体之一。

在这些社会中介机构中,会计师事务所对财务分析的应用可能最为频繁。在对企业进行审计时,注册会计师要对企业财务报表的合法性、合理性等进行验证并提出相应的审计意见。而财务分析是审计工作中一个非常重要的手段。财务分析可以帮助审计人员发现错误、遗漏或不寻常的事项,为进一步追查提供线索,为审计结论提供证据。

1.2.5　政府职能部门的目的

工商、税务、财政等对企业有监管职能的政府职能部门,在履行其监管职能时,往往需要借助财务分析。因此,相关的政府职能部门也是企业财务分析的主体之一。

政府职能部门对企业进行财务分析的目的主要是监督企业是否遵循了相关政策法规,检查企业是否偷逃税款等,以维护正常的市场经济秩序、保障国家和社会利益。

1.2.6　其他财务分析主体的目的

除上述财务分析主体之外,企业的供应商、客户、员工甚至竞争对手等,都可能需要通过财务分析了解企业相关情况,从而成为企业财务分析的主体。

企业的供应商通过向企业提供原材料等资源或劳务,成为企业的利益相关者。有些供应商希望与企业保持稳定的合作关系,因此希望通过财务分析了解企业的持续购买能力等。在赊销赊购的情况下,企业与供应商又形成了商业信用关系。此时,供应商希望通过财务分析了解企业的支付能力,以判断其货款的安全性。

企业的客户通过向企业购买商品或劳务,成为企业的利益相关者。客户往往希望借助财务分析,了解企业的商品或劳务的质量、持续提供商品或劳务的能力,以及企业所提供的商业信用条件等。

企业的员工与企业存在雇佣关系,因而他们希望借助财务分析了解企业的经营状况、盈利能力及发展前景等,从而判断其工作的收益性、稳定性、安全性以及福利和保障等。另外,员工通过财务分析还可以了解自己以及自己所在部门的成绩和不足,为今后的工作找到方向。

企业的竞争对手通过对双方企业进行财务分析,可以判断双方的相对效率与效益,找到自己的竞争优势与劣势,为提高竞争能力打下基础。

1.3　财务分析的内容

财务分析的内容与财务分析的目的有着密切的关系。分析目的不同,分析内容的侧重点也会有所差别。

1.3.1　偿债能力分析

1. 流动性与短期偿债能力分析

流动性是指企业资源满足短期现金需要的能力。[①]　企业的短期现金需要通常包括支付日常生产经营开支的需要和偿还短期债务的需要。企业的流动性越强,日常支付能力

---

① 伯恩斯坦,维欧德.财务报表分析[M].许秉岩,张海燕,译.北京:北京大学出版社,2004:73.

和短期偿债能力就越强，企业的日常生产经营就越顺畅，短期债务就越安全。

企业的流动性与短期偿债能力直接关系着企业的短期经营安全和短期债务安全，而安全是企业生存和发展的前提。因此，不仅短期债权人会重视对企业流动性与短期偿债能力的分析，企业管理者、股权投资者等都会关注对企业流动性与短期偿债能力的分析。

2. 财务风险与长期偿债能力分析

狭义的财务风险又叫筹资风险，是指企业与筹资活动有关的风险，也就是企业债务偿还的不确定性。因此，企业的财务风险与长期偿债能力密不可分。如果企业不能如期偿还到期的长期债务，则必然会影响企业的长期投资安排和经营活动。

企业的财务风险与长期偿债能力直接关系着企业的长期经营安全和长期债务安全。而我们知道，风险与报酬存在同增同减的关系。企业如何通过资本结构和财务杠杆的安排，使风险与报酬达到最佳的平衡，就成为长期债权人、企业管理者及股权投资者等分析主体关注的内容。

1.3.2 营运能力分析

资产是能为企业带来未来经济利益的经济资源，同时又是对负债和所有者权益的保障。因此，企业的资产管理水平直接影响着企业获取经济利益的能力以及企业资本的安全。资产管理主要包括资产结构管理和资产效率管理等内容。对企业资产的利用效率通常称为营运能力。

企业的资产管理水平与营运能力从深层次影响着企业的安全性和盈利性，因而是企业债权人、股权投资者和管理者等分析主体都应当关注的内容。

1.3.3 盈利能力分析

盈利能力的高低首先体现在收入与成本相抵后的会计收益上，因此通过分析企业的营业收入，可以了解企业盈利能力的稳定性和持续性；在资料许可的情况下，可以对企业的成本费用进行本－量－利分析。本－量－利分析能够揭示企业利润的关键影响因素，从而为企业从内部挖掘利润潜力找到方向。

盈利能力的高低最终会体现在一系列财务指标上，包括与资金占用有关的盈利能力指标、与销售额有关的盈利能力指标以及与市场有关的盈利能力指标。

丰厚而稳定的利润不仅是投资报酬和盈利能力的体现，还是企业偿还债务的保障。一个不能盈利的企业是没有真正的安全可言的。因此，包括股权投资者、企业管理者和债权人等在内的众多分析主体对盈利能力都十分关注。可以说，盈利能力分析是现代财务分析中最为重要的内容。

1.3.4 其他能力分析

传统的财务分析是从静态角度出发分析企业的财务状况和经营成果，只强调偿债能力、营运能力和盈利能力的分析。面对日益激烈的市场竞争，静态的财务分析是不够全面的。首先，企业价值主要取决于未来的获利能力及竞争能力，取决于企业销售收入、收益及股利在未来的增长、企业在市场中的竞争地位和竞争能力，而不是目前或过去所取得的收益情况。其次,增强企业的盈利能力、资产营运效率和偿债能力,都是为了未来的生存和发展的需要,是为了提高企业的发展和竞争能力。所以,要全面衡量一个企业的价值,不仅要从静态角度出发分析其经营能力,还要从动态角度出发分析和预测其发展能力、竞争能力及防御风险能力。

1.3.5 综合分析

综合分析就是对企业的各个方面进行系统、全面的分析,从而对企业的财务状况和经营成果做出整体的评价与判断。由于企业是一个不可分割的主体,各个方面有着千丝万缕的联系,因此各分析主体在对上述相关内容进行侧重分析后,还应将这些内容融合起来,对企业的总体状况做一定的了解。尤其对企业管理者而言,要关注企业的生存与发展,就必须全面把握企业的方方面面,并找到其间的各种关联,以为企业管理指明方向。传统的企业财务综合分析方法包括杜邦分析法和沃尔评分法,经济增加值和平衡计分卡是当前流行的综合分析方法。

本书的第 3 章到第 7 章就是按照上述的财务分析内容进行安排的:第 3 章讲述偿债能力分析;第 4 章讲述营运能力分析;第 5 章讲述盈利能力分析;第 6 章讲述其他能力分析;第 7 章讲述综合分析。之后,第 8 章讲述价值评估;第 9 章讲述信用评级;最后第 10 章以一个综合案例对财务分析做总结。

复习与思考 财务分析的各项内容是相互关联的还是彼此独立的?

1.4 财务分析的方法

在财务分析中,分析主体可以根据不同的目的选用不同的方法。这里对常见的几种分析方法做简要的介绍。这些方法在后面章节的具体分析中都会用到。

1.4.1 趋势分析法

趋势分析法是将企业连续几个期间的财务数据进行对比,以查看相关项目变动情况,得出企业财务状况和经营成果变化趋势的一种分析方法。趋势分析法有助于预测企业未来的财务状况和经营成果。由于在进行趋势分析时往往将连续几期的财务数据并列排列,分析人员在对某一项目进行分析时,其眼睛左右地水平移动,因而趋势分析又被称作水平分析。在趋势分析中,常见的技术有以下三种:

1. 绝对数额分析

绝对数额分析就是将相关项目连续几期的绝对数额进行对比。这种分析可以看出相关项目的变动方向是呈上升的趋势、下降的趋势、不断波动的趋势还是保持相对稳定。

2. 环比分析

环比分析就是计算相关项目相邻两期的变动百分比,即分析期某项目的数值相对于前期该项目数值的变动百分比。这种分析不仅可以看出相关项目变动的方向,还可以看出其变动的幅度。环比变动百分比的计算公式为:

$$环比变动百分比 = \frac{分析期某项目数值 - 前期某项目数值}{前期某项目数值} \times 100\%$$

在环比分析中需要注意,如果前期的项目数值为零或负数,则无法计算出有意义的环比变动百分比。

3. 定基分析

定基分析就是选定一个固定的期间作为基期,计算各分析期的相关项目与基期相比的百分比。这种分析不仅能看出相邻两期的变动方向和幅度,还可以看出一个较长期间内的总体变动趋势,便于进行较长期间的趋势分析。定基变动百分比的计算公式为:

$$定基变动百分比 = \frac{分析期某项目数值}{基期某项目数值} \times 100\%$$

在定基分析中,基期的选择非常重要,因为基期是所有期间的参照。选择基期时,不要选择项目数值为零或负数的期间,否则无法计算出有意义的定基变动百分比。最好选择一个企业状况比较正常的年份作为基期,否则得出的定基变动百分比就不具有典型意义。另外,通常选择时间序列中较早的年份作为基期,这样便于分析整个时间序列中各项目的发展态势。

在趋势分析中,还应注意以下几个问题:①如果前后各期的会计政策存在不一致的现象,则需要对各期相关项目数据进行调整,否则各期间的趋势分析可能被歪曲;②当趋势分析涉及的期限较长时,物价水平变动对各期财务数据的影响程度较大,必要时可以剔除物价变动因素后再做趋势分析;③应注意一些重大事项和环境因素对各期财务数据的影响;④究竟对哪些项目进行趋势分析,要视分析目的而定,并不需要面面俱到;⑤可以利用坐标图等工具,使分析结果更加直观。

1.4.2 结构分析法

结构分析法是将相关项目金额与同期相应的合计金额、总计金额或特定项目金额进行对比,以查看相关项目的结构百分比,得出企业各项结构的一种分析方法。由于在进行结构分析时往往是对纵向排列的各项目计算比重,分析人员在进行分析时其眼睛上下地垂直移动,因而结构分析又被称作垂直分析。

结构分析法通常运用于财务报表的分析中。在对财务报表进行结构分析时,各个报表项目以结构百分比列示。这种以各项目的结构百分比列示的财务报表被称为结构百分比财务报表,因此,结构分析又常常被称作结构百分比财务报表分析。

在进行结构百分比资产负债表分析时,报表左端通常将资产总计金额设定为100%,分别计算各个资产项目占总资产的比重,以反映各项资产在总资产中的结构百分比;报表右端通常将负债和所有者权益总计金额(即总权益)设定为100%,分别计算各个负债项目和所有者权益项目占总权益的比重,以反映各项负债和所有者权益在总权益中的结构百分比。

在进行结构百分比利润表分析时,由于营业收入的水平最能体现企业的营业规模,它对各项收入、费用和利润都有一定的影响,因而通常将营业收入设定为100%,分别计算各项收入、费用和利润占营业收入的结构百分比。

当然,结构分析中将什么项目设定为100%,要视分析目的而定,并没有一定之规。例如,为了分析流动资产的结构,就可以将流动资产合计金额设定为100%,分别计算货币资金、应收账款、存货等各个流动资产项目占所有流动资产的结构百分比。又如,为了分析负债的结构,就可以将负债合计金额设定为100%,分别计算各个流动负债项目和长期负债项目占所有负债的结构百分比。

1.4.3 比率分析法

比率分析法就是指将相关的财务项目进行对比,计算出具有特定经济意义的相对财务比率,据以评价企业财务状况和经营成果的一种分析方法。常见的财务比率有趋势比率、构成比率、效率比率和相关比率。

1. 趋势比率

趋势比率是反映某个经济项目的不同期间数据之间关系的财务比率,如当期净利润与上期净利润相除得到的比率、当期资产总额与五年以前的资产总额相除得到的比率,等等。在趋势分析法中所介绍的环比变动百分比和定基变动百分比实际上就是我们所说的趋势比率。

2. 构成比率

构成比率是反映某个经济项目的各组成部分与总体之间关系的财务比率,如流动资产除以总资产得到的比率、流动负债除以总负债得到的比率,等等。构成比率的作用与上述结构分析中的结构百分比非常类似,但是二者仍然存在区别:构成比率计算的必须是组成部分占总体的百分比;结构分析中的结构百分比既可能是组成部分占总体的百分比,也可能不是,例如在结构百分比利润表分析中,计算各个收入、费用和利润项目占营业收入的百分比,就不是组成部分占总体的百分比。

3. 效率比率

效率比率是反映投入与产出关系的财务比率,如净利润除以平均股东权益得到的比率、净利润除以费用总额得到的比率,等等。效率比率的分子是代表产出的项目,通常是各种利润数据,分母则是代表某种投入的数据,例如资产、股东权益、成本费用等。

4. 相关比率

从广义上说,所有的财务比率都是相关比率,因为所有的财务比率都是两个相关项目相除得到的相对数。我们这里所说的相关比率是狭义的相关比率,它指的是除趋势比率、构成比率和效率比率之外的反映两个相关项目之间关系的财务比率,如流动资产与流动负债相除得到的比率、营业收入与平均资产总额相除得到的比率,等等。

需要注意的是,比率分析法中运用的财务比率并不是固定不变的。从比率分析法出现至今,财务比率不断地变化和发展,并且越来越丰富。选取什么样的项目来计算财务比率,关键在于其经济意义和分析主体的分析目的。只要两个项目相除计算出的相对数具有一定的经济意义并能够实现分析主体的分析目的,这个相对数就是一个有价值的财务比率。但同时应注意,并不是任意两个项目相除得到的相对数都具有经济意义。例如,将企业的交易性金融资产与营业成本相除,就不具有明显的经济意义,因而也就没有这样一个财务比率。因此,对财务比率,不仅仅要会计算,更重要的是能够解释,即通过计算出的比率反映一定的情况、说明一定的问题。

企业的财务项目繁多,很容易让分析者抓不住重点、理不清关系。比率分析法通过将两个相关项目进行对比计算出一个相对数,能够揭示出很多重要的有意义的经济关系,为了解与评价企业的财务状况和经营成果提供线索。财务比率中用来进行对比的财务项目既可以是同一期间的数据,又可以是不同期间的数据;既可以是同一张财务报表中的项目,又可以是不同财务报表中的项目,甚至可以是财务报表以外的财务数据。因此,财务比率能够揭示的经济关系非常广泛,涉及企业的方方面面。正是出于上述原因,比率分析法是应用得最为广泛的一种财务分析方法。在后面各章的具体分析中,我们会详细地介绍很多重要的财务比率的计算公式及分析思路。

1.4.4　比较分析法

比较分析法是将相关数据进行比较,揭示差异并寻找差异原因的分析方法。用于比较的数据既可以是趋势分析中的绝对数额、环比变动百分比和定基变动百分比,又可以是结构分析中的结构百分比,还可以是各种财务比率。因此,严格地说,比较分析法并不是一种独立的分析方法,而是与其他分析方法相结合的一种辅助技术。

要评判优劣就必须经过比较,要比较就必须有比较的标准。比较的标准也就是跟什么相比。常见的比较标准有历史标准、行业标准、预算标准、经验标准等。

1. 历史标准

所谓历史标准,就是以企业的历史数据为标准。历史数据可以是历史最佳水平、历史平均水平或特定历史期间的水平,如前一个期间的水平或选定的基期水平等。将企业当期情况与以往情况进行比较,属于一种纵向的比较。通过纵向比较,可以确定项目增减变动的方向和幅度。通过纵向比较,有利于把握企业发展的态势,预测企业未来的状况。通过纵向比较,还有利于进一步找到企业的财务状况和经营成果发生变化的原因,并及时做出决策,以保持良好的发展趋势、遏制不利的发展趋势。前述趋势分析运用的就是纵向比较。

2. 行业标准

所谓行业标准,就是以企业所在行业的数据为标准。行业数据可以是行业平均水平、行业先进水平或行业中特定企业的水平,如竞争对手的水平等。将本企业情况与所在行业情况进行比较,属于一种横向的比较。通过横向比较,可以确定企业在行业中所处的地位,找出企业与行业先进水平、竞争对手水平等之间的差异,并进一步分析差异的原因,为企业今后的发展指明方向。

3. 预算标准

所谓预算标准,就是以企业的预算数据为标准。由于预算水平往往反映了企业预定的目标,因此预算标准又被称为目标标准。将企业当期的实际情况与预算情况进行比较,可以对企业完成预算的情况进行评判,找到与预算的差异以及差异的原因。对于企业内部管理和控制造成的差异,企业在今后应及时调整。对于市场等外部环境造成的差异,企业应积极应对。

4. 经验标准

所谓经验标准,就是以经验数据为标准。经验数据是在较长的时间内积累起来的被很多人认同的一种水平。例如,从经验上通常认为流动比率在 2 左右比较合理,于是在财务分析中就经常将企业实际的流动比率与 2 进行比较。将企业实际情况与经验数据进行比较,有利于判断企业的状况是否处于经验上的合理范畴,如果差异很大,则企业需要相应地调整。需要注意的是,经验并不一定就是正确的,并且对不同的环境、不同的行业、不同的企业,有关经验数据未必是放之四海而皆准的。因此,企业在运用经验标准时要慎重,不能简单照搬,而要具体情况具体分析。

1.4.5 因素分析法

企业的很多财务指标往往由多个相互联系的因素共同决定。当这些因素发生不同方向、不同程度的变动时,对相应的财务指标会产生不同的影响。因此,对这些财务指标的差异分析,可以不仅限于财务指标本身与比较标准的差异上,还可以进一步从数量上测定每一个影响它的因素对差异的影响方向和程度,从而便于抓住主要矛盾,找到解决问题的线索。根据财务指标与其各影响因素之间的关系,确定各影响因素对指标差异的影响方向和程度的分析方法就叫作因素分析法。

因素分析法中应用得最广泛的一种技术是连环替代技术。下面简要地介绍运用连环替代技术进行因素分析的基本步骤。

首先,确定财务指标差异,即财务指标实际值与比较标准之间的差异。下面将比较标准简称为标准值。该差异是因素分析的对象。假设财务指标 Z 的实际值为 Z_1,标准值为 Z_0,则财务指标差异 $\Delta Z = Z_1 - Z_0$。

其次,确定影响财务指标的因素。如果各因素之间是加减的关系,则各因素对财务指标差异的影响方向和程度很容易确定。如果各因素之间是乘除的关系,则各因素对财务指标差异的影响方向和程度相对复杂。而一个因素除以另一个因素等同于一个因素乘以另一个因素的倒数。因此,下面以乘积关系为例,来进行连环替代的因素分析。假设影响财务指标 Z 的因素有 A、B、C 三个,则 $Z_1 = A_1 B_1 C_1$,$Z_0 = A_0 B_0 C_0$。

最后,从财务指标标准值的公式开始,依次用每个影响因素的实际值替代标准值,有几个因素就替换几次。每次替换后得到的财务指标值与替换前的财务指标值之间的差异就是由所替换的因素带来的差异。连环替代的过程如图 1-1 所示。

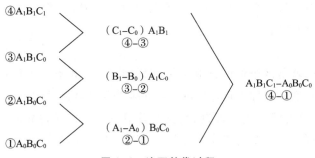

图 1-1 连环替代过程

图 1-1 中,从①到④依次替换。②-① = (A_1-A_0)B_0C_0,它是因素 A 的影响值。③-② = (B_1-B_0)A_1C_0,它是因素 B 的影响值。④-③ = (C_1-C_0)A_1B_1,它是因素 C 的影响值。上述三个因素的影响值之和即为财务指标的实际值与标准值之间的差异:④-① = $A_1B_1C_1 - A_0B_0C_0$。至此,将财务指标差异分解为各因素的影响值,由此可以找到导致财务指标差异的具体原因,为今后发扬有利的差异、消除不利的差异指明线索。

在连环替代的因素分析法中,替代的顺序非常关键。虽然财务指标的差异数额是确定的,但如果替代的顺序不一样,那么分解出的各因素的影响值就不一样。替代顺序在前的因素对财务指标差异的影响程度受其他因素的影响较小,而替代顺序在后的因素对财务指标差异的影响程度受其他因素的影响较大。

需要注意的是,上述各种财务分析的方法经常是相互融合的。例如,将企业当期某个财务比率的实际值与企业的历史水平进行比较,以查看该比率的变动趋势,就既运用了比率分析法,又运用了比较分析法和趋势分析法。

复习与思考　财务分析有哪些方法?各种财务分析方法是彼此割裂的还是可以互相融合?

1.5　财务分析的程序

财务分析是一项比较复杂的工作,必须按科学的程序进行,才能保证分析的效率和效果。财务分析的基本程序包括以下几个步骤:

1. 明确分析目的

如前所述,不同的财务分析主体有着不同的财务分析目的。而同一财务分析主体在不同情况下的分析目的也不完全相同。财务分析的目的是财务分析的出发点。只有明确了分析目的,才能决定分析范围的大小、收集信息的内容和多少、分析方法的选用等一系列问题。所以,在财务分析中必须首先明确分析目的。

2. 确定分析范围

财务分析的内容很多,但并不是每一次财务分析都必须完成所有的内容。只有根据不同的分析目的确定不同的分析范围,才能提高财务分析的效率,也才能更好地符合成本效益原则。针对企业的哪个方面或哪些方面展开分析,分析的重点放在哪里,这些问题必须在开始收集信息之前确定下来。

3. 收集相关信息

明确分析目的、确定分析范围之后,接下来就应有针对性地收集相关信息。财务分析所依据的最主要的资料是以企业对外报出的财务报表及附注为代表的财务信息。除此以外,企业内部供产销各方面的有关资料以及企业外部的审计、市场、行业等方面的信息都可能与财务分析息息相关。财务分析中应收集充分的信息,但并不是越多越好。收集多少信息,收集什么信息,应完全服从于分析的目的和范围。

对于收集到的相关信息,分析主体还应对其进行鉴别和整理。对不真实的信息要予以剔除,对不规范的信息要进行调整。

4. 选择分析方法

不同的财务分析方法各有特点,没有绝对的优劣之分,最适合分析目的、分析内容和所收集信息的方法就是最好的方法。财务分析的目的不一样,财务分析的内容不相同,为财务分析所收集的信息不一样,所选用的分析方法也会有所差别。在财务分析中,分析主体既可以选择某一种分析方法,又可以将多种方法结合应用。

5. 得出分析结论

收集到相关信息并选定分析方法之后,分析主体利用所选定的方法对相关信息进行细致的分析,对企业相关的财务状况和经营成果做出评判,为相应的经济决策提供依据。如果分析主体是企业内部的管理者,则还可以进一步总结出管理中的经验教训,发现经营中存在的问题,并探询问题的原因,找出相应的对策,从而不断改善企业的经营管理,最终实现企业的战略目标。

复习与思考 财务分析的基本程序包括哪几个主要步骤?

本章小结

财务分析是以财务报表等资料为依据,运用一定的分析方法和技术,对企业相关情况进行分析,以帮助决策者做出经济决策的过程。

财务分析的主体就是与企业存在现实或潜在的利益关系,为了特定目的,对企业的财务状况、经营成果、现金流量状况等进行分析和评价的组织或个人。而财务分析的目的是满足不同分析主体对财务信息的不同需求,分析主体不同,分析的目的也就不同。

财务分析的内容与财务分析的目的有着密切的关系。分析目的不同,分析内容的侧重点也会有所差别。财务分析的内容包括偿债能力分析、营运能力分析、盈利能力分析、其他能力分析以及综合分析等。

在财务分析中,分析主体可以根据不同的目的选用不同的方法。财务分析的常见方法主要有趋势分析法、结构分析法、比率分析法、比较分析法、因素分析法等。在财务分析中,分析主体既可以选择某一种分析方法,又可以将多种方法结合应用。

财务分析是一项比较复杂的工作,必须按科学的程序进行,才能保证分析的效率和效果。财务分析的基本程序包括以下几个步骤:明确分析目的;确定分析范围;收集相关信息;选择分析方法;得出分析结论。

重要名词

财务分析(Financial Analysis)　　　　财务报表(Financial Statements)
财务状况(Financial Position)　　　　财务信息(Financial Information)
经营成果(Operating Result)　　　　现金流量(Cash Flow)
偿债能力(Solvency)　　　　营运能力(Operating Capacity)
盈利能力(Profit Ability)　　　　趋势分析法(Trend Analysis)
结构分析法(Common-size Analysis)　　　　比率分析法(Ratio Analysis)
比较分析法(Comperative Analysis)　　　　因素分析法(Factor Analysis)

思考题

1. 不同财务分析主体的分析目的有哪些共同之处和不同点？
2. 常见的财务分析主体有哪些？各个财务分析主体的分析目的分别是什么？
3. 财务分析的内容主要有哪些？财务分析的内容与财务分析的目的是否相关？
4. 财务分析的常用方法有哪些？每种财务分析方法的含义如何？怎样应用？
5. ABC公司是一家高科技公司，提供计算机软件和硬件服务。其2019年的资产负债表反映，股东出资20 000万元，债权人出资12 000万元。作为一个投资机构，您是否愿意为这家公司提供资金——通过股权投资或债权投资？对于不同的资金提供方式，您所关注的信息有何不同？

第 2 章　财务报表概览

[学习目标]

学习本章,你应该掌握:
1. 财务信息的重要意义;
2. 产生财务信息的会计系统,会计系统的基本流程以及会计中的基本术语和规则;
3. 财务报表的编制原理、基本格式及相互之间的关系,财务报表附注的主要内容;
4. 除财务报表及附注之外的其他与财务相关的信息,如审计报告和内部财务资料;
5. 财务信息的局限性。

[素养目标]

关注上市公司财务现实问题,理解企业主体的经济性与社会性。

[引导案例]

Henry 是一个初涉股票市场的投资者。他熟悉各种投资分析工具,但不太了解公司的财务信息系统。Henry 看中了一家药品类公司的未来发展,准备将其纳入投资组合。他需要知道该公司及其所处行业的整体盈利水平和发展潜力,因此他查看了公司公开披露的年度报表。他发现在资产负债表上,该公司的资产过亿,但其中应收账款金额很大,无形资产所占比重很高,公司负债水平很高;在利润表上,公司主营业务利润很高但净利润为负;在现金流量表上,现金及现金等价物净增加额为负。他很不理解,无法做出是否购买该公司股票的决策。其实,公司所有的经营以及投融资活动都会通过公司的会计系统反映出来,并最终以财务报表及附注的形式表现出来。公司的资产负债表、利润表及现金流量表之间是存在勾稽关系的,不了解公司财务信息产生的系统,就不能理解公司的报表信息,因而也就无法做出决策;另外,公司的财务信息不仅限于公司的财务报表,诸如董事会报告及外部审计报告等都可以为进行股票决策提供相关的信息。因此,进行财务分析,首先需要了解财务信息系统。

在财务分析中,财务信息是分析的主要依据,充分、准确的财务信息是保证财务分析高质量的重要前提。通过企业会计系统,企业各种纷繁复杂的活动转化成了会计数据,并以财务报表及附注的形式呈现出来,从而为企业各种信息需求者提供有关企业活动的财务信息。因此,财务信息是对企业各种活动的综合和提炼,是对企业财务状况和经营成果的抽象与简化。在进行分析以前,我们首先需要对财务信息有基本的了解。

2.1 财务信息概述

财务信息主要是指以财务报表为代表的会计数据。会计数据是对企业活动的价值反映。

企业的活动纷繁复杂,包括筹资活动、投资活动和经营活动等多种活动,涉及供、产、销以及人、财、物等方方面面。企业每天都会不断地发生各种各样的活动,这些活动的目的是为企业带来经营成果,而这些活动又会不断地改变企业的财务状况。如果没有一个精练、简化的信息系统,任何一个决策者,即使是企业内部的管理人员,也很难对企业的各项活动有全面的了解,很难对企业的经营成果和财务状况有正确的评判,因此也就很难做出正确的经济决策,会计系统便应运而生了。

纷繁复杂的企业活动在会计系统中被转换为会计数据,并最终以财务报表的形式对外呈报,向企业股东、债权人、管理人员等信息使用者提供简练概括、一目了然的财务信息。所以,财务信息是相关决策者重要的信息来源和决策依据。

既然财务信息如此重要,我们就有必要对产生财务信息的会计系统有一个基本的认识。

2.1.1 会计系统透视

理论界和实务界对会计有很多种定义,但我们更愿意将会计看作描述企业活动的一种语言。那么会计系统就是将企业活动表述为会计语言的一个语言系统。

1. 会计系统的流程

会计系统的主要任务就是通过一定的流程将企业发生的筹资、投资、经营等各项活动反映出来。会计系统的流程又叫作会计循环,包括会计凭证、会计账簿和财务报表三大环节,其中会计凭证又包括原始凭证和记账凭证。既然会计系统是一个语言系统,那么会计循环的各个环节就好比语言表达的各个程序。首先,企业活动必须取得原始凭证,比如发票。原始凭证就是对企业活动用日常生活中的通俗语言进行描述。其次,根据原始凭证编制记账凭证的环节,可以看作语言表达中的"翻译"过程,即将描述企业活动的日常生活中的通俗语言转换为会计术语的过程。然后,根据记账凭证登记会计账簿的环节,可以看作对语言进行加工整理的过程,即对"翻译"过来的会计术语进行分类汇总的过程。最后,根据账簿资料编制财务报表的环节,则可以看作最终纂写成文的过程,即将平日积累的素材按照一定的格式进行归纳、简化和呈报的过程。会计系统的流程如图2-1所示。

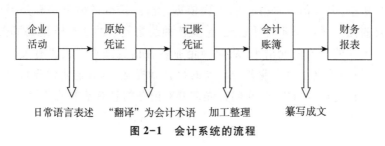

图2-1 会计系统的流程

作为非财务人员，不需要学会上述会计系统流程中的"翻译"、加工整理和篡写成文的方法与技巧，但作为财务信息的使用者，至少应该能够读懂财务报表，即能够读懂用会计语言篡写的文章。既然我们说会计是一种语言，那么与其他所有语言一样，会计应当有自己的词汇和语法。只有了解一门语言的词汇和语法，才能读懂用这门语言篡写的文章。因此，我们要想读懂以财务报表为代表的财务信息，就必须对会计语言的词汇和语法有所了解。

复习与思考 如果将会计理解为一种语言，那么这个语言系统的基本流程如何？

2. 会计语言的词汇

（1）会计语言的词汇类别——会计要素

词汇类别是指词汇的分类，如一般语言中的词汇分为名词、动词、形容词、副词等。要掌握一门语言，就必须理解各类词汇的功能、特性及其相互关系。会计要素就相当于会计语言中的词汇类别。我国会计中的会计要素包括资产、负债、所有者权益、收入、费用和利润六类。

资产、负债和所有者权益是反映静态财务状况的要素。所谓静态财务状况，是指某一特定时点达到的水平。通俗地理解，在某个时点上"有什么"就是资产，"欠多少"就是负债，扣除负债后对资产"享有的净权利"就是所有者权益。例如，一个人买了一套100万元的房屋，首付40万元，向银行贷款60万元。那么，100万元的房屋就是他的资产，60万元的贷款就是他的负债，100万元扣除60万元后的40万元才是他此时真正享有的产权。

收入、费用和利润则是反映动态经营成果的要素。所谓动态经营成果，是指某一特定期间内累积的结果。通俗地理解，某个期间内"挣了多少"就是收入，"花了多少"就是费用，"剩下多少"就是利润。例如，一个人在上个月卖服装挣了10 000元，进货、租摊位等共花去7 000元，到月末节余3 000元。那么，10 000元就是他上个月的收入，7 000元就是他上个月的费用，3 000元就是他上个月的利润。

上述对各会计要素的通俗解释有助于我们对它们的理解，但并不十分严谨。下面再用专业的语言对它们进行界定。

① 资产。资产是指企业过去的交易或事项形成的，由企业拥有或控制的，预期会给企业带来经济利益的资源。

首先，资产预期能带来经济利益；

其次，资产应为企业拥有或控制的资源；

最后，资产由过去的交易或事项形成。

符合上述资产定义的资源，在同时满足以下条件时，确认为资产：第一，与该资源有关的经济利益很可能流入企业；第二，该资源的成本或价值能够可靠地计量。

例如，甲企业去年购买的一台机器设备：首先，它能用来生产产品对外销售，预期能为甲企业带来经济利益；其次，它是甲企业所拥有的资源；最后，它是通过去年的购买交易得来的。同时，与它相关的经济利益很可能流入甲企业，且它的成本能够可靠地计量。因此，该机器设备就是甲企业的资产。

② 负债。负债是指企业过去的交易或事项形成的、预期会导致经济利益流出企业的现时义务。

首先,负债是现时义务;

其次,负债预期会导致经济利益流出企业;

最后,负债由过去的交易或事项形成。

符合上述负债定义的义务,在同时满足以下条件时,确认为负债:第一,与该义务有关的经济利益很可能流出企业;第二,未来流出的经济利益的金额能够可靠地计量。

例如,甲企业上个月向银行借入了一笔3个月的短期借款:首先,这导致了偿还的现时义务;其次,在今后偿还时将导致经济利益流出企业;最后,这项偿还义务是由于上个月的借款事项形成的。同时,这项偿还义务很可能发生,且要偿还的金额能够可靠地计量。因此,该项偿还义务就是甲企业的负债。

负债又叫作债权人权益,即企业的债权人对企业资产所享有的权益。如前例中的银行就是甲企业的债权人,由于它贷款给企业,因而它必然要求享有相应的权益。

③ 所有者权益(又叫作股东权益)。所有者权益是指企业资产扣除负债后由所有者享有的剩余权益,又叫作净资产,从数额上看等于资产减去负债后的净额。例如,甲企业的所有者向企业投资100万元,企业又向银行借款50万元,企业总共拥有150万元的资产。那么,甲企业的所有者在企业的150万元资产中享有的权益是150万元减去50万元后的100万元。又如,甲企业用这150万元资产进行生产经营赚取了20万元利润,因而资产增加为170万元,假设负债没有发生改变,则此时所有者享有的权益增加为120万元,它等于170万元的资产减去50万元的负债。

④ 收入。收入是指企业在日常活动中形成的、会导致所有者权益增加的、与所有者投入资本无关的经济利益的总流入。收入只有在经济利益很可能流入从而导致企业资产增加或负债减少,且经济利益的流入额能够可靠计量时才能予以确认。例如,甲企业向客户销售了价值5万元的产品,客户用银行存款支付,那么甲企业就获得了5万元收入,这笔收入表现为5万元的资产增加。又如,甲企业向另一客户销售了价值2万元的产品,由于甲企业尚欠该客户2万元,因此该项销售就抵消了所欠款项,那么甲企业获得了2万元收入,这笔收入表现为2万元的负债减少。

⑤ 费用。费用是指企业在日常活动中发生的、会导致所有者权益减少的、与向所有者分配利润无关的经济利益的总流出。费用只有在经济利益很可能流出从而导致企业资产减少或负债增加,且经济利益的流出额能够可靠计量时才能予以确认。例如,甲企业用10万元现金支付了工人工资,那么甲企业就发生了10万元的费用,该笔费用表现为10万元的资产减少。又如,甲企业租房,1月份应当支付房租1万元,但与房主约定暂时不付,等到年末一次性支付,则甲企业欠了房主1万元房租,那么1月份甲企业发生了1万元的租房费用,这笔费用表现为1万元的负债增加。

⑥ 利润。利润是指企业在一定会计期间的经营成果,即企业在生产经营过程中产生的经济利益净流入,也就是经济利益流入减去经济利益流出后的差额。从数额上看,利润包括收入减去费用后的净额、直接计入当期利润的利得和损失等。

（2）会计语言的具体词汇——会计科目

在一般的语言中，每一类词汇包含很多具体词汇。例如，人、猫、鸟等都是名词，走、跑、跳等都是动词。会计语言也不例外。在每一类会计要素下包含不同的会计科目，它们就是会计语言中约定俗成的具体词汇。例如，资产类会计要素下包括库存现金、固定资产等具体的会计科目，负债类会计要素下包括应付账款、长期借款等具体的会计科目，所有者权益类会计要素下包括实收资本、未分配利润等具体的会计科目，收入类会计要素下包括主营业务收入、其他业务收入等具体的会计科目，费用类会计要素下包括主营业务成本、财务费用等具体的会计科目。

每一个会计科目有其特定的含义。多数会计科目比较通俗易懂，从字面上就很容易理解。另外一些会计科目则比较专业，很难从字面上判断其含义。对每个会计科目的含义，这里不打算花大量篇幅逐一解释。没有会计基础的读者稍加自学便能领会。

3. 会计语言的语法

所谓会计语言的语法，是指在将企业活动表述为会计语言的过程中应当遵循的原则和规则。会计应当遵循的原则和规则有很多，这里不可能逐一阐述，因此只对几个最为基本的内容进行介绍。

（1）会计主体——会计反映的是哪个空间范围的信息？

会计主体是指会计工作为其服务的特定组织。它界定了会计信息所反映的空间范围。

经济事项多如牛毛，只有与特定会计主体相关的事项才应当在该会计主体的会计信息中得以反映。例如，甲企业的某股东购买了一辆私人轿车。虽然这是一个经济事项，但是它是该股东的经济事项，并不是甲企业的经济事项，因而不应在甲企业的会计系统中进行反映。

一个会计主体的资产可能恰恰是另一个会计主体的负债或所有者权益，一个会计主体的收入又可能恰恰是另一个会计主体的费用。因此，必须界定清楚会计主体，否则会计将会无所适从。例如，甲企业欠乙企业的货款是甲企业的负债，却是乙企业的资产。这一事项是作为资产还是作为负债入账，要看是站在哪个企业的角度，也就是要看会计主体是谁。又如，甲企业支付给会计师事务所的审计费是甲企业的费用，却是会计师事务所的收入。这一事项是作为费用还是作为收入入账，也要看会计主体是甲企业还是该会计师事务所。

（2）持续经营——会计反映的是哪个状态的信息？

持续经营是指在可以预见的将来，企业将会按当前的规模和状态继续经营下去，不会停业，也不会大规模削减业务。

企业将持续经营还是破产清算，在会计原则、会计方法的选择上有很大差别。一般情况下，应当假定企业将会按照当前的规模和状态持续经营下去。明确这个基本假设，就意味着会计主体将按照既定的用途使用资产，按照既定的合约条件清偿债务，会计人员就可以在此基础上选择会计原则和会计方法。

(3) 会计分期——会计反映的是哪个时间范围的信息？

会计分期是将企业持续不断的生产经营活动人为地划分为一定的会计期间。它是对会计信息的时间范围的界定。

划分会计期间是及时提供会计信息的基本要求。企业的生产经营活动持续不断，只有给出特定的时间范围，才能定期结算账目、编制报表。

(4) 货币计量——会计以何种形式提供信息？

货币计量是指在会计核算过程中以货币为计量单位，反映企业的生产经营情况。它是对会计信息形式的界定。

企业的生产经营涉及供、产、销以及人、财、物等方方面面，只有采用货币这种价值形式才能对其进行综合的反映。例如，甲企业的资产包括若干厂房、仓库、机器设备和存货等。如果用实物单位计量，则不可能将不同的资产价值加总，从而不能综合地反映资产规模。只有用货币计量，才能综合地反映甲企业所有资产的价值。

(5) 权责发生制——会计根据什么原则来确认收入和费用？

权责发生制是指按照权利和义务的发生来确定收入和费用的归属期。与之对应的是收付实现制，即根据款项的实际收付来确定收入和费用的归属期。

在权责发生制下，只要某会计期间取得了收入的权利或承担了开支的义务，不管是否实际收到或支付款项，都列入该期间的收入或费用；相反，即使某会计期间已实际收到或支付了款项，如果收入的权利不是在该期间取得或开支的义务不是在该期间发生，则不能列入该期间的收入或费用。例如，甲企业 2020 年 12 月销售一批产品，约定 2021 年 2 月收取货款。虽然 2020 年 12 月没有实际收取货款，但是取得了收取货款的权利，因此该批销售仍应列入 2020 年 12 月的收入。又如，甲企业 2021 年 1 月支付了全年的保险费。虽然 2021 年 1 月实际支付了款项，但保险费是为全年支付的，其支付义务应属于全年，因而应在全年 12 个月中分摊，而不能全部列入 2021 年 1 月的费用。

2.1.2 财务信息的局限

虽然财务信息有着非常重要的意义，但同时它又存在一定的局限。

1. 综合与抽象带来的局限

财务信息是对纷繁复杂的企业活动、逐渐累积的经营成果以及不断改变的财务状况的综合与抽象，从而以非常简练而概括的形式呈报给信息使用者。这是财务信息相对于经营信息的一个优点。但同时经过综合与抽象的财务信息又淹没了企业生产经营中很多有价值的细节，掩盖了很多企业活动的原貌。

2. 货币计量带来的局限

财务数据之所以可以进行累加，可以相互比较，一个重要的原因就是它采用了货币计量。但是这个优点同时也导致了它的局限。并非所有的企业活动都可以量化，也并非企业所有的重要方面都可以用货币表现。例如，企业进行市场开拓的支出可以量化，但是市场开拓的具体情况不可量化。又如，企业管理人员的经验与能力、企业的客户关系资源等都很难用货币来计量。另外，当存在剧烈的通货膨胀时，不同时点上的货币实际购买力发生了巨大变化，以货币为计量单位的财务信息也就在一定程度上失去了真实性。

3. 职业判断与政策选择带来的局限

会计人员将经济活动"翻译"为会计语言并最终以财务报表的形式对外呈报。虽然会计有比较严密的规则，但是仍然需要会计人员的职业判断，仍然留有会计政策选择的空间。这无疑减少了会计的僵化性，增加了会计的灵活性。但是只要有判断和选择，就不可避免地会带有一定的主观性，甚至为人为操纵提供了便利。

因此，财务信息虽然是非常重要而便捷的信息来源，但决策者一定不能仅仅依赖财务信息，还应该通过其他渠道广泛获取决策相关信息，如行业信息、市场信息等。总之，在财务分析中应充分利用各种有用信息为分析服务。

2.2 财务报表及附注

财务信息的主要形式就是财务报表及附注，它是最为重要也是最容易获得的信息。其中，财务报表包括资产负债表、利润表、现金流量表、所有者权益（股东权益）变动表四大主表。财务报表是财务信息最集中的来源。

2.2.1 资产负债表

资产负债表是反映企业静态财务状况的报表，也就是反映企业某一特定日期的资产、负债和所有者权益状况的报表。资产负债表反映了企业的资产与权益规模、资产的分布情况，以及负债和所有者权益结构等信息。通过对资产负债表的分析，可以了解企业的流动性、财务风险和偿债能力等。同时，资产负债表为分析企业的盈利能力和资产管理水平提供了依据。资产负债表还有一些附表，以详细说明企业相关资产、负债和所有者权益的具体情况，如资产减值准备明细表、股东权益增减变动表和应交增值税明细表。

1. 资产负债表的编制基础

资产负债表的编制基础是：

$$资产 = 负债 + 所有者权益$$

这个等式又被称作会计恒等式。等式右端的负债和所有者权益代表企业资源的来源。企业的资源或者来源于债权人或者来源于所有者。资源提供者必然要求相应的权益。债权人要求的权益就是企业的负债，所有者要求的权益就是企业的所有者权益。等式左端的资产代表企业资源的运用。企业的资源通过运用形成各种资产：现金、存货等流动资产，机器设备、房屋及建筑物等固定资产，股票、债券等长期投资，专利、商标等无形资产，长期待摊费用等其他资产。资源的来源与资源的运用分别从不同的角度反映了企业的资源，是同一事物的两个方面，是相互依存的。这种依存关系决定了它们在金额上的恒等性。所谓恒等，就是不管发生什么情况都不会被破坏的一种平衡关系。

2. 资产负债表的基本格式

常见的资产负债表的格式有账户式和报告式两种。账户式的资产负债表分为左右两方，左方反映资产，右方反映负债和所有者权益，左右两方总计数相等。报告式的资产负债表分为上下两部分，上方反映资产，下方反映负债和所有者权益，上下两部分总计数相等。

我国现行《企业会计准则》中列示的一般企业资产负债表格式为账户式资产负债表，如表 2-1 所示。

表 2-1 资产负债表

会企 01 表

编制单位： _____年___月___日 单位：元

资产	期末余额	上年年末余额	负债和所有者权益（或股东权益）	期末余额	上年年末余额
流动资产：			流动负债：		
货币资金			短期借款		
交易性金融资产			交易性金融负债		
衍生金融资产			衍生金融负债		
应收票据			应付票据		
应收账款			应付账款		
应收款项融资			预收款项		
预付款项			合同负债		
其他应收款			应付职工薪酬		
存货			应交税费		
合同资产			其他应付款		
持有待售资产			持有待售负债		
一年内到期的非流动资产			一年内到期的非流动负债		
其他流动资产			其他流动负债		
流动资产合计			流动负债合计		
非流动资产：			非流动负债：		
债权投资			长期借款		
其他债权投资			应付债券		
长期应收款			其中：优先股		
长期股权投资			永续债		
其他权益工具投资			租赁负债		
其他非流动金融资产			长期应付款		
投资性房地产			预计负债		
固定资产			递延收益		
在建工程			递延所得税负债		

(单位:元) (续表)

资产	期末余额	上年年末余额	负债和所有者权益（或股东权益）	期末余额	上年年末余额
生产性生物资产			其他非流动负债		
油气资产			非流动负债合计		
使用权资产			负债合计		
无形资产			所有者权益（或股东权益）：		
开发支出			实收资本（或股本）		
商誉			其他权益工具		
长期待摊费用			其中：优先股		
递延所得税资产			永续债		
其他非流动资产			资本公积		
非流动资产合计			减：库存股		
			其他综合收益		
			专项储备		
			盈余公积		
			未分配利润		
			所有者权益（或股东权益）合计		
资产总计			负债和所有者权益（或股东权益）总计		

2.2.2 利润表

利润表是反映企业动态经营成果的报表，也就是反映企业在一定会计期间内的收入、费用和利润水平的报表。利润表反映了企业的财务成果水平和财务成果构成情况等。利用利润表，可以分析和评价企业的盈利能力，并为了解企业的投入产出比、债务安全性和资产利用效率等提供资料。

1. 利润表的编制基础

利润表的编制基础为：

$$收入 - 费用 = 利润$$

一个期间内的收入和费用是不断发生的。将某个期间内的收入与费用配比相减之后的差额再加上营业外收支净额就是该期间的经营成果——利润。

2. 利润表的基本格式

常见的利润表的格式有单步式和多步式两种。单步式利润表分别将所有收入和所有费用加总,二者相减得到最终利润。多步式利润表则对收入与费用进行分层次的配比,得出不同层次的利润数据。单步式利润表直观、简单,但是不能反映各类收入与费用之间的配比关系。多步式利润表比单步式利润表复杂,但是它能够揭示最终净利润的来源,为信息使用者提供更多有意义的信息。

我国现行《企业会计准则》中列示的一般企业利润表格式为多步式利润表,如表2-2所示。

表 2-2 利润表

编制单位: _____ 年 ___ 月

会企02表
单位:元

项目	本期金额	上期金额
一、营业收入		
减:营业成本		
税金及附加		
销售费用		
管理费用		
研发费用		
财务费用		
其中:利息费用		
利息收入		
加:其他收益		
投资收益(损失以"-"号填列)		
其中:对联营企业和合营企业的投资收益		
以摊余成本计量的金融资产终止确认收益(损失以"-"号填列)		
净敞口套期收益(损失以"-"号填列)		
公允价值变动收益(损失以"-"号填列)		
信用减值损失(损失以"-"号填列)		
资产减值损失(损失以"-"号填列)		
资产处置收益(损失以"-"号填列)		
二、营业利润(亏损以"-"号填列)		
加:营业外收入		
减:营业外支出		
三、利润总额(亏损总额以"-"号填列)		
减:所得税费用		

(单位:元) (续表)

项目	本期金额	上期金额
四、净利润(净亏损以"-"号填列)		
（一）持续经营净利润(净亏损以"-"号填列)		
（二）终止经营净利润(净亏损以"-"号填列)		
五、其他综合收益的税后净额		
（一）不能重分类进损益的其他综合收益		
（二）将重分类进损益的其他综合收益		
六、综合收益总额		
七、每股收益：		
（一）基本每股收益		
（二）稀释每股收益		

在该利润表中,不仅反映了企业最终的经营成果——净利润,还反映了不同层次的利润——营业利润和利润总额及其形成过程。

与我国的多步式利润表类似,西方国家的损益表也多采用权责发生制基础上的多步式损益表格式,只是表上项目的构成稍有不同,列示出了息税前利润、销售毛利等项目,以利于进行进一步的财务分析。西方国家的损益表格式如表2-3所示。

表2-3 损益表

项目	××××年
收入净额	
销售成本	
销售毛利	
营业费用	
研究开发费用	
销售与营销费用	
管理费用	
息税前利润(EBIT)	
利息利润	
利息费用	
税前利润	
所得税费用	

(续表)

项目	××××年
净利润	
其他综合收益	
综合收益总额	

2.2.3 现金流量表

现金流量表是指反映企业一定会计期间的现金及现金等价物流入和流出的财务报表。权责发生制下的利润通常并不等于现金流量,而一个企业的现金流量非常重要,因此需要单独编制现金流量表,详细描述某一期间内企业的现金流量。需要注意的是,现金流量表中的现金流量既包括现金的流量,又包括现金等价物的流量。现金包括库存现金以及能随时动用的银行存款和其他货币资金。现金等价物是指企业持有的期限短、流动性强、易于转换为已知金额现金、价值变动风险很小的投资。并且,在现金流量表中,为了简化起见,往往用"现金"代替"现金及现金等价物"。现金流量表反映了企业各类现金流入和流出的具体构成,说明了企业当期现金流量增减变动的原因,为评价企业的现金流转情况及现金支付能力等提供了依据。

1. 现金流量表的编制基础

现金流量表的编制基础为:

$$现金流入 - 现金流出 = 现金流量净额$$

2. 现金流量表的基本格式

现金流量表通常将现金流量分为经营活动产生的现金流量、投资活动产生的现金流量及筹资活动产生的现金流量,并最终汇总现金及现金等价物的净增加额。

我国现行《企业会计准则》中列示的一般企业现金流量表格式如表2-4所示。

表 2-4 现金流量表

会企03表

编制单位:　　　　　　　　　　年　　　月　　　　　　　　　　　单位:元

	本期金额	上期金额
一、经营活动产生的现金流量:		
销售商品、提供劳务收到的现金		
收到的税费返还		
收到其他与经营活动有关的现金		
经营活动现金流入小计		
购买商品、接受劳务支付的现金		
支付给职工以及为职工支付的现金		

(单位:元)（续表）

	本期金额	上期金额
支付的各项税费		
支付其他与经营活动有关的现金		
经营活动现金流出小计		
经营活动产生的现金流量净额		
二、投资活动产生的现金流量:		
收回投资收到的现金		
取得投资收益收到的现金		
处置固定资产、无形资产和其他长期资产收回的现金净额		
处置子公司及其他营业单位收到的现金净额		
收到其他与投资活动有关的现金		
投资活动现金流入小计		
购建固定资产、无形资产和其他长期资产支付的现金		
投资支付的现金		
取得子公司及其他营业单位支付的现金净额		
支付其他与投资活动有关的现金		
投资活动现金流出小计		
投资活动产生的现金流量净额		
三、筹资活动产生的现金流量:		
吸收投资收到的现金		
取得借款收到的现金		
收到其他与筹资活动有关的现金		
筹资活动现金流入小计		
偿还债务支付的现金		
分配股利、利润或偿付利息支付的现金		
支付其他与筹资活动有关的现金		
筹资活动现金流出小计		
筹资活动产生的现金流量净额		
四、汇率变动对现金及现金等价物的影响		
五、现金及现金等价物净增加额		
加:期初现金及现金等价物余额		
六、期末现金及现金等价物余额		

该现金流量表分门别类地列示了企业经营活动、投资活动及筹资活动带来的现金流入和现金流出,这样比笼统地列示企业所有的现金流入和现金流出更能反映企业各类活动的现金流量状况,并便于对本期经营活动现金流量与企业利润进行对比。

复习与思考 资产负债表、利润表及现金流量表的基本格式如何?

2.2.4 所有者权益变动表

所有者权益变动表反映了企业可供分配利润的来源以及企业的亏损弥补情况、利润分配去向和利润节余水平等。我国现行《企业会计准则》中列示的一般企业所有者权益变动表的格式如表2-5所示。

2.2.5 财务报表的关联

财务报表中,资产负债表是反映某一时点的存量信息的报表,利润表、现金流量表和所有者权益变动表则是反映某一期间的流量信息的报表。存量与流量不是相互割裂的,而是密切相关的。一个期间期初的存量通过期间内的流量最终变为期末的存量。因此,各财务报表之间也是相互关联的。

1. 从数据的勾稽关系上看

利润表末尾的综合收益总额等于所有者权益变动表第7行的综合收益总额。所有者权益变动表中的本年年初余额等于资产负债表中上年年末的所有者权益,所有者权益变动表末行的本年年末余额等于资产负债表中期末的所有者权益。现金流量表中的现金及现金等价物净增加额等于资产负债表中相关项目(通常是货币资金和交易性金融资产)期末数与期初数之差。

2. 从会计恒等式的变化上看

如前所述,资产负债表的编制基础为会计恒等式:

$$资产 = 负债 + 所有者权益$$

而资产负债表反映的是时点状况,因此:

$$期初资产 = 期初负债 + 期初所有者权益 \quad ①$$

$$期末资产 = 期末负债 + 期末所有者权益 \quad ②$$

等式②与等式①相比,虽然平衡关系仍然保持不变,但是资产、负债和所有者权益的数额都已发生改变。我们都知道,收入要么表现为资产的增加,要么表现为负债的减少,而费用要么表现为资产的减少,要么表现为负债的增加。因此,期间内发生的收入和费用的流量就不断地改变着资产和负债的存量。而整个期间所有收入和费用相减后结算出的利润流量,则最终会增加所有者权益的存量。

下面举一个简化的例子来演示报表间的关联。

【例2-1】 ABC公司是一家投资公司。其2022年年初的资产负债表数据如表2-6所示。

表 2-5 所有者权益变动表

编制单位：_____ 年度_____ 会企 04 表
单位：元

项目	本年金额										上年金额									
	实收资本（或股本）	其他权益工具			资本公积	减：库存股	其他综合收益	专项储备	盈余公积	未分配利润	所有者权益合计	实收资本（或股本）	其他权益工具			资本公积	减：库存股	其他综合收益	专项储备	盈余公积	未分配利润	所有者权益合计
		优先股	永续债	其他									优先股	永续债	其他							
一、上年年末余额																						
加：会计政策变更																						
前期差错更正																						
其他																						
二、本年年初余额																						
三、本年增减变动金额（减少以"－"号填列）																						
（一）综合收益总额																						
（二）所有者投入和减少资本																						
1.所有者投入的普通股																						
2.其他权益工具持有者投入资本																						
3.股份支付计入所有者权益的金额																						
4.其他																						

(单位:元)（续表）

项目	本年金额											上年金额										
	实收资本（或股本）	其他权益工具			资本公积	减：库存股	其他综合收益	专项储备	盈余公积	未分配利润	所有者权益合计	实收资本（或股本）	其他权益工具			资本公积	减：库存股	其他综合收益	专项储备	盈余公积	未分配利润	所有者权益合计
		优先股	永续债	其他									优先股	永续债	其他							
（三）利润分配																						
1.提取盈余公积																						
2.对所有者（或股东）的分配																						
3.其他																						
（四）所有者权益内部结转																						
1.资本公积转增资本（或股本）																						
2.盈余公积转增资本（或股本）																						
3.盈余公积弥补亏损																						
4.设定受益计划变动额结转留存收益																						
5.其他综合收益结转留存收益																						
6.其他																						
四、本年年末余额																						

表 2-6　ABC 公司 2022 年年初资产负债表数据　　　　　　　　　　单位：元

资产	金额	负债和所有者权益	金额
货币资金	50 000	长期借款	80 000
长期股权投资	150 000	实收资本	120 000
资产总计	200 000	负债和所有者权益总计	200 000

2022 年 1 月，公司收到产品销售收入 10 000 元并存入银行；用现金支付工资 5 000元；发生租金 2 000 元，等到年末一并支付。该月内没有新的筹资和投资活动，也没有利润分配事项，且不考虑所得税事宜。则 2022 年 1 月公司的利润表数据如表 2-7 所示。

表 2-7　ABC 公司 2022 年 1 月利润表数据　　　　　　　　　　单位：元

项目	金额
营业收入	10 000
减：管理费用	7 000
净利润	3 000

由于 10 000 元的营业收入使公司的货币资金增加了 10 000 元，5 000 元的工资支出又使公司的货币资金减少了 5 000 元，因此该月内货币资金增加 5 000 元，到月末变为 55 000元。同时，2 000 元应付未付的租金使公司的其他应付款增加了 2 000 元，3 000 元的净利润使未分配利润增加了 3 000 元。由此得到公司 2022 年 1 月末的资产负债表数据如表 2-8 所示。

表 2-8　ABC 公司 2022 年 1 月末资产负债表数据　　　　　　　　　　单位：元

资产	金额	负债和所有者权益	金额
货币资金	55 000	其他应付款	2 000
长期股权投资	150 000	长期借款	80 000
		实收资本	120 000
		未分配利润	3 000
资产总计	205 000	负债和所有者权益总计	205 000

由此可见，资产、负债和所有者权益期初的平衡，正是通过期间内收入、费用和利润的发生，实现了期末新的平衡。同时，2022 年 1 月，公司发生了两笔现金流量：一笔 10 000 元的现金流入和一笔 5 000 元的现金流出，因而最终现金及现金等价物增加了 5 000 元，这恰好等于资产负债表中货币资金的期末数 55 000 元与期初数 50 000 元的差额。

2.2.6　财务报表附注

财务报表附注是为了帮助财务报表使用者更深入地理解财务报表的内容，而对财务报表的编制基础、编制依据、编制原则和方法以及相关项目等所做的详细解释。企业年度财务报表附注通常包括如下内容：

1. 企业的基本情况

企业的基本情况包括企业的注册地、组织形式和总部地址；企业的业务性质和主要经营活动；母公司以及集团最终母公司的名称；财务报告的批准报出者和批准报出日，或者以签字人及其签字日期为准；营业期限有限的企业，还应当披露有关其营业期限的信息。

2. 财务报表的编制基础

企业应当根据会计准则的规定判断企业是否持续经营，并披露财务报表是否以持续经营为基础编制。

3. 遵循企业会计准则的声明

企业应当声明编制的财务报表符合企业会计准则的要求，真实、完整地反映了企业的财务状况、经营成果和现金流量等有关信息。

4. 重要会计政策和会计估计

企业应当披露采用的重要会计政策和会计估计，不重要的会计政策和会计估计可以不披露。企业在披露重要会计政策和会计估计时，应当披露重要会计政策的确定依据和财务报表项目的计量基础，以及会计估计中所采用的关键假设和不确定性因素。

会计政策是指企业选用并一贯执行的会计处理方法，包括存货计价方法、长期投资核算方法、固定资产折旧方法、无形资产摊销方法、外币折算方法、所得税的会计处理方法，等等。采用不同的会计政策得出的财务状况和经营成果都不尽相同。因此，对重要会计政策进行说明，便于财务报表使用者理解报表信息、做出正确判断。

会计估计是对一些未来事项所做的人为判断，而这些判断会影响到企业的会计核算。例如，对固定资产使用年限和残值的估计、对无形资产期限的估计等。由于会计估计是相应的会计核算的依据，因此对重要的会计估计进行披露，有助于财务报表使用者更好地理解相应的报表数据。

5. 会计政策和会计估计变更以及差错更正的说明

企业应当按照会计准则的规定，披露会计政策和会计估计变更以及差错更正的情况。

6. 报表重要项目的说明

企业对报表重要项目的说明，一般应当按照资产负债表、利润表、现金流量表、所有者权益变动表及其项目列示的顺序，采用文字和数字描述相结合的方式进行披露。报表重要项目的明细金额合计，应当与报表项目金额相衔接。对报表中的重要项目，有必要在报表附注中进一步详细地披露其具体情况、变动原因等。例如，对应收款项可以按账龄的长短详细地披露各个账龄内的应收款项的金额、比例以及坏账准备的提取情况等。对这些项目的详细说明，有助于报表使用者更详尽、更深入地了解这些项目的情况。

7. 或有事项的说明

或有事项是指过去的交易或事项形成的，其结果需由某些未来事项的发生或不发生才能决定的不确定事项。或有事项包括或有负债和或有资产。

或有负债是指过去的交易或事项形成的潜在义务，其存在须通过未来不确定事项的发生或不发生予以证实;或过去的交易或事项形成的现时义务,履行该义务不是很可能导致经济利益流出企业或该义务的金额不能可靠计量。常见的或有负债包括已贴现商业承兑汇票形成的或有负债、未决诉讼与仲裁形成的或有负债、为其他单位提供债务担保形成的或有负债等。

或有资产是指过去的交易或事项形成的潜在资产,其存在须通过未来不确定事项的发生或不发生予以证实。

对或有事项还应尽量说明它发生的可能性大小以及预计产生的财务影响。由于或有事项不是既成事实的事项,因而不能进入企业的财务报表,但它对企业的财务状况有着重要的影响。因此,对或有事项的说明,有助于财务报表使用者正确地判断企业的财务状况。

8. 资产负债表日后事项的说明

资产负债表日后事项是指资产负债表日至财务报告批准报出日之间发生的有利或不利事项。资产负债表日后事项分为调整事项和非调整事项。

调整事项是指对资产负债表日已经存在的情况提供了新的或进一步证据的事项。这类事项需要对报告期的相应会计事项做出调整,进而改变报告期的相关财务报表数据。因此,调整事项已在财务报表中得到反映,就不需要在财务报表附注中进行说明了。

非调整事项是指表明资产负债表日后发生的情况的事项。这类事项不需要对报告期的相关财务报表数据进行调整,但需要在财务报表附注中进行说明。常见的资产负债表日后的非调整事项包括企业股票和债券的发行、对一个企业的巨额投资、自然灾害导致的资产损失,以及外汇汇率发生的较大变动等。对资产负债表日后的非调整事项,还应尽量估计其对企业财务状况和经营成果的影响。如果无法做出估计,则应说明原因。在财务报表附注中对资产负债表日后的非调整事项进行说明,有助于财务报表使用者更好地把握企业目前和未来的状况,从而正确地做出决策。

9. 关联方关系及其交易的说明

在企业的财务和经营决策中,如果一方有能力直接或间接控制、共同控制另一方或者对另一方施加重大影响,则双方之间存在关联方关系。如果两方或多方同受一方控制,则同受控制的两方或多方之间也存在关联方关系。

在企业与其关联方存在控制关系的情况下,关联方如为另一家企业,则不论双方之间有无交易,都应当在财务报表附注中披露企业类型、名称、法定代表人、注册地、注册资本及其变化、主营业务、所持股份或权益及其变化等信息。

在企业与关联方发生交易的情况下,企业应当在报表附注中披露关联方关系的性质、交易类型、交易金额或相应比例、未结算金额或相应比例以及定价政策等。尤其当关联方交易价格高于或低于一般交易价格时,应说明其价格的公允性。

对关联方关系及其交易的披露,有助于财务报表使用者了解企业的关系网络,并判别其交易的真实性和报表数据的可信度。

复习与思考 财务报表附注和内部财务资料分别包括哪些内容?

2.3 其他财务信息

除财务报告外,财务分析还会依据其他一些与财务相关的信息,如外部的审计报告和内部的财务资料等。

2.3.1 外部的审计报告

审计报告是指注册会计师根据审计准则的规定,在执行审计工作的基础上,对财务报表发表审计意见的书面文件。由于一般的财务报表使用者的专业知识、时间、精力及条件都很有限,其很难对企业财务报表的真实性与合规性进行有效的审查和准确的判断。而审计报告是由独立于企业的外部专业人士对企业的财务报表发表的意见,具有很强的说服力和可信度,因此通过阅读企业外部的审计报告,财务报表使用者能够更好地了解企业的财务状况和经营成果。

审计报告包括标题,收件人,审计意见,形成审计意见的基础,管理层对财务报表的责任,注册会计师对财务报表的责任,按照相关法律法规的要求报告的事项(如适用),注册会计师的签章,会计师事务所的名称、地址和盖章,以及报告日期等内容。在适用的情况下,注册会计师还应当按照相关规定,在审计报告中对与持续经营相关的重大不确定性、关键审计事项、被审计单位年度报告中包含的除财务报表和审计报告之外的其他信息进行报告。

审计报告根据意见类型可分为无保留意见的审计报告、保留意见的审计报告、否定意见的审计报告和无法表示意见的审计报告四种。

1. 无保留意见的审计报告

注册会计师经过审计后,如果认为同时满足下列条件,则应出具无保留意见的审计报告:被审计单位财务报表的编制符合《企业会计准则》及国家其他有关财务会计法规的规定;财务报表在所有重大方面公允地反映了被审计单位的财务状况、经营成果和资金变动情况;会计处理方法的选用符合一贯性原则;在实施必要审计程序的过程中未受阻碍和限制;不存在应调整而被审计单位未予调整的重要事项。

在无保留意见的审计报告中,意见段会出现"在所有重大方面公允地反映了……"等专业术语。

2. 保留意见的审计报告

当存在下列情形之一时,注册会计师应发表保留意见:一是在获取充分、适当的审计证据后,注册会计师认为错报单独或汇总起来对财务报表影响重大,但不具有广泛性;二是注册会计师无法获取充分、适当的审计证据以作为形成审计意见的基础,但认为未发现的错报(如存在)对财务报表可能产生的影响重大,但不具有广泛性。

当财务报表存在重大错报而导致发表保留意见时,注册会计师应根据适用的财务报告编制基础在意见段中说明:注册会计师认为,除形成保留意见的基础部分所述事项产生的影响外,财务报表在所有重大方面按照适用的财务报告编制基础编制,并实现公允反映。

当无法获取充分、适当的审计证据而导致发表保留意见时,注册会计师应在意见段中使用"除……可能产生的影响外"等措辞。

3. 否定意见的审计报告

在获取充分、适当的审计证据后,如果认为错报单独或汇总起来对财务报表的影响重大且具有广泛性,则注册会计师应发表否定意见。

在否定意见的审计报告中,意见段之后会另设说明段,以说明所持否定意见的理由,并在意见段中使用"由于形成否定意见的基础部分所述事项的重要性,财务报表没有在所有重大方面按照适用的财务报告编制基础编制,未能实现公允反映"等专业术语。

4. 无法表示意见的审计报告

如果无法获取充分、适当的审计证据以作为形成审计意见的基础,但认为未发现的错报(如存在)对财务报表可能产生的影响重大且具有广泛性,则注册会计师应发表无法表示意见。

在无法表示意见的审计报告中,意见段之后会另设说明段,以说明所持无法表示意见的理由,并在意见段中使用"由于无法获取充分、适当的审计证据""我们不对后附的财务报表发表审计意见"等专业术语。

在上述各类审计报告中,显然无保留意见的审计报告是最正面的一种审计报告,其次是保留意见的审计报告,再然后是否定意见和无法表示意见的审计报告。财务报表使用者可以根据外部审计报告的意见类型,来判断财务报表整体的真实性和合规性,进而决定在财务分析中对财务报表的依赖程度。

复习与思考 审计报告有几种意见类型?各种意见分别代表什么含义?

2.3.2 内部的财务资料

与对外报出的财务报表不同,企业内部的财务资料没有一定的内容、格式和时限的要求。为了满足内部管理的需要,企业的相关内部报表可以按企业整体编制,也可以按部门编制;可以按经济事项编制,也可以按经济责任编制;可以按期限编制,也可以分专题编制。不同的内部财务资料可以按不同的期间提供:有的可以三年、五年提供一次,有的可以每年提供一次,有的可以每季、每月提供一次,有的甚至可以每周、每天提供一次。内部财务资料往往能揭示出比对外报表更具体、更详细的信息,并且具有针对性强、时效性强、灵活性大的特点。不同企业的内部财务资料各不相同,比较常见的内部财务资料包括如下一些内容:

1. 营业收入明细资料

营业收入明细资料详细地反映企业各类营业收入的规模、毛利水平、收取现金情况、增减变动情况及市场占有情况等。通过营业收入明细资料,管理层可以更深入、详尽地了解企业各类营业收入的水平及发展前景,为企业今后的规划提供依据。

2. 成本费用明细资料

成本费用明细资料包括各类产品的生产成本详细资料、各类期间费用详细资料以及相关的标准成本、预算费用资料等。通过成本费用明细资料，管理层可以更深入地分析企业成本费用水平的高低、导致成本费用变动的原因等，为挖掘降低成本费用的潜力、提高成本费用的控制水平提供重要依据。

3. 资产明细资料

企业资产的种类和数量繁多，通过编制应收款项明细表、存货明细表、固定资产明细表等，可以分门别类地反映各类资产的数量、金额、期限、质量等详细信息，为企业的资产管理提供依据。

4. 负债明细资料

企业的负债有不同的种类、不同的期限及不同的债权人。负债明细资料可以详细地反映企业每一项负债的本金、利息、到期日等信息，为企业及时偿还债务以及进行筹资规划提供依据。

5. 责任会计资料

责任会计资料是反映企业内部各个责任中心的预定目标和实际业绩的资料。借助各个责任中心的责任会计资料，管理者可以对各个责任中心进行考核和奖惩，为今后的发展制定规划。

本章小结

财务信息是对企业各种活动的综合和提炼，是对企业财务状况和经营成果的抽象与简化。在财务分析中，财务信息是分析的主要依据，充分、准确的财务信息是保证高质量财务分析的重要前提。

财务信息主要是指以财务报表为代表的会计数据。会计数据是对企业活动的价值反映。产生财务信息的是会计系统。会计系统的主要任务就是通过一定的流程将企业发生的筹资、投资、经营等各项活动反映出来。会计系统是由会计要素、会计科目和会计原则、规则构成的一个企业语言系统。需注意的是，虽然财务信息有着非常重要的意义，但同时它又存在一定的局限性。

财务信息的主要形式就是财务报表及附注，它是最为重要也是最容易获得的信息。其中，财务报表包括资产负债表、利润表、现金流量表、所有者权益（股东权益）变动表四大主表。财务报表是财务信息最集中的来源。资产负债表是反映某一时点的存量信息的报表，利润表、现金流量表和所有者权益变动表则是反映某一会计期间的流量信息的报表。存量与流量不是相互割裂的，而是密切相关的。财务报表附注是为了帮助财务报表使用者更深入地理解财务报表的内容，而对财务报表的编制基础、编制依据、编制原则和方法以及相关项目等所做的详细解释。

除财务报告外，财务分析还会依据其他一些与财务相关的信息，如外部的审计报告和内部的财务资料等。

重要名词

会计系统(Accounting System)
会计要素(Accounting Elements)
资产(Assets)
所有者权益(Owners Equity)
费用(Expense)
会计主体假设(Separate-entity Assumption)
会计分期假设(Time-period Assumption)
货币计量假设(Unit-of-measure Assumption)
职业判断(Professional Judgement)
利润表(Income Statement)
审计报告(Audit Report)

责任会计(Responsibility Accounting)
会计科目(Account)
会计等式(Accounting Equation)
负债(Liabilities)
收入(Revenue)
利润(Profit)
权责发生制(Accrual Basis)
勾稽关系(Articulation)
资产负债表(Balance Sheet)
现金流量表(Cash Flow Statement)
营业收入(Operating Income)

思考题

1. 为什么财务信息会存在一定的局限性？局限性表现在哪些方面？
2. 资产负债表、利润表及现金流量表是彼此独立的还是相互关联的？其关系如何？
3. 权责发生制是什么含义？它与收付实现制的区别是什么？
4. 有效市场假设主张未来股票价格的变动幅度和方向在任何时点都是随机的，即符合随机游走假设。这一假设有三种常见形式：弱势有效市场假设，主张股票价格反映了企业的所有历史信息；半强势有效市场假设，主张股票价格反映了所有公开的信息；强势有效市场假设，主张股票价格反映了全部信息，包括内部信息。你认为资本市场效率对财务报表分析有何意义？

第 3 章 偿债能力分析

[学习目标]

学习本章,你应该掌握:
1. 企业偿债能力分析的思路和各种常用工具;
2. 计算和应用各种反映企业偿债能力的比率;
3. 使用趋势分析和结构分析进行企业偿债能力的分析;
4. 影响企业偿债能力的特别项目;
5. 固定费用偿付能力的分析方法。

[素养目标]

关注上市公司财务现实问题,具备经世济民的社会责任感、遵纪守法的契约精神、预判风险的职业敏感度、诚实守信的职业素养。

[引导案例]

乐视网成立于 2004 年,2010 年在创业板上市,上市之后公司市值一度超过 1 700 亿元,曾被称为创业板"一哥"。乐视网享有国家级高新技术企业资质,得益于率先上市获得的资金优势,其发展野心不断膨胀,2012 年提出"平台+内容+终端+应用"的全产业链生态系统发展战略。在盲目快速扩张的过程中,从 2015 年开始,乐视网的关联交易快速增长,大额关联方应收款项加大了公司资金链压力,为公司偿债能力的恶化埋下了伏笔。2016 年年末,有关乐视网拖欠供应商上百亿款项的消息在网络上不胫而走。

2017 年乐视网亏损 138.78 亿元,2018 年亏损 40.95 亿元,加上 2019 年亏损 112.79 亿元,三年累计亏损额达 292.52 亿元,刷新了创业板上市公司三年累计亏损额的历史新高。截至 2019 年年底,乐视网的负债高达 208 亿元,而其净资产为 -143.29 亿元。有经济学家曾指出:"乐视网的信用系统已经受损,直接导致融资渠道不畅。"2020 年 7 月 21 日,乐视网正式从 A 股摘牌。

入不敷出是压垮乐视网的最后一根稻草,保持良好的偿债能力是维持企业资金链通畅的重要举措。

偿债能力分析是企业财务报表分析中一个很重要的方面。偿债能力是指一个企业的财务灵活性及其偿还债务的能力。企业全部的财务活动(融资、投资以及经营)均影响企业偿债能力。因此,了解企业偿债能力的影响因素并利用财务信息进行企业短期偿债能力和长期偿债能力分析,对于包括债权人在内的企业各方利益相关者而言都非常重要。

3.1 短期偿债能力分析

3.1.1 短期偿债能力的重要性

企业的流动性是指企业资源满足短期现金需要的能力。企业的短期现金需要通常包括支付日常生产经营开支的需要和偿还短期债务的需要。而企业的日常生产经营开支往往与短期债务密不可分。例如，企业日常生产经营中的原材料采购支出如果不是购买时立即支付就形成应付账款，员工工资支出由于结算与支付时点的差异往往形成应付工资，等等。企业的流动性越强，日常支付和短期债务偿还的能力也就越强，反之亦然。

企业的流动性和短期偿债能力对企业的短期债权人、长期债权人、股东、供应商、员工及企业管理者等利益相关者都非常重要，是他们进行财务分析时必不可少的内容。

对企业的短期债权人而言，企业缺乏流动性和短期偿债能力，直接威胁到其利息与本金的安全性。因此，短期债权人对企业的流动性和短期偿债能力的关注程度一定是最高的。

对企业的长期债权人而言，企业的长期债务总会转变为短期债务，如果企业的流动性和短期偿债能力一贯很差，则其长期债权的安全性也不容乐观。因此，长期债权人也会关注企业一贯的流动性和短期偿债能力。

对企业的股东而言，企业缺乏流动性和短期偿债能力往往是企业盈利水平低的先兆，因为充足的利润往往是企业流动性和短期偿债能力的重要保障。并且，当企业连到期债务都无力偿还时，也就不可能有现金来为股东发放股利。因此，股东对企业的流动性和短期偿债能力也会非常关注。

对企业的供应商而言，企业缺乏流动性和短期偿债能力，将直接影响到其资金周转甚至是货款安全。如果企业是该供应商的重要客户，则当企业拖欠货款时，供应商将面临是否继续供货的两难选择。继续供货，可能为自身带来坏账损失；停止供货，又将失去一个重要客户，影响其销售规模。因此，供应商对企业的流动性和短期偿债能力也会十分关注。

对企业的员工而言，企业缺乏流动性和短期偿债能力，有可能影响到他们的劳动所得。严重时，企业可能被迫裁员甚至破产，从而使员工失去工作。因此，企业员工也会比较关心企业的流动性和短期偿债能力。

对企业的管理者而言，企业的流动性和短期偿债能力直接影响企业的经营活动、筹资活动和投资活动能否正常进行。如果企业经常拖欠供应商货款、工人工资等，则会影响供应商对企业的态度和工人的工作情绪，从而影响企业供、产、销的顺畅进行。严重时将导致供应商不愿继续供货，工人不愿继续生产，从而导致经营活动的停滞和中断。如果企业长期无力偿还短期银行借款等，则会降低企业信誉，加大企业今后筹资的难度。如果是抵押借款，那么抵押资产还可能被强行拍卖，给企业带来损失。情况严重时，银行等债权人甚至可能向法院申请企业破产，以从破产财产中索回债权。另外，企业缺乏流动性说明企业的支付能力不足，而企业长期拖欠短期债务又导致企业的筹资能力受损，所以当出现很好的投资机会时,企业很可能由于缺乏支付能力和筹资能力而错失投资机会。因此,企业的流动性和短期偿债能力事关企业的经营活动、筹资活动和投资活动,是企业生存和发展的重要前提,企业的管理者必须予以高度重视。

3.1.2 短期偿债能力的影响因素

影响企业流动性和短期偿债能力的因素有很多,包括如下一些主要因素:

1. 流动资产

企业资产是资源的运用形式。不同形式的资源运用满足短期现金需要的能力不同。也就是说,不同的资产转变为现金的能力不同。根据资产转变为现金的能力,可以将资产分为流动资产和长期资产。流动资产是指可以合理地预期将在一年内或长于一年的一个经营周期内转变为现金或被销售、耗用的资产。经营周期是指完成一次经营活动所需要的时间,包括从采购原材料开始到售出商品并收回现金的这一期间。当经营周期短于一年时,通常以一年为划分流动资产和长期资产的界限。当经营周期长于一年时,则以经营周期为划分流动资产和长期资产的界限。如果明确的经营周期很难界定,则通常仍以一年为划分流动资产和长期资产的界限。由于流动资产的变现能力强,因而其用于短期支付的能力就强。流动资产所占比重越大,则企业的整个流动性和短期偿债能力就越强。不过,不同的流动资产其流动性也有所不同。企业的主要流动资产包括如下项目:

(1)货币资金

货币资金是企业以货币形式存在的资金,包括库存现金、随时可以动用的银行存款以及其他货币资金。由于货币资金可以直接用于支付,因此它是流动性最强的流动资产。

(2)交易性金融资产

"交易性金融资产"科目核算企业分类为以公允价值计量且其变动计入当期损益的金融资产,主要包括企业为了近期内出售或回购而取得的金融资产,比如企业以赚取差价为目的从二级市场购入的股票、债券、基金等。交易性金融资产通常可以比较方便地出售,转换为现金,因此是流动性次强的流动资产。

(3)应收账款与应收票据

应收账款是企业因销售商品、提供劳务等而应当向购货单位或接受劳务单位收取的款项。应收账款是商业活动所带来的短期债权,通常都会在较短的期限内收回现金,因而属于流动性较强的流动资产。但是应收账款存在无法收回的风险,企业要为其提取坏账准备,因此只有扣除坏账准备后的净额才是真正的流动资产。在现实中,受顾客的偿付能力与诚信的影响,应收账款的质量有较大的区别。某些应收账款的收款期限可能会长于一年。严格地说,这些应收账款不能列入流动资产。但是在外部分析中,往往很难获得应收账款质量的相关信息,因此只有在内部分析中才有可能对应收账款的账龄和质量进行分析。

应收票据是企业因销售商品、提供劳务等而收到的商业汇票。它与应收账款的唯一区别是,有商业汇票作为短期债权的凭证。因而其流动性与应收账款类似。

(4)存货

存货是指企业在日常活动中持有以备出售的产成品或商品、处在生产过程中的在产品、在生产过程或提供劳务过程中耗用的材料、物料等。正常情况下,存货将在一个经营周期内通过生产、销售最终转变为现金,因而也属于流动资产。但现实中某些积压的存货变现能力很差,并不是真正意义上的流动资产。同样,只有内部分析中才能将变现能力很差的存货排除在流动资产之外。

(5) 预付款项

预付款项是企业预先支付给其他单位的款项。预付账款是预付款项中的重要项目,它是企业按照购货合同预先支付给供应单位的款项。由于预付账款在一段时间之后才能转变为企业的存货,因而一般来说其变现能力比存货更差一些。

综上所述,企业常见的流动资产根据变现能力由强到弱的顺序排列依次为货币资金、交易性金融资产、应收账款和应收票据、存货、预付款项。同一类流动资产内部的各项资产,其流动性也并不相同。例如,不同的应收账款,其收款速度可能不尽相同;不同的存货,其变现速度也可能差异很大。关于各种流动资产的变现能力问题,将在第 4 章详细进行阐述。

2. 流动负债

根据负债到期日的长短,可以将其划分为流动负债和长期负债。流动负债是到期日在一年或长于一年的一个经营周期内的负债。常见的流动负债包括短期借款、应付账款、应付票据、预收款项、应付职工薪酬、应交税费等。其中,预收款项不需要动用现金偿还,只需按时交付货物,其他流动负债往往需要在短期内动用现金偿还。偿还流动负债是企业重要的短期现金需求。需要注意的是,将在一年内到期的长期负债也应归入流动负债的范畴,例如企业 2019 年 5 月 1 日借入的三年期银行借款,到期日为 2022 年 5 月 1 日,在借入时属于长期借款,但到 2021 年 12 月 31 日时,由于借款将在四个月后到期,因此这时应将其归入流动负债。

3. 营运资金

营运资金是指流动资产与流动负债的差额。在考察企业流动性时,除分别考察流动资产和流动负债外,还应将二者结合起来分析。如前所述,企业的短期现金需要包括支付日常生产经营开支的需要和偿还短期债务的需要。由于将在短期内到期的流动负债往往需要流动资产在短期内转变为现金来偿还,因此在某种程度上,流动资产是对流动负债的保障。营运资金数额越大,说明流动资产对流动负债的保障程度越大。另外,营运资金数额越大,还说明企业的流动资产在保障流动负债的基础上,应对日常生产经营支出的能力越强。由此可见,企业营运资金数额的大小直接反映了企业应对短期现金需要的能力强弱,也即企业的流动性强弱。

4. 现金流量

所谓现金流量,就是现金流入与流出的数量。通常所说的现金流量是广义的现金流量,既包括现金的流量,又包括现金等价物的流量。现金包括库存现金以及能随时动用的银行存款和其他货币资金。现金等价物是指企业持有的期限短、流动性强、易于转换为已知金额现金、价值变动风险很小的投资。下文中,为了简化起见,往往直接用"现金"代替"现金及现金等价物"。

由于现金是流动性最强的资产,大多数短期债务都需要通过现金来偿还,因此现金流入与流出的数量就会直接影响企业的流动性和短期偿债能力。现金流量包括经营活动产生的现金流量、投资活动产生的现金流量和筹资活动产生的现金流量。所谓经营活动产生的现金流量,是指企业投资活动与筹资活动以外的所有交易和事项产生的现金流量,例如采购活动、生产活动和销售活动所产生的现金流入与现金流出。所谓投资活动产生的现金流量,是指企业长期资产的购建和不包括在现金等价物范围内的投资及其处置活动所产生的现金流量,例如购入或售出固定资产、购入或售出长期有价证券等所产生的现金流入与现金流出。所谓筹资活动产生的现金流量,是指导致企业资本及债务规模及其构成发生变化的活动所产生的现金流量,例如借入和偿还借款、发行股票或债券、支付股利或利息等所产生的现金流入与现金流出。现金流入量与现金流出量之差被称为现金净流量。上述三类现金流量中,经营活动产生的现金净流量在各期之间相对比较稳定,能够比较稳定地满足企业的短期现金支付,因此经营活动产生的现金流量与企业流动性和短期偿债能力的关系最为密切。

复习与思考 影响企业短期偿债能力的因素有哪些?

3.1.3 短期偿债能力的比率分析

衡量企业短期偿债能力的重要比率主要有如下几个:

1. 流动比率

(1) 流动比率的计算

流动比率是指流动资产与流动负债的比值,其计算公式为:

$$流动比率 = \frac{流动资产}{流动负债}$$

对流动比率的计算公式还可以做如下变形[①]:

$$流动比率 = \frac{流动资产}{流动负债} = \frac{(流动资产 - 流动负债) + 流动负债}{流动负债} = \frac{营运资金 + 流动负债}{流动负债}$$

$$= 1 + \frac{营运资金}{流动负债}$$

以上市公司汇川技术为例,其2019年年末的流动比率计算如下:

$$流动比率 = \frac{流动资产}{流动负债}$$

$$= \frac{9\ 511\ 837\ 233.00}{5\ 267\ 926\ 040.06}$$

$$= 1.81$$

(2) 流动比率的优点

流动比率和营运资金考察的都是流动资产与流动负债的关系。但是营运资金是绝对数额,而流动比率是相对比值,因此与营运资金相比,流动比率更能反映出流动资产对流

---

① 公式中提到的营运资金,通常有两种理解:一是流动资产与流动负债的差额;二是包括流动资产与流动负债在内而非二者之差。本书提到的营运资金是指流动资产与流动负债的差额。

动负债的保障程度,并可以在不同企业之间相互比较。例如,甲企业流动资产为 50 万元,流动负债为 25 万元,乙企业流动资产为 100 万元,流动负债为 62.5 万元。甲企业的营运资金为 25 万元,流动比率为 2;乙企业的营运资金为 37.5 万元,流动比率为 1.6。从营运资金上看,乙企业的营运资金数额大于甲企业的营运资金数额,但事实上,甲企业的短期偿债能力更强,因为甲企业每 1 元流动负债有 2 元流动资产对其做保障,而乙企业每 1 元流动负债只有 1.6 元流动资产对其做保障。

另外,从流动比率的变形公式可以看出,流动比率超出 1 的部分就是营运资金与流动负债的比值。因此,流动比率还能够反映出营运资金与流动负债的关系。由于流动资产的变现时间和流动负债的到期时间不见得匹配,因此用等额流动资产对等额流动负债做保障并不十分安全。营运资金反映的是流动资产超出流动负债的部分,因而用营运资金对流动负债做保障更加安全。

（3）流动比率的缺陷

流动比率是衡量企业流动性和短期偿债能力的一个非常有用的工具,被广泛应用。但是,流动比率仍然存在一定的缺陷。企业下一个期间的流动性和短期偿债能力取决于企业下一个期间的现金流入与流出的数量及时间。如果企业下一个期间的现金流入在数量和时间上都能够充分满足现金流出的需要,则我们就可以认为企业下一个期间的流动性很强,将在下一个期间到期的负债非常安全。因此,企业下一个期间的流动性和短期偿债能力应该是一个动态的问题。而流动比率反映的是分析期期末这个静态时点上的流动资产与流动负债的关系。一般来说,分析期期末的流动资产将在下一个期间转变为现金,而分析期期末的流动负债将在下一个期间需要动用现金支付,因此二者的比值能够在一定程度上反映下一个期间的现金流入与流出。但是,用一个静态的比率来反映一个动态的过程,不可能将所有应当考虑的因素都考虑进去。例如,企业下一个期间的劳务收入带来的现金流入能直接增强企业的流动性和短期偿债能力,但未能在流动比率中得到体现。又如,企业下一个期间的广告费支出、业务招待费支出等带来的现金流出将削弱企业的流动性和短期偿债能力,但同样未能在流动比率中得到体现。

另外,我们知道,不同的流动资产其流动性存在很大的差异,不同的流动负债其偿还的最后期限也不相同。来看极端的情况,待摊费用这样的流动资产根本不存在变现的问题,也就不可能对流动负债形成保障。而流动比率没有对流动资产和流动负债进行鉴别与区分,而是笼统地用流动资产总额除以流动负债总额,这样得出的数据也就不能够十分准确地反映流动资产对流动负债的保障程度。

（4）流动比率的分析

① 流动比率的一般分析。一般来说,流动比率越高,说明企业的流动性越强,流动负债的安全程度越高,短期债权人到期收回本息的可能性越大。但从企业的角度来看,流动比率并不是越高越好。流动比率太高,说明企业的流动资产占用资金太多,而流动资产的盈利性往往较差,因而太高的流动比率可能表明企业的盈利能力较低。另外,流动比率太高,还可能是存货大量积压、大量应收账款迟迟不能收回等所致,因而太高的流动比率也可能表明企业的资产管理效率较低。同时,太高的流动比率可能表明企业没能充分利用

商业信用和现有的借款能力。因此,对流动比率要具体情况具体分析。

② 流动比率的比较标准。根据经验,通常认为流动比率等于2比较合理。因此,在财务分析中,往往以2为流动比率的比较标准,认为流动比率在2左右比较合理,偏离2太多则存在一定问题。但这个经验数据并不是绝对的,不同的环境、不同的时期、不同的行业,情况都不尽相同。例如,商业企业的流动比率往往大大地高于服务企业的流动比率,因为商业企业有大量的商品存货等流动资产,而服务企业的流动资产则相对较少。又如,一般来说,企业的经营周期越短,流动比率可能越低。企业的经营周期短,也就是从采购到销售并收回现金的期间短,这意味着存货、应收账款等流动资产的周转速度快,而周转速度越快,存货和应收账款的存量必然越小,流动比率也就越低;反之亦然。汇川技术2018年的流动比率为2.19,略高于经验标准2,说明公司的流动性和短期偿债能力比较合理。在对流动比率进行分析时,除了与经验数据2进行比较,还应进行横向和纵向的比较。通过与同行业平均水平或竞争对手的比较,可以洞悉企业的流动性和短期偿债能力在整个行业中是偏高还是偏低,与竞争对手相比是强还是弱。如果通过横向比较,发现企业的流动比率过高或过低,则应进一步找出原因,并采取措施及时调整。通过与企业以往各期流动比率的比较,可以看出企业流动性的变动态势:流动性是越来越强,还是越来越弱,或是基本保持稳定,等等。如果在某一期间企业流动性突然恶化,作为内部分析则应进一步查找原因,看看是存货积压导致,还是大量借债引起,或是其他什么原因,并及时找出改善的对策,以防止流动性和短期偿债能力进一步恶化,出现财务危机。汇川技术与SCZH 2015—2019年的流动比率如表3-1所示。

表3-1 汇川技术与SCZH的流动比率

公司	2015年	2016年	2017年	2018年	2019年
汇川技术	2.97	2.24	2.24	2.19	1.81
SCZH	8.25	6.17	7.13	6.53	5.05

表3-1中的数据反映在图形中如图3-1所示。

图3-1 汇川技术与SCZH的流动比率

由表3-1和图3-1可见,2015—2019年,汇川技术的流动比率不断下降,但这并不意味着汇川技术的流动比率恶化,因为我们知道,流动比率并不是越高越好。2018年2.19的流动比率相当不错,而2015年2.97的流动比率相对来说显得太高。2015—2019年,SCZH的流动比率呈现不断下降的趋势,但远高于汇川技术,说明其在流动性和短期偿债能力上优于汇川技术,不过过高的流动比率也可能意味着SCZH的资产管理效率较低。

③ 流动比率分析中应注意的问题。在运用流动比率对企业的流动性和短期偿债能力进行分析时,应当注意,企业有可能对流动比率进行人为操纵。在企业的流动比率大于1的情况下,如果分子的流动资产和分母的流动负债同时增加相同数额,则流动比率会降低;相反,如果流动资产与流动负债同时减少相同数额,则流动比率会升高。因此,在临近期末时,企业可以通过推迟正常的赊购,来减少期末分子中的存货和分母中的应付账款,从而提高流动比率;或者企业可以通过借入一笔临时款项,来增加期末分子中的货币资金和分母中的短期借款,从而降低流动比率。在企业的流动比率小于1的情况下,操纵手段则正好相反。因此,我们在分析时应当仔细甄别,一旦发现存在操纵行为,就应进行调整,然后再计算流动比率。例如,如果在下一年年初存货和应付账款比正常情况下增长得更快,则企业有操纵的嫌疑,可以考虑在计算流动比率时将下一年年初非正常增加的存货和应付账款加上。又如,如果期末借入的款项到下一年年初立即偿还,则企业也可能存在操纵行为,可以考虑在计算流动比率时将期末临时借入的款项排除在外。

2. 速动比率

(1) 速动比率的计算

速动比率是速动资产与流动负债的比值。其计算公式为:

$$速动比率 = \frac{速动资产}{流动负债}$$

公式中的速动资产是指能迅速转化为现金的资产。在前面对流动资产的分析中我们知道,在主要的流动资产中,货币资金、交易性金融资产、应收账款和应收票据的流动性较强,而存货和预付款项的流动性较弱。因此,速动资产的范围有两种确定方法:一种就是包括货币资金、交易性金融资产、应收账款和应收票据在内的流动资产;另一种就是扣除存货和预付款项的流动资产。相应地,速动比率有如下两种计算公式:

$$速动比率_1 = \frac{货币资金 + 交易性金融资产 + 应收账款和应收票据}{流动负债}$$

$$速动比率_2 = \frac{流动资产 - 存货 - 预付款项}{流动负债}$$

在实际使用中,由于预付款项的数额往往较小、在流动资产中的比重往往较低,而存货的数额通常较大,在很多企业中存货占流动资产的比重通常也较高,甚至是比重最高的一种流动资产,因此为了简便起见,在第二个速动比率的公式中经常将预付款项省略掉,变成下面的形式:

$$速动比率_3 = \frac{流动资产 - 存货}{流动负债}$$

以上三种形式的速动比率公式,在分析时可以根据需要选用。在后文的分析中,我们选择速动比率$_2$。由于速动比率将流动性相对较差的流动资产排除在外,反映的是速动资产对流动负债的保障程度,因此比流动比率更加保守。

汇川技术 2019 年年末的速动比率计算如下:

$$速动比率_1 = \frac{货币资金 + 交易性金融资产 + 应收账款和应收票据}{流动负债}$$

$$= \frac{1\,751\,902\,824.00 + 1\,985\,444\,125.76 + 2\,432\,301\,598.93 + 102\,746\,964.38}{5\,267\,926\,040.06}$$

$$= 1.19$$

$$速动比率_2 = \frac{流动资产 - 存货 - 预付款项}{流动负债}$$

$$= \frac{9\,511\,837\,233.00 - 1\,709\,685\,334.83 - 80\,179\,809.05}{5\,267\,926\,040.06} = 1.47$$

$$速动比率_3 = \frac{流动资产 - 存货}{流动负债}$$

$$= \frac{9\,511\,837\,233.00 - 1\,709\,685\,334.83}{5\,267\,926\,040.06} = 1.48$$

(2)速动比率的优点

与流动比率类似,速动比率通过相对比值的形式反映企业的流动性和短期偿债能力,比以绝对数额形式反映的营运资金更加科学,也更具有可比性。

速动比率考察的是流动性较强的流动资产对流动负债的保障程度。与流动比率相比,速动比率考虑了不同流动资产流动性的差异。

(3)速动比率的缺陷

与流动比率类似,速动比率也是一个静态比率,不能完全反映下一个期间现金流入与流出的动态过程,因而对下一个期间企业流动性和短期偿债能力的反映不尽完善。

(4)速动比率的分析

一般来说,速动比率越高,说明企业的流动性越强,流动负债的安全程度越高,短期债权人到期收回本息的可能性越大。但与流动比率类似,从企业的角度来看,速动比率也不是越高越好,对速动比率要具体情况具体分析。

根据经验,通常认为速动比率等于 1 比较合理。因此,在财务分析中,往往以 1 为速动比率的比较标准,认为企业的速动比率在 1 左右比较正常,偏离 1 太多则存在一定的问题。但与流动比率类似,这个经验数据也不是绝对的,不同的环境、不同的时期、不同的行业,情况都不尽相同。汇川技术 2019 年的速动比率为 1.47,大于 1 且不是太高,说明公司的流动性和短期偿债能力比较合理。

在对速动比率进行分析时,除了与经验数据 1 进行比较,还可以与同行业平均水平或竞争对手进行横向比较,或与企业以往各期的速动比率进行纵向比较,从而判断企业在行业中所处的地位以及变动的趋势。汇川技术与 SCZH 2015—2019 年的速动比率如表 3-2 所示。

表 3-2 汇川技术与 SCZH 的速动比率

公司	2015 年	2016 年	2017 年	2018 年	2019 年
汇川技术	2.59	1.97	1.90	1.81	1.47
SCZH	7.33	5.50	6.20	5.45	4.18

表 3-2 中的数据反映在图形中如图 3-2 所示。

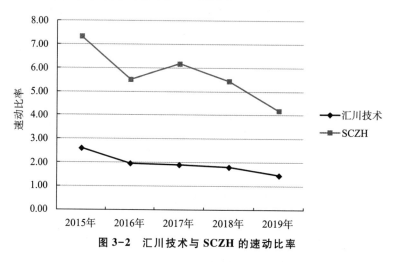

图 3-2 汇川技术与 SCZH 的速动比率

由表 3-2 和图 3-2 可见,2015—2019 年,汇川技术的速动比率不断下降,但这并不意味着汇川技术的速动比率恶化,因为我们知道,速动比率并不是越高越好。2019 年 1.47 的速动比率相当不错,而 2015 年 2.59 的速动比率却显得太高。同行业比较来看,SCZH 的速动比率始终高于汇川技术,这说明从速动比率上判断,SCZH 在流动性和短期偿债能力上要强于汇川技术。

与流动比率类似,企业对速动比率同样可能进行人为操纵。因此在分析时应当仔细辨别,一旦发现存在操纵行为,就应调整后再计算速动比率。

3. 现金比率

(1) 现金比率的计算

现金比率是现金及现金等价物与流动负债的比值。其计算公式为:

$$现金比率 = \frac{现金及现金等价物}{流动负债}$$

公式中的现金是指可立即动用的资金,主要是指库存现金和银行活期存款。现金等价物主要是指企业持有的交易性金融资产。由于这些交易性金融资产的变现能力极强,在需要资金时可以随时将其出售以获得现金,其支付能力类似于可立即动用的资金,因而被称作现金等价物。由于现金比率将应收账款和应收票据等流动性比较强的流动资产也排除在外,反映的是支付能力极强的现金及现金等价物对流动负债的保障程度,因而比速动比率更加保守。现金比率主要适用于那些应收账款和存货的变现能力都存在问题的企业。

汇川技术2019年年末的现金比率计算如下：

$$现金比率 = \frac{现金及现金等价物}{流动负债}$$

$$= \frac{1\ 859\ 609\ 325.31}{5\ 267\ 926\ 040.06} = 0.35$$

（2）现金比率的优点

与流动比率和速动比率类似，现金比率通过相对比值的形式反映企业的流动性和短期偿债能力，比以绝对数额形式反映的营运资金更加科学，也更具有可比性。

现金比率考察的是支付能力最强的现金及现金等价物对流动负债的保障程度。与速动比率相比，现金比率也考虑了不同流动资产流动性的差异。

（3）现金比率的缺陷

与流动比率和速动比率类似，现金比率也是一个静态比率，不能完全反映下一个期间现金流入与流出的动态过程，因而对下一个期间企业流动性和短期偿债能力的反映不尽完善。

（4）现金比率的分析

一般来说，现金比率越高，说明企业的流动性越强，流动负债的安全程度越高，短期债权人到期收回本息的可能性越大。但与流动比率和速动比率类似，从企业的角度来看，现金比率也不是越高越好，需要具体情况具体分析。

对企业的现金比率可以与同行业平均水平或竞争对手进行横向比较，或与企业以往各期的现金比率进行纵向比较，从而判断企业在行业中所处的地位以及变动的趋势。汇川技术与SCZH 2015—2019年的现金比率如表3-3所示。

表3-3 汇川技术与SCZH的现金比率

公司	2015年	2016年	2017年	2018年	2019年
汇川技术	0.10	0.31	0.07	0.22	0.35
SCZH	4.74	1.92	3.63	2.27	1.60

表3-3中的数据反映在图形中如图3-3所示。

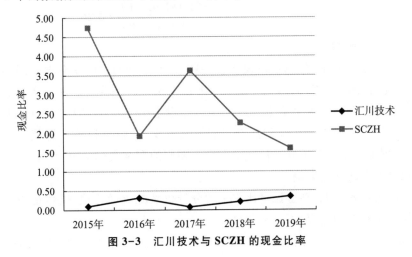

图3-3 汇川技术与SCZH的现金比率

由表 3-3 和图 3-3 可见,2015—2019 年,汇川技术的现金比率稳定在较低水平,每年都低于 0.50,而 SCZH 的现金比率虽然变动较大,但远高于汇川技术,每年均高于 1。2017 年以后,SCZH 的现金比率不断下降,从 3.63 下降到 1.60,说明 SCZH 在有意识地提高资产利用效率。而汇川技术应当提高其现金比率,增强其短期偿债能力。

与流动比率和速动比率类似,企业对现金比率同样可能进行人为操纵。

以上三种比率都是反映企业流动性和短期偿债能力的静态比率,反映的是某一时点上的流动资产、速动资产或现金及现金等价物对流动负债的保障程度。下面再介绍一个反映企业流动性和短期偿债能力的动态比率——现金流量比率。

4. 现金流量比率

（1）现金流量比率的计算

现金流量比率是经营活动现金净流量与流动负债的比值,反映企业用每年的经营活动现金净流量偿还到期债务的能力。其计算公式为:

$$现金流量比率 = \frac{经营活动现金净流量}{流动负债}$$

公式中的分子来自现金流量表中的"经营活动产生的现金流量净额",反映企业当年的经营活动产生的现金净流量,是一个动态指标。之所以选择经营活动产生的现金流量净额,而没有选择企业所有活动产生的现金流量净额,是因为经营活动在各个期间具有一定的稳定性,而各个期间的投资活动和筹资活动则相差较大,不易预测。公式中的分母来自资产负债表中的"流动负债合计",反映年末企业的流动负债金额,代表企业下一年即将到期的负债。下一年即将到期的负债将用下一年的现金流量来偿还,因此用下一年预计的经营活动现金净流量与年末流动负债相比更加合理。但是要准确地预计下一年的经营活动现金净流量比较困难,而各年的经营活动现金净流量又具有一定的稳定性,因此在公式中就用当年的经营活动现金净流量代替下年预计的经营活动现金净流量。

汇川技术 2019 年的现金流量比率计算如下:

$$现金流量比率 = \frac{经营活动现金净流量}{流动负债} = \frac{1\ 361\ 181\ 323.10}{5\ 267\ 926\ 040.06} = 0.26$$

（2）现金流量比率的优点

现金流量比率的分子"经营活动现金净流量"是一个期间上的动态指标,分母"流动负债"是一个时点上的静态指标,因此它是一个半动态比率。经营活动现金净流量是经营活动现金流入扣除经营活动现金流出后的净额,用它来偿还流动负债比较合理,因为企业每个期间的现金流入既需要应对经营活动中的日常开支,又需要偿还到期债务。与上述静态比率相比,现金流量比率更好地反映了下一个期间的现金流动状况。

（3）现金流量比率的缺陷

与上述静态比率类似,现金流量比率中的分母仍然是流动负债,仍然是用一个静态的水平来代替一个动态的过程,不是十分科学。

另外,现金流量比率的分子选用经营活动现金净流量,是因为它的稳定性,但事实上它并不能完全囊括企业所有的可用于偿还短期债务的现金流量。并且,现金流量比率中用分析期的经营活动现金净流量近似地代替下一个期间的经营活动现金净流量也必然会有出入。

(4) 现金流量比率的分析

一般来说,现金流量比率越高,说明企业的流动性越强,流动负债的安全程度越高,短期债权人到期收回本息的可能性越大。但与前三个比率类似,从企业的角度来看,现金流量比率也不是越高越好,需要具体情况具体分析。

对企业的现金流量比率可以与同行业平均水平或竞争对手进行横向比较,或与企业以往各期的现金流量比率进行纵向比较,从而判断企业在行业中所处的地位以及变动的趋势。汇川技术与 SCZH 2015—2019 年的现金流量比率如表 3-4 所示。

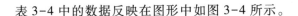

表 3-4 汇川技术与 SCZH 的现金流量比率

公司	2015 年	2016 年	2017 年	2018 年	2019 年
汇川技术	0.51	0.15	0.16	0.13	0.26
SCZH	1.04	0.58	0.37	0.21	0.06

表 3-4 中的数据反映在图形中如图 3-4 所示。

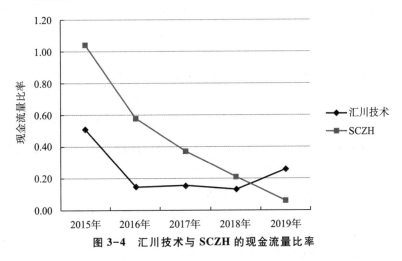

图 3-4 汇川技术与 SCZH 的现金流量比率

由表 3-4 和图 3-4 可见,2015—2019 年,汇川技术的现金流量比率较低,各年均不超过 1,2015—2016 年有所降低,2016—2018 年较为稳定,2019 年则开始回升。五年中从总体来看,SCZH 的现金流量比率大于汇川技术,但是 SCZH 的现金流量比率在此期间迅速恶化,2019 年甚至低于汇川技术。因此,从现金流量对流动负债的保障上看,汇川技术和SCZH 的状况都不令人满意,但总体来说 SCZH 急速下滑的状况更令人担忧。

与流动比率和速动比率类似,企业对现金流量比率同样可能进行人为操纵。

复习与思考 流动比率、速动比率、现金比率及现金流量比率如何计算?

3.1.4 短期偿债能力的趋势分析

短期偿债能力的趋势分析就是将企业连续几个期间的相关财务数据(如流动资产、流动负债、经营活动现金流量)进行对比,从而得出企业流动性和短期偿债能力变化趋势的一种分析。在上述比率分析中,将流动比率等与历史水平进行纵向的比较,也运用到了趋势分析。为了避免重复,下面我们探讨的趋势分析中将不包括对相关财务比率进行的趋势分析。

1. 绝对数额分析

将企业连续几期的流动资产、流动负债、经营活动现金流量等相关项目的绝对数额进行对比,以查看这些项目的变化趋势,从而洞悉企业流动性和短期偿债能力的变动方向。汇川技术 2015—2019 年的相关项目金额如表 3-5 所示。

表 3-5　汇川技术流动性和短期偿债能力的绝对数额分析　　　　　单位:元

项目	2015 年	2016 年	2017 年	2018 年	2019 年
货币资金	1 407 503 717.91	1 707 827 196.17	2 411 437 341.82	515 755 220.51	1 751 902 824.00
应收票据	566 665 759.75	966 810 655.61	1 484 655 233.37	1 445 205 809.61	102 746 964.38
应收账款	781 530 444.51	1 130 722 741.98	1 419 109 900.95	1 969 242 531.08	2 432 301 598.93
存货	576 254 345.54	751 045 132.56	1 031 200 608.57	1 263 822 869.11	1 709 685 334.83
其他流动资产	1 256 424 622.63	1 726 407 555.27	606 857 230.86	1 955 075 693.61	118 627 292.33
流动资产合计	4 673 600 306.46	6 390 320 757.25	7 073 266 729.15	7 693 387 238.54	9 511 837 233.00
短期借款	0.00	115 132 619.26	208 032 183.85	574 608 122.54	1 263 951 968.52
应付票据	428 716 200.83	474 250 137.24	793 181 210.58	1 027 375 682.40	994 294 357.08
应付账款	532 580 784.37	683 830 969.78	804 350 596.22	821 012 250.34	1 500 531 449.51
流动负债合计	1 574 849 830.03	2 855 596 701.41	3 156 299 345.48	3 517 497 226.66	5 267 926 040.06
经营活动产生的现金流量净额	801 807 468.95	420 348 137.24	491 678 218.04	471 289 817.62	1 361 181 323.10

将表 3-5 中的部分数据反映在图形中如图 3-5 所示。

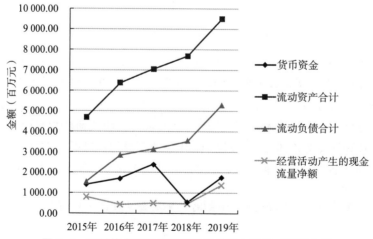

图 3-5　汇川技术流动性和短期偿债能力的绝对数额分析

由表 3-5 和图 3-5 可以看出，2015—2019 年，汇川技术的流动负债呈上升趋势，尤其在 2018 年后大幅上升。流动资产也不断上升，且上升趋势与流动负债相似，所以流动资产对流动负债的保障较为稳定。其中，货币资金波动较大，所以货币资金对流动负债的保障程度也呈波动状态。经营活动产生的现金流量净额在 2016—2018 年间稳定在低水平，所以在此期间经营活动产生的现金流量净额对流动负债的保障程度较低，虽然 2018 年后经营活动产生的现金流量净额大幅提升，但由于负债绝对数额较大，其保障程度也有限。

2. 环比分析

计算流动资产、流动负债、经营活动现金流量等相关项目相邻两期的变动百分比，以查看这些项目变动的方向和幅度，从而分析企业流动性和短期偿债能力的变动情况。汇川技术 2019 年与 2018 年相比，相关项目的环比变动百分比如表 3-6 所示。

表 3-6　汇川技术流动性和短期偿债能力的环比分析　　　　　　金额单位：元

项目	2018 年	2019 年	环比变动额	环比变动百分比（%）
货币资金	515 755 220.51	1 751 902 824.00	1 236 147 603.49	239.68
应收票据	1 445 205 809.61	102 746 964.38	-1 342 458 845.23	-92.89
应收账款	1 969 242 531.08	2 432 301 598.93	463 059 067.85	23.51
存货	1 263 822 869.11	1 709 685 334.83	445 862 465.72	35.28
其他流动资产	1 955 075 693.61	118 627 292.33	-1 836 448 401.28	-93.93
流动资产合计	**7 693 387 238.54**	**9 511 837 233.00**	**1 818 449 994.46**	**23.64**
短期借款	574 608 122.54	1 263 951 968.52	689 343 845.98	119.97
应付票据	1 027 375 682.40	994 294 357.08	-33 081 325.32	-3.22
应付账款	821 012 250.34	1 500 531 449.51	679 519 199.17	82.77
流动负债合计	**3 517 497 226.66**	**5 267 926 040.06**	**1 750 428 813.40**	**49.76**
经营活动产生的现金流量净额	**471 289 817.62**	**1 361 181 323.10**	**889 891 505.48**	**188.82**

由表 3-6 可见，2019 年与 2018 年相比，汇川技术的流动资产增加了 23.64%，而流动负债增加了 49.76%。由此可以清楚地看出，流动资产对流动负债的保障程度有所下降。2019 年经营活动产生的现金流量净额远高于 2018 年，对负债的保障程度有所增强。

3. 定基分析

定基分析就是选定一个固定的期间作为基期，计算各分析期的流动资产、流动负债和经营活动现金流量等相关项目与基期相比的百分比。这种分析不仅能看出相邻两期的变动方向和幅度，还可以看出一个较长期间内的总体变动趋势，便于进行较长期间的趋势分析。汇川技术 2016—2019 年相关项目的定基百分比如表 3-7 所示。

表 3-7 汇川技术流动性和短期偿债能力的定基分析　　　　　　　　单位:%

项目	2016 年*（基期）	2017 年	2018 年	2019 年
货币资金	100	141.20	30.20	102.58
应收票据	100	153.56	149.48	10.63
应收账款	100	125.50	174.16	215.11
存货	100	137.30	168.28	227.64
其他流动资产	100	35.15	113.25	6.87
流动资产合计	**100**	**110.69**	**120.39**	**148.85**
短期借款	100	180.69	499.08	1 097.82
应付票据	100	167.25	216.63	209.66
应付账款	100	117.62	120.06	219.43
流动负债合计	**100**	**110.53**	**123.18**	**184.48**
经营活动产生的现金流量净额	**100**	**116.97**	**112.12**	**323.82**

注:*因 2015 年短期借款为 0,故选择 2016 年作为基期。

由表 3-7 可见,除了 2017 年,其余年份汇川技术流动资产的增长幅度始终赶不上流动负债的增长幅度,流动资产对流动负债的保障程度在不断下降。并且,流动负债中短期借款在 2018 年和 2019 年的增长幅度惊人,而短期借款相对于应付账款等灵活性更差,财务风险更高,因此需要引起重视。另外,货币资金余额虽略有下降,但经营活动产生的现金流量净额总体来看呈上升趋势,并且上升的幅度非常明显,可见汇川技术的现金状况良好,应进一步保持。

复习与思考　如何通过趋势分析了解企业的流动性和短期偿债能力?

3.1.5　短期偿债能力的结构分析

短期偿债能力的结构分析就是将流动资产、流动负债、经营活动现金流量等相关项目金额与相应的合计金额、总计金额或特定项目金额进行对比,以查看这些项目所占比重,从而洞悉企业流动性和短期偿债能力的一种分析。

短期偿债能力分析中所关注的结构通常包括:流动资产占总资产的比重,流动资产内部各项目占流动资产合计数的比重,流动负债占总负债的比重,流动负债占负债和所有者权益总计数的比重等。

短期偿债能力的结构分析还可以与趋势分析结合起来,查看各种结构在连续几个期间的变化。汇川技术的相关结构分析如表 3-8 所示。

表 3-8 汇川技术流动性和短期偿债能力的结构分析　　　　　　　　单位:%

项目	2015 年	2016 年	2017 年	2018 年	2019 年
货币资金	23.67	21.42	26.65	4.99	11.77
应收票据和应收账款	22.67	26.30	32.10	33.05	17.03

(单位:%)　(续表)

项目	2015 年	2016 年	2017 年	2018 年	2019 年
存货	9.69	9.42	11.40	12.24	11.49
其他流动资产	21.13	21.65	6.71	18.93	0.80
流动资产合计	**78.59**	**80.14**	**78.18**	**74.48**	**63.90**
资产总计	**100.00**	**100.00**	**100.00**	**100.00**	**100.00**
短期借款	0.00	1.44	2.30	5.56	8.49
应付票据	7.21	5.95	8.77	9.95	6.68
应付账款	8.96	8.58	8.89	7.95	10.08
流动负债合计	**26.48**	**35.81**	**34.89**	**34.05**	**35.39**
负债和股东权益总计	**100.00**	**100.00**	**100.00**	**100.00**	**100.00**

由表 3-8 可见,汇川技术流动资产占总资产的比重在各年中都非常高,尤其是货币资金、应收项目和其他流动资产占了总资产的一半以上。流动资产的比重高,对流动负债的保障程度就高,但是由于流动资产的盈利能力较弱,因此流动资产比重太高,则企业的盈利性会受到影响。因此,汇川技术开始有意识地降低自己的流动资产占比,2019 年货币资金、应收项目和其他流动资产占比较以前年度有明显下降。另外,对流动资产还可以进一步深入分析,查看应收账款、存货等各项流动资产的流动性强弱。对资产结构和流动资产的流动性在第 8 章中还会具体进行分析。汇川技术流动负债占负债和股东权益总额的比重相对来说比较合理,2015—2016 年占比增幅较大,以后年度的增幅则较为平稳,其中短期借款占比上升较快,应该引起重视。

复习与思考　如何通过结构分析了解企业的流动性和短期偿债能力?

3.2 长期偿债能力分析

3.2.1 长期偿债能力的影响因素

财务风险有广义和狭义之分。广义的财务风险是指企业财务活动中由于各种不确定性因素的影响而带来的债务偿还、利润水平等的可变性。狭义的财务风险又叫筹资风险,是指企业与筹资活动有关的风险,也就是企业债务偿还的不确定性。我们这里采用狭义财务风险的概念。可见,企业的财务风险和长期偿债能力是密不可分的。

影响企业财务风险和长期偿债能力的因素主要包括:

1. 资本结构

资本结构是指企业资金来源的结构,即各种资金来源所占的比重,例如短期资金与长期资金的比重、债权资金与股权资金的比重等。通常所说的资本结构,更多地是指债权资金与股权资金的比重,即企业的负债和所有者权益的比重。

负债包括流动负债和长期负债。企业可以根据资金占用金额及期限来灵活选择资金筹措金额及期限,因此负债是企业的一类非常重要的资金来源。所有者权益包括实收资本、资本公积、盈余公积和未分配利润。实收资本和资本公积主要是股东出资形成的,它是企业资金最原始、最基本的来源,是企业从事生产经营活动的基础。盈余公积和未分配利润被称作留存收益,它是企业各期盈利留存在企业的结果。

不同的资金来源,其资金成本和财务风险各不相同。资金成本是指企业为获取和使用资金所付出的代价,例如银行借款的手续费用和利息费用、债券的发行费用和利息费用、股票的发行费用和股利支出等。负债到期必须偿还,并且需要支付固定的利息。企业如果无力偿还债务本息,则可能面临财务危机,最严重时甚至导致企业破产。因此,债权资金的风险较高。但是债权资金的利息通常低于股权资金所要求的报酬,并且利息可以抵税,因此债权资金的成本较低。所有者权益属于永久性资本,无须偿还,也没有固定的股利负担,企业是否分配股利、分配多少股利都视情况而定。因此,股权资金的风险很小,是企业稳定性与偿债能力的保障。但是股权资金所要求的报酬通常高于债务利息,并且股利不可以抵税,因此股权资金的成本较高。

在企业的资金来源中,负债的比重越高,企业的财务风险就越高,不能如期偿还债务本金、支付债务利息的可能性就越大;相反,所有者权益的比重越高,企业的稳定性越强,财务风险就越低,对债务的保障程度就越高。同时,负债的比重越高,企业的资金成本就越低,收益就越高;相反,所有者权益的比重越高,企业的资金成本就越高,收益就越低。因此,安排最佳的资本结构,就是要权衡负债和所有者权益的风险与成本,找到恰当的均衡点。

2. 财务杠杆

对企业的所有者而言,企业负债增加会增加其投资损失的风险,但同时也可能为其带来潜在的投资收益。

财务杠杆又叫筹资杠杆,是指由于固定债务利息的存在,税后利润的变动幅度大于息税前利润变动幅度的现象。由于债权人既不分享企业的经营成果,又不承担企业的经营风险,因而不论企业是盈利还是亏损,盈利多还是少,债权人都获得固定的利息。息税前利润是指支付利息、交纳所得税之前的利润。杠杆就是指一种放大的效应或加乘的效果。财务杠杆是对企业经营成功(利润)或失败(损失)的放大。财务杠杆及财务杠杆系数的计量和分析,见本书第6章其他能力分析中企业防范风险能力分析的内容。

3. 长期盈利水平与经营活动现金流量

虽然资产或所有者权益是对企业债务的最终保障,但在正常的经营过程中,企业不可能靠出售资产来偿还债务。企业长期盈利水平和经营活动现金流量才是偿付债务本息最稳定、最可靠的来源。因此,企业长期盈利水平与经营活动现金流量的稳定性及发展前景是影响企业财务风险和长期偿债能力的重要因素。不过,我们很难对企业长期盈利水平和经营活动现金流量进行准确的预测,因此通常只能根据企业过去的状况和发展的规划大致地进行推断。

综上所述,企业的资本结构中负债占比越低,说明每1元负债有更多的资产对其做保障,因而企业偿还负债的可能性越大;企业的财务杠杆越低,表明固定债务利息越低,则企业偿还每期利息的可能性越大;企业的长期盈利水平越高、经营活动现金流量越充裕,则企业如期偿还债务本息的基础越稳固。因此,企业的财务风险和长期偿债能力与企业资产、负债、所有者权益的规模与质量,以及企业的长期盈利水平与经营活动现金流量密切相关。

复习与思考 影响企业长期偿债能力的因素有哪些?

3.2.2 长期偿债能力的比率分析

衡量企业财务风险与长期偿债能力的财务比率主要有如下几个:

1. 资产负债率

(1) 资产负债率的计算

资产负债率又称负债比率,是企业的负债总额与资产总额的比值。其计算公式为:

$$资产负债率 = \frac{负债总额}{资产总额} \times 100\%$$

汇川技术 2019 年年末的资产负债率计算如下:

$$资产负债率 = \frac{负债总额}{资产总额} \times 100\%$$

$$= \frac{5\ 949\ 635\ 040.16}{14\ 886\ 010\ 461.09} \times 100\% = 39.97\%$$

(2) 资产负债率的意义

资产负债率反映了企业资产对负债的保障程度。资产负债率越高,表明资产对负债的保障程度越低。例如,甲企业的资产负债率为 20%,表明每 1 元资产对 0.2 元负债做保障;乙企业的资产负债率为 60%,表明每 1 元资产对 0.6 元负债做保障。显然,乙企业的资产负债率更高,资产对负债的保障程度更低。

由于企业的资产总额等于企业的全部资金总额,因此资产负债率又反映了在企业全部资金中有多大的比例是通过借债而筹集的。从这个角度来看,资产负债率反映的就是企业的资本结构问题。资产负债率越高,说明借入资金在全部资金中所占的比重越大,企业的资金成本越低、不能偿还负债的风险越高。

资产负债率越高,负债比重越高,则每年的债务利息越高。根据前面对财务杠杆的分析我们知道,债务利息越高,财务杠杆越高。因此,资产负债率越高,说明财务杠杆越高,企业负债经营的利益越大,同时企业经营恶化时加剧所有者损失的风险也越大。

综上所述,资产负债率反映了企业的资产对负债的保障程度、企业的资本结构状况,以及企业的财务杠杆程度。

(3) 资产负债率的分析

一般来说,资产负债率越低,企业的负债越安全、财务风险越小。但是从企业和股东的角度出发,资产负债率并不是越低越好,因为资产负债率过低往往表明企业没能充分利用财务杠杆,即没能充分利用负债经营的好处。因此,在评价企业的资产负债率时,我们需要在收益与风险之间权衡利弊,充分考虑企业内部各种因素和外部市场环境,做出合理、正确的判断。

对资产负债率,我们还可以进行横向和纵向的比较。通过与同行业平均水平或竞争对手的比较,可以洞悉企业的财务风险和长期偿债能力在整个行业中是偏高还是偏低,与竞争对手相比是强还是弱。如果通过横向比较,发现企业的资产负债率过高或过低,则应进一步找出原因,并采取措施及时调整。通过与企业以往各期的资产负债率进行比较,可以看出企业财务风险和长期偿债能力是越来越强,还是越来越弱,或是基本保持稳定,等等。如果在某一期间企业资产负债率突然恶化,作为内部分析则应进一步查找原因,看看是资产规模下降导致,还是大量借债引起,并及时找出改善的对策,以防止企业财务风险和长期偿债能力进一步恶化,出现财务危机。汇川技术与 SCZH 2015—2019 年的资产负债率如表 3-9 所示。

表 3-9　汇川技术与 SCZH 的资产负债率　　　　　　　　　　　　　　单位:%

公司	2015 年	2016 年	2017 年	2018 年	2019 年
汇川技术	27.86	37.52	36.71	36.74	39.97
SCZH	9.10	11.82	10.41	10.59	14.45

表 3-9 中的数据反映在图形中如图 3-6 所示。

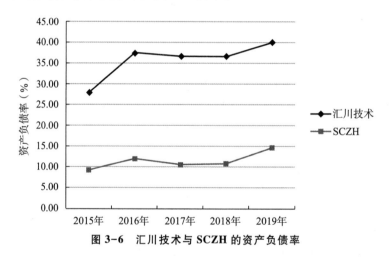

图 3-6　汇川技术与 SCZH 的资产负债率

由表 3-9 和图 3-6 可见,2015—2019 年,汇川技术的资产负债率趋于上升,这说明汇川技术的资产对负债的保障程度有所下降。不过,这并不意味着汇川技术的资产负债率恶化,因为我们知道,资产负债率并不是越低越好。2019 年 39.97% 的资产负债率并不高,而 2015 年 27.86% 的资产负债率则相对保守。另外,汇川技术的资产负债率近几年稳定在 35% 至 40% 之间,而 SCZH 的资产负债率在 10% 至 15% 之间,这说明汇川技术的长期偿债能力始终弱于 SCZH,但汇川技术的资产负债率并不算高且比较稳定,从企业整体的角度出发,维持适当的资产负债率并不是坏事。

2. 股权比率

股权比率是企业的股东权益总额与资产总额的比值。其计算公式为:

$$股权比率 = \frac{股东权益总额}{资产总额} \times 100\%$$

汇川技术 2019 年年末的股权比率计算如下：

$$股权比率 = \frac{股东权益总额}{资产总额} \times 100\%$$

$$= \frac{8\ 936\ 375\ 420.93}{14\ 886\ 010\ 461.09} \times 100\% = 60.03\%$$

股权比率反映了在企业全部资金中，有多少是所有者提供的。由于一个企业的资金要么是所有者提供的，要么是债权人提供的，因此股权比率与资产负债率之和必然为 100%。例如，一个企业的资产负债率为 40%，则其股权比率一定是 60%。由计算公式也可推导出二者的关系：

$$资产负债率 + 股权比率 = \frac{负债总额}{资产总额} \times 100\% + \frac{股东权益总额}{资产总额} \times 100\%$$

$$= \frac{负债总额 + 股东权益总额}{资产总额} \times 100\% = 100\%$$

因此，股权比率越高，资产负债率就越低，说明所有者投入的资金在全部资金中所占的比重越大，而债权人投入的资金所占的比重越小，反之亦然。对股权比率的分析与资产负债率恰恰相反，不再赘述。

3. 权益乘数

权益乘数是企业的资产总额与股东权益总额的比值。其计算公式为：

$$权益乘数 = \frac{资产总额}{股东权益总额}$$

为了反映整个期间中资产总额与股东权益的平均比值，还可以计算平均权益乘数：

$$平均权益乘数 = \frac{平均资产总额}{平均股东权益}$$

汇川技术 2019 年年末的权益乘数和 2019 年度的平均权益乘数计算如下：

$$权益乘数 = \frac{资产总额}{股东权益总额}$$

$$= \frac{14\ 886\ 010\ 461.09}{8\ 936\ 375\ 420.93} = 1.67$$

$$平均权益乘数 = \frac{平均资产总额}{平均股东权益}$$

$$= \frac{(10\ 329\ 353\ 235.34 + 14\ 886\ 010\ 461.09)/2}{(6\ 534\ 796\ 875.93 + 8\ 936\ 375\ 420.93)/2} = 1.63$$

通常情况下，权益乘数显然应该大于 1，因此不用百分数表示。显然，权益乘数是股权比率的倒数，因此与股权比率是此消彼长的关系。由上面的分析我们知道，股权比率与资产负债率也是此消彼长的关系。因此，权益乘数和资产负债率的变动方向一致，即资产负债率越高，权益乘数就越大，反之亦然。权益乘数的分析与资产负债率相似，不再赘述。

4. 产权比率

产权比率是企业的负债总额与股东权益总额的比值。其计算公式为：

$$产权比率 = \frac{负债总额}{股东权益总额} \times 100\%$$

汇川技术 2019 年年末的产权比率计算如下：

$$产权比率 = \frac{负债总额}{股东权益总额} \times 100\%$$

$$= \frac{5\,949\,635\,040.16}{8\,936\,375\,420.93} \times 100\% = 66.58\%$$

产权比率反映了股东权益对负债的保障程度。显然，产权比率等于资产负债率与股权比率之商：

$$产权比率 = \frac{负债总额}{股东权益总额} = \frac{负债总额/资产总额}{股东权益总额/资产总额} = \frac{资产负债率}{股权比率}$$

因此，产权比率与资产负债率同方向变动，与股权比率反方向变动。对产权比率的分析也与资产负债率类似，不再赘述。

5. 债务与有形净值比率

债务与有形净值比率是企业的负债总额与有形净值的比值。有形净值是指扣除无形资产后的股东权益额。债务与有形净值比率的计算公式为：

$$债务与有形净值比率 = \frac{负债总额}{股东权益总额 - 无形资产} \times 100\%$$

汇川技术 2019 年年末的债务与有形净值比率计算如下：

$$债务与有形净值比率 = \frac{负债总额}{股东权益总额 - 无形资产} \times 100\%$$

$$= \frac{5\,949\,635\,040.16}{8\,936\,375\,420.93 - 528\,356\,529.21} \times 100\% = 70.76\%$$

债务与有形净值比率是对产权比率的更为保守的修正。根据保守的观点，到企业破产时，企业的无形资产往往很难变卖以偿还债务，因此将无形资产扣除后的股东权益对负债的保障更加谨慎。

上述比率中，前四个比率都是对资产、负债、股东权益三者关系的计量，都是通过对资本结构的描述来反映企业的财务风险和长期偿债能力。虽然它们考虑的角度不同、变动的方向不一，但反映的内容相似，可以根据需要选用。第五个比率实际上是对第四个比率中权益质量的修正。因此，上述五个比率都是从资产与权益的规模及质量的角度对企业的财务风险和长期偿债能力进行衡量。下面再从企业的盈利及现金流量的角度来分析企业的财务风险和长期偿债能力。

6. 利息保障倍数

（1）利息保障倍数的计算

利息保障倍数是息税前利润与利息费用的比值。其计算公式为：

$$利息保障倍数 = \frac{息税前利润}{利息费用}$$

$$= \frac{利润总额 + 利息费用}{利息费用}$$

$$= \frac{净利润 + 所得税 + 利息费用}{利息费用}$$

这一指标反映企业所实现的经营成果支付利息费用的能力。由于在支付利息费用和交纳所得税之前的所有利润都可以用于支付利息,因此分子的经营成果应是息税前利润,即在净利润的基础上将已经支付的所得税和利息费用加回。需要注意的是,分子和分母中的利息费用不仅包括计入财务费用的利息费用,还包括已资本化的利息费用。企业为购建长期资产而专门借入的债务在长期资产构建期间发生的利息费用,不计入当期财务费用,而列入该长期资产的购建成本,这些列入长期资产购建成本的利息费用就是已资本化的利息费用。需要注意的是,当企业外部的分析主体对企业进行分析时,往往很难获得"财务费用"科目的具体构成,也很难得知当期增加的长期资产的具体成本内容,因此很难准确地获知企业当期计入财务费用的利息费用以及资本化的利息费用。在这种情况下,通常用财务费用代替利息费用来计算利息保障倍数。不过,当财务费用为负数时,这样计算的利息保障倍数没有意义。

汇川技术 2019 年的利息保障倍数计算如下:

$$利息保障倍数 = \frac{息税前利润}{利息费用} = \frac{利润总额 + 财务费用}{财务费用}$$

$$= \frac{1\ 055\ 786\ 518.94 + 52\ 861\ 199.53}{52\ 861\ 199.53} = 20.97$$

(2)利息保障倍数的分析

利息保障倍数越高,说明企业支付利息的能力越强;反之,则说明企业支付利息的能力越弱。此比率若低于1,则说明企业实现的经营成果不足以支付当期利息费用,这意味着企业支付利息费用的能力非常低,财务风险非常高,需要引起高度重视。同时应注意,对企业和所有者来说,利息保障倍数并不是越高越好。如果一个很高的利息保障倍数不是高利润带来的,而是低利息导致的,则说明企业的财务杠杆很低,未能充分利用举债经营的优势。

对利息保障倍数,我们还可以进行横向和纵向的比较。通过与同行业平均水平或竞争对手的比较,可以洞悉企业的付息能力在整个行业中是偏高还是偏低,与竞争对手相比是强还是弱。如果通过横向比较,发现企业的利息保障倍数过高或过低,则应进一步找出原因,并采取措施及时调整。通过与企业以往各期的利息保障倍数进行比较,可以看出企业的付息能力是越来越强,还是越来越弱,或是基本保持稳定,等等。如果在某一期间企业的利息保障倍数突然恶化,作为内部分析则应进一步查找原因,看看是盈利水平下降导致,还是债务增加引起,并及时找出改善的对策,以防止企业的付息能力进一步恶化,出现财务危机。

汇川技术 2019 年的利息保障倍数为 20.97,其他年份因财务费用均为负数导致该指标无意义,SCZH 则是 2015—2019 年的财务费用均为负数,该指标无意义。由此可见,两家公司的付息能力都非常强。

7. 现金利息保障倍数

现金利息保障倍数是可用于支付利息的经营活动现金流量与现金利息支出的比值。其计算公式为：

$$现金利息保障倍数 = \frac{息税前经营活动现金流量}{现金利息支出}$$

$$= \frac{经营活动现金净流量 + 现金所得税支出 + 现金利息支出}{现金利息支出}$$

由于并非所有的利润都是当期的现金流入，也并非所有的利息费用和所得税都需要在当期用现金支付，因此用利息保障倍数来反映企业支付利息的能力并不十分准确。将利息保障倍数中的净利润用经营活动现金净流量代替，所得税用现金所得税支出代替，利息费用用现金利息支出代替，就得到了现金利息保障倍数。现金利息保障倍数反映的是企业用当期经营活动带来的现金流量支付当期利息的能力。需要注意的是，现有的现金流量表中，"现金所得税支出"不是一个单独的项目，而是包含在"支付的各项税费"中，"现金利息支出"也不是一个单独的项目，而是包含在"分配股利、利润或偿付利息支付的现金"中，因此在外部分析中可能难以找到计算现金利息保障倍数所需要的数据。

对现金利息保障倍数的分析与利息保障倍数类似，不再赘述。

8. 偿债保障比率

（1）偿债保障比率的计算

偿债保障比率是负债总额与经营活动现金净流量的比值。其计算公式为：

$$偿债保障比率 = \frac{负债总额}{经营活动现金净流量}$$

公式中的分子是年末的负债总额，即需要在今后偿还的债务；分母是当年经营活动产生的现金净流量。一般认为，经营活动产生的现金流量是企业长期资金的最主要来源，而投资活动和筹资活动产生的现金流量虽然在必要时也可用于偿还债务，但不能将其视为经常性的现金流量来源。通常认为，企业各年间经营活动产生的现金流量具有一定的稳定性，因此可以用当年的经营活动现金净流量近似地替代企业今后每年的经营活动现金净流量。今后需要偿还的债务除以今后每年的经营活动现金净流量，反映的就是用企业经营活动产生的现金净流量偿还全部债务所需要的时间。因此偿债保障比率又被称为债务偿还期。如果经营活动现金净流量为负，则偿债保障比率没有意义，因为债务偿还期不可能为负。

汇川技术2019年的偿债保障比率计算如下：

$$偿债保障比率 = \frac{负债总额}{经营活动现金净流量} = \frac{5\,949\,635\,040.16}{1\,361\,181\,323.10} = 4.37$$

（2）偿债保障比率的分析

偿债保障比率越低，说明企业的债务偿还期越短，企业偿还债务的能力越强，反之亦然。当然，对企业和所有者而言，偿债保障比率并不是一味地越低越好。如果一个很低的偿债保障比率不是由高额的经营活动现金净流量带来的,而是低负债导致的,则说明企业未能充分利用财务杠杆的作用。

对偿债保障比率,我们同样可以进行横向和纵向的比较。通过与同行业平均水平或竞争对手的比较,可以洞悉企业的偿债能力在整个行业中是偏高还是偏低,与竞争对手相比是强还是弱。如果通过横向比较,发现企业的偿债保障比率过高或过低,则应进一步找出原因,并采取措施及时调整。通过与企业以往各期的偿债保障比率进行比较,可以看出企业的偿债能力是越来越强,还是越来越弱,或是基本保持稳定,等等。如果在某一期间企业偿债保障比率突然恶化,作为内部分析则应进一步查找原因,看看是现金流量下降导致,还是债务增加引起,并及时找出改善的对策,以防止企业的偿债能力进一步恶化,出现财务危机。汇川技术与 SCZH 2015—2019 年的偿债保障比率如表 3-10 所示。

表 3-10 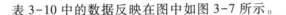汇川技术与 SCZH 的偿债保障比率

公司	2015 年	2016 年	2017 年	2018 年	2019 年
汇川技术	2.07	7.12	6.76	8.05	4.37
SCZH	1.11	1.92	3.24	5.49	19.72

表 3-10 中的数据反映在图中如图 3-7 所示。

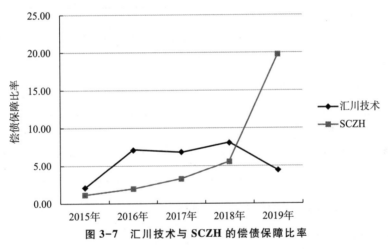

图 3-7 汇川技术与 SCZH 的偿债保障比率

由表 3-10 和图 3-7 可见,2015—2018 年,汇川技术的偿债保障比率总体趋于上升,2019 年有所下降,这说明汇川技术的偿债能力前 4 年趋于下降,2019 年有所好转。进一步分析可以发现,这种状况是因为汇川技术各年的负债不断增加,而 2019 年该指标呈现下降的趋势则是因为当年经营活动现金净流量大幅上升,充足的现金流量加大了对负债的保障程度。2015—2019 年,SCZH 的负债水平总体来看不断升高,尤其是 2019 年,呈现猛烈上涨的趋势,而经营活动现金净流量逐年下降,导致各年偿债保障比率不断上升。2015—2018 年,SCZH 的偿债保障比率都低于汇川技术,说明 SCZH 的偿债能力优于汇川技术,但 2019 年 SCZH 该指标远高于汇川技术,需引起进一步的关注。

以上比率是反映企业长期偿债能力的主要指标,我们在进行分析时还应考虑长期租赁、担保责任等因素对企业长期偿债能力的影响。从长远来看,企业的偿债能力要通过长

期的盈利能力来保障,因此我们在考察企业长期偿债能力时,应结合盈利能力进行分析。企业的盈利能力分析将在第 5 章阐述,这里不再专门分析。

复习与思考 资产负债率、股权比率、权益乘数、产权比率及债务与有形净值比率如何计算?

3.2.3 长期偿债能力的趋势分析

长期偿债能力的趋势分析就是将企业连续几个期间的相关财务数据(如资产、负债和所有者权益等)进行对比,得出企业财务风险和长期偿债能力的变化趋势。在上述比率分析中,将资产负债率等与历史水平进行纵向的比较,也运用到了趋势分析。为了避免重复,下面我们探讨的趋势分析中将不包括对相关财务比率进行的趋势分析。

1. 绝对数额分析

将企业连续几期的资产、负债、股东权益、利润、现金流量等相关项目的绝对数额进行对比,以查看这些项目的变化趋势,从而洞悉企业财务风险和长期偿债能力的变动方向。汇川技术 2015—2019 年的相关项目金额如表 3-11 所示。

表 3-11 汇川技术财务风险和长期偿债能力的绝对数额分析　　　　　　　　单位:元

项目	2015 年	2016 年	2017 年	2018 年	2019 年
资产总计	5 946 514 568.02	7 973 872 037.37	9 047 119 842.62	10 329 353 235.43	14 886 010 461.09
负债合计	1 656 686 668.77	2 991 578 719.34	3 321 643 907.04	3 794 556 359.41	5 949 635 040.16
股东权益合计	4 289 827 899.25	4 982 293 318.03	5 725 475 935.58	6 534 796 875.93	8 936 375 420.93
息税前利润	860 444 337.77	1 035 200 518.89	1 176 206 436.27	1 270 873 593.02	1 108 647 718.47
经营活动产生的现金流量净额	801 807 468.95	420 348 137.24	491 678 218.04	471 289 817.62	1 361 181 323.10

表 3-11 中的数据反映在图形中如图 3-8 所示。

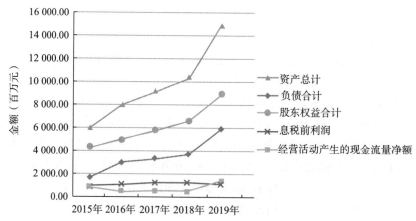

图 3-8 汇川技术财务风险和长期偿债能力的绝对数额分析

由表 3-11 和图 3-8 可以看出,2015—2019 年,汇川技术的资产、负债、股东权益、息税前利润和经营活动产生的现金流量净额规模均呈上升趋势。2018—2019 年,汇川技术的资产负债率从 36.74% 上升到 39.97%,虽然从数字上看资产对负债的保障程度有所下降,但考虑到汇川技术历年负债水平不高,这一变动体现了企业资本结构的改善;偿债保障比率从 8.05 下降到 4.37,说明经营活动产生的现金流量净额对负债的保障程度加强。2015—2019 年,汇川技术的盈利水平和经营活动产生的现金流量净额总体来看稳中缓升,2019 年经营活动产生的现金流量净额有较大幅度的提升。

2. 环比分析

计算资产、负债、股东权益、利润、现金流量等相关项目相邻两期的变动百分比,以查看这些项目变动的方向和幅度,从而分析企业财务风险和长期偿债能力的变动情况。汇川技术 2019 年与 2018 年相比,相关项目的环比变动百分比如表 3-12 所示。

表 3-12　汇川技术财务风险和长期偿债能力的环比分析　　　　　　金额单位:元

项目	2018 年	2019 年	环比变动额	环比变动百分比(%)
资产总计	10 329 353 235.34	14 886 010 461.09	4 556 657 225.75	44.11
负债合计	3 794 556 359.41	5 949 635 040.16	2 155 078 680.75	56.79
股东权益合计	6 534 796 875.93	8 936 375 420.93	2 401 578 545.00	36.75
息税前利润	1 270 873 593.02	1 108 647 718.47	-162 225 874.55	-12.76
经营活动产生的现金流量净额	471 289 817.62	1 361 181 323.10	889 891 505.48	188.82

由表 3-12 可见,与 2018 年相比,2019 年汇川技术的资产增加了 44.11%,股东权益增加了 36.75%,而负债增加了 56.79%。由此可以清楚地看出,资产和股东权益对负债的保障程度有所下降。与 2018 年相比,2019 年汇川技术的息税前利润略有下降,但幅度不大,经营活动产生的现金流量净额增加了 188.82%,说明企业的盈利水平和经营活动现金流量状况保持在较好的水平。

3. 定基分析

定基分析就是选定一个固定的期间作为基期,计算各分析期的资产、负债、股东权益、利润和现金流量等相关项目与基期相比的百分比。这种分析不仅能看出相邻两期的变动方向和幅度,还可以看出一个较长期间内的总体变动趋势,便于进行较长期间的趋势分析。汇川技术 2015—2019 年相关项目的定基百分比如表 3-13 所示。

表 3-13　汇川技术财务风险和长期偿债能力的定基分析　　　　　　单位:%

项目	2015 年	2016 年	2017 年	2018 年	2019 年
资产总计	100.00	134.09	152.14	173.70	250.33
负债合计	100.00	180.58	200.50	229.04	359.13

(单位:%)（续表）

项目	2015年	2016年	2017年	2018年	2019年
股东权益合计	100.00	116.14	133.47	152.33	208.32
息税前利润	100.00	120.31	136.70	147.70	128.85
经营活动产生的现金流量净额	100.00	52.43	61.32	58.78	169.76

由表3-13可见,2015—2019年,汇川技术资产和股东权益的增长幅度始终赶不上负债的增长幅度,资产和股东权益对负债的保障程度在不断下降。2016—2018年,汇川技术的息税前利润规模有增长趋势,2019年的息税前利润为2015年的128.85%。经营活动产生的现金流量净额的增长幅度逐年上升,2019年为2015年的169.76%,其增长幅度远远高于前三年。

复习与思考 如何通过趋势分析了解企业的财务风险和长期偿债能力状况?

3.2.4 长期偿债能力的结构分析

长期偿债能力的结构分析就是将资产、负债、股东权益等相关项目金额与相应的合计金额或总计金额进行对比,以查看这些项目所占比重,从而得出企业财务风险和长期偿债能力的一种分析方法。

长期偿债能力分析中所关注的结构通常包括:流动负债、非流动负债及股东权益占负债和股东权益总计数的比重等。

长期偿债能力的结构分析还可以与趋势分析结合起来,查看各种结构在连续几个期间的变化。汇川技术的相关结构分析如表3-14所示。

表3-14 汇川技术财务风险和长期偿债能力的结构分析

项目	2015年	2016年	2017年	2018年	2019年
流动负债合计	26.48%	35.81%	34.89%	34.05%	35.39%
非流动负债合计	1.38%	1.71%	1.83%	2.68%	4.58%
股东权益合计	72.14%	62.48%	63.28%	63.27%	60.03%
负债和股东权益总计	**100.00%**	**100.00%**	**100.00%**	**100.00%**	**100.00%**

表3-14中的数据反映在图形中如图3-9所示。

由表3-14和图3-9可见,汇川技术负债占权益总额的比重虽有上升的趋势,但保持在一个比较合理的范围内,因此负债和股东权益的比例比较稳健。但是,流动负债与非流动负债的比例很不合理。汇川技术的负债几乎都是流动负债,这样会导致企业偿债压力较大。

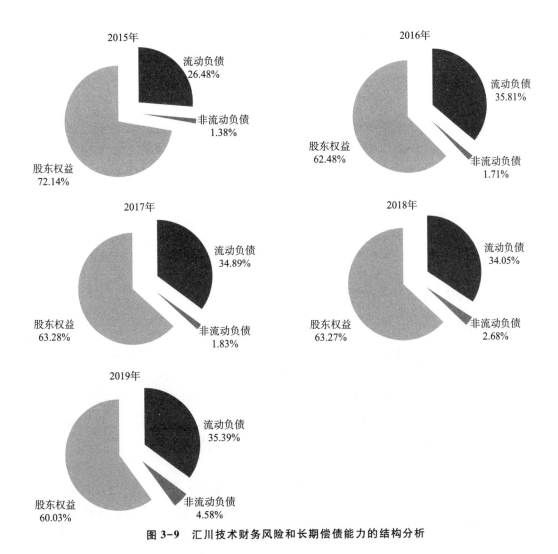

图 3-9 汇川技术财务风险和长期偿债能力的结构分析

复习与思考 如何通过结构分析了解企业的财务风险和长期偿债能力状况?

3.3 影响偿债能力的特别项目

3.3.1 影响短期偿债能力的特别项目

除流动资产、流动负债、营运资金和现金流量外,在考察企业的流动性和短期偿债能力时还需要关注其他一些因素。

1. 授信额度

企业与银行之间可能存在协议,规定银行将保证企业借款的一定额度。这种信用条件被称作授信额度。授信额度赋予了企业在需要资金时随时从银行获取借款的权利,因此实际上能够增强企业的流动性和短期偿债能力。

2. 准备很快变现的长期资产

出于转变经营范围等特殊原因,企业可能在近期内出售一些长期资产,这无疑将增强企业的流动性和短期偿债能力。

3. 补偿性余额

企业与银行的借款合同中可能规定企业必须将一定比例的资金存放在银行账户中不能动用,以补偿银行的风险。这种信用条件被称作补偿性余额。补偿性余额是对企业资金动用能力的限制,因而在考察企业的流动性和短期偿债能力时应将补偿性余额部分排除在流动资产之外。

4. 偿债能力的声誉

在企业信用状况很好的情况下,如果企业在短期偿债方面出现暂时困难,则比较容易筹集到短缺的资金。

3.3.2 影响长期偿债能力的特别项目

1. 或有负债

或有负债是指过去的交易或事项形成的潜在义务,其存在须通过未来不确定事项的发生或不发生予以证实;或过去的交易或事项形成的现时义务,履行该义务不是很可能导致经济利益流出企业或该义务的金额不能可靠计量。根据我国企业会计准则的规定,或有负债不作为负债在资产负债表的负债类项目中进行反映,只有已贴现未到期的商业承兑汇票须在资产负债表的附注中列示。常见的或有事项包括:

(1) 担保责任

在经济活动中,企业可能以本企业的资产为其他企业提供法律担保,如为其他企业向银行借款提供法律担保、为其他企业履行有关经济合同提供法律担保等。这种担保责任时间长短不一,有些涉及企业短期负债,有些涉及企业长期负债,在被担保人没有履行合同时,就有可能成为企业的负债,增加企业的债务负担,但是这种担保责任在财务报表中并未得到反映。2003年年末曾引起中国资本市场广泛关注的"啤酒花事件"以及其后引出的高达数亿元的公司未披露担保债务,一度使得啤酒花(600090)面临破产重组的境地,而这些巨额的担保责任在2003年之前的公司年报中是没有得到反映的。因此,我们在分析企业长期偿债能力时,应根据有关资料判断担保责任带来的潜在的长期负债,考虑企业是否有巨额的法律担保责任。

(2) 未决诉讼

未决诉讼是指企业因销售产品而可能发生的质量事故赔偿、诉讼案件和经济纠纷败诉带来的赔偿金额等。这些或有负债在资产负债表编制日还不能确定未来的结果如何,一旦将来成为企业现实的负债,就会对企业的财务状况产生重大影响,尤其对于金额巨大的或有负债项目,在进行企业偿债能力分析时必须加以考虑。2006年著名的护肤品牌SK-II因其产品被检测出含有对人体有害的化学成分而引起消费者要求退货的狂潮,让这个享誉全球的护肤品牌遭受了重大的不确定性风险。

2. 重大投资项目

企业一些重大的战略投资项目,由于投资金额巨大,且对企业未来发展有深远的影响,因此项目的成败会对企业长期偿债能力产生影响,项目成功则会给企业带来长远而潜在的利益和竞争优势,项目失败则会导致企业陷入财务困境甚至破产。由于项目的成败受到未来众多不确定性因素的影响,而在进行投资项目决策时这些因素都是难以一一控制的,因此在进行企业长期偿债能力分析时,一定要考虑企业重大投资项目的影响。1997年随着巨人大厦的坍塌而轰然倒下的巨人集团,曾被分析家们作为战略失误的案例而津津乐道,一个由电脑起家最后转向生物制药和房地产的多元化经营公司的破产,其重大投资项目失误导致资金链条断裂显然是众多破产原因中致命的一个。

3. 资产变现能力

不同的企业,由于其所处行业不同及其自身的特点,会拥有不同的资产结构。与短期资产相比,长期资产具有收益高而变现能力低、风险高的特点。因此,资产结构不同,企业的偿债能力也会不同。短期可变现资产在总资产中所占比重越大,企业的偿债能力越强;长期资产在总资产中所占比重越大,企业的偿债能力相对越弱。在进行企业长期偿债能力分析时,一定要考虑资产变现能力的影响。

4. 企业信誉

企业信誉是企业在资本市场上融通资金的通行证。与一个信誉很差的企业相比,拥有良好信誉的企业总是能够在需要资金时顺利地得到资金,无论是从银行借款,还是在资本市场上发行股票和债券。对于企业来讲,良好的银企关系也是一笔无形资产,使得企业在遇到资金瓶颈时顺利地得到银行的支持。

复习与思考 影响企业偿债能力的特别项目主要有哪些?

案例分析

三元股份(600429)是经北京市政府授权经营的国有独资企业,成立至今已有六十多年,经过这些年的稳步发展,现已成为以农牧业为基础的大型企业集团。三元品牌在世界品牌价值实验室(Word Brand Value Lab)编制的2010年度《中国品牌500强》排行榜中排名第24,当时品牌价值已达439.56亿元。作为中国乳品企业的"老字号",三元股份近年来不断进行改革和兼并以突破乳企城市型困局。

三元股份的大型并购之路要从2008年说起。2008年曝光的震惊全国的三聚氰胺事件,在给乳品行业带来重大打击的同时也给三元股份带来了并购三鹿集团的机会。由于三鹿集团的流动资金几乎全部用来支付奶粉退赔款,导致现金流基本断裂,企业面临破产重组。与此同时,此事件使国内乳品企业都面临一个低谷期,伊利、蒙牛等巨头自身难保,无多余资金参与并购,使三元股份这一二线乳品企业有了收购一线企业的宝贵机会。最终,2008年3月北京三元食品股份有限责任公司与河北三元食品有限公司组成的联合竞拍体以6亿多元人民币的价格成功收购三鹿集团。

时隔不到三年，三元股份与新华联（000620）于 2011 年联手豪掷 7.2 亿元重金收购湖南太子奶集团，其中三元股份占据 60% 的股份。三元股份认为"太子奶"具备一定的品牌影响力，且收购的资产具备一定的生产能力和规模，收购后可直接进行生产，对企业现有产品结构、市场结构有着较好的完善和补充，有利于企业的长远发展。

四年后，三元股份又于 2015 年收购了首农旗下高端冰激淋品牌艾莱发喜 90% 的股权。艾莱发喜主营业务为乳制品的生产和销售，主要产品为"八喜"品牌牛奶冰激淋及其他乳制品。三元股份表示，此次收购主要看重艾莱发喜在产品结构方面与企业存在较大的互补性，有利于优化企业的产品结构，提高资产经营效率，从而提高企业的经营规模及持续盈利能力。同时，此次重组也是北京市国资体系内企业改革的一个尝试，符合国家及北京市国资体系混合所有制改革的方向，有利于国有企业股权结构的优化。

在此之后，三元股份于 2018 年与复星国际（00656）联合竞购 St Hubert。三元股份总经理表示，从大健康产业趋势来看，St Hubert 在法国和意大利的健康食品领域拥有领先地位，将其并入三元版图后，借助 St Hubert 的生产工艺和技术，有利于企业完善对大健康产业的布局。三元股份曾表示收购完成后将 St Hubert 的植物酸奶、植物饮料和甜点等产品引入中国市场，且强调此次收购是三元股份国有企业混合所有制改革后的一个重要推动。

在不断地改革与收购过程中，企业偿债能力尤为重要，通过对偿债能力的分析可以为企业改革与收购的节奏提供一定的依据。

1. 三元股份 2019 年偿债能力的比率分析

三元股份 2019 年报表项目如表 1 至表 3 所示，偿债能力比率如表 4 所示。

表 1　三元股份 2019 年年末资产负债表主要项目　　　　　　　　单位：元

项目	金额
货币资金	1 907 370 265.97
应收票据	89 354.38
应收账款	911 577 460.28
存货	541 444 842.78
流动资产合计	3 552 466 942.45
资产总计	13 387 783 922.24
短期借款	274 693 454.45
应付账款	754 173 307.68
预付款项	131 095 956.53
流动负债合计	2 885 663 016.43
长期借款	3 128 876 880.70
非流动负债合计	4 468 301 179.41

(单位:元)（续表）

项目	金额
负债合计	7 353 964 195.84
股东权益合计	6 033 819 726.40
负债和股东权益总计	13 387 783 922.24

表2　三元股份2019年利润表主要项目　　　　　　　　　　　单位:元

项目	金额
财务费用	151 638 075.96
利润总额	276 444 237.74
净利润	159 042 286.02

表3　三元股份2019年现金流量表主要项目　　　　　　　　　单位:元

项目	金额
经营活动产生的现金流量净额	365 908 420.01
现金及现金等价物净增加额	-96 794 184.86

表4　三元股份2019年偿债能力比率

	数值
短期偿债能力比率:	
流动比率	1.23
速动比率	1.04
现金流量比率	0.12
长期偿债能力比率:	
资产负债率(%)	54.93
股权比率(%)	45.07
利息保障倍数	2.82

三元股份2019年度偿债能力比率显示,各项反映短期偿债能力的指标均不理想,流动比率只有1.23,低于通常的标准值2;速动比率也只有1.04,略高于正常值1;现金流量比率只有0.12,说明企业经营活动产生的现金流量远远无法满足短期债务偿还的需要,企业短期偿债能力较弱。从长期偿债能力的各项指标来看,资产负债率为54.93%,利息保障倍数为2.82,说明企业整体的长期偿债能力尚可。综上所述,三元股份2019年在短期债务偿还上有一定压力。

2. 三元股份偿债能力的趋势分析

从比率分析的结果来看,三元股份2019年的短期偿债能力不佳。为了排除年度因素对其偿债能力的影响,我们将其2016—2019年的偿债能力比率进行比较(如表5所示),以发现其偿债能力变化的趋势。

表 5　三元股份 2016—2019 年的偿债能力趋势分析

项目	2016 年	2017 年	2018 年	2019 年
流动比率	1.93	1.92	1.29	1.23
现金流量比率	0.19	-0.01	0.29	0.12
资产负债率(%)	34.98	33.84	55.75	54.93
股权比率(%)	65.01	66.16	44.25	45.07
利息保障倍数	-12.19	19.47	2.56	2.82

将表 5 中的数据直观地用图形表示出来,如图 1 和图 2 所示。

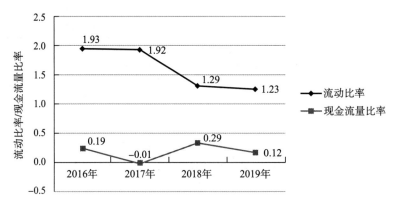

图 1　三元股份短期偿债能力趋势分析

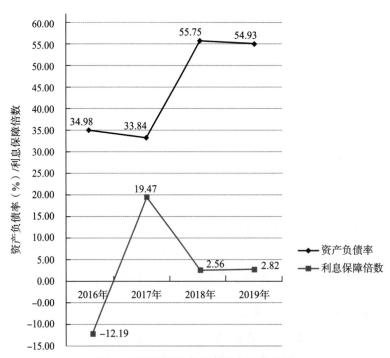

图 2　三元股份长期偿债能力趋势分析

从图1和图2可以看出,2018年对三元股份来说是一个转折,各项偿债能力比率都出现一个拐点。这是因为2018年三元股份全面开启品牌焕新工程,采取选定新的品牌代言人、引入多种创新的互联网营销方式等多项措施,加快企业改革进程,导致资产负债率的提高及利息保障倍数的下降。短期偿债能力方面,三元股份的流动比率呈逐年下降趋势,从2016年的1.93接近正常值2到2019年的1.23,现金流量比率也从0.19下降到0.12,可以看出三元股份的短期偿债能力有所下降;长期偿债能力方面,三元股份的资产负债率呈上升趋势,这可能是其正在有意识地调整资本结构的表现,此举动在资金利用方面有积极的作用,利息保障倍数呈先上升后下降的趋势,2016年为−12.19,2018年和2019年则稳定在2.70左右,说明利息费用给企业带来的偿债压力正逐渐减小。当然,单独分析某个企业的比率趋势,并不能提供更深入的信息,只有结合行业情况并进一步分析其他能力,才能够得出该企业年度财务状况更全面的分析结论。

资料来源:根据公开资料整理。

本章小结

偿债能力分析是企业财务报表分析中一个很重要的方面。偿债能力是指一个企业的财务灵活性及其偿还债务的能力。企业全部的财务活动(融资、投资以及经营)均影响企业偿债能力。

企业的流动性和短期偿债能力对企业的短期债权人、长期债权人、股东、供应商、员工及企业管理者等利益相关者都非常重要,是他们进行财务分析时必不可少的内容。衡量企业短期偿债能力的比率主要有流动比率、速动比率、现金比率、现金流量比率等。它们之间相互补充,构成企业短期偿债能力分析的比率体系。

短期偿债能力的趋势分析就是将企业连续几个期间的相关财务数据(如流动资产、流动负债、经营活动现金流量)进行对比,从而得出企业流动性和短期偿债能力变化趋势的一种分析。

短期偿债能力的结构分析就是将流动资产、流动负债、经营活动现金流量等相关项目金额与相应的合计金额、总计金额或特定项目金额进行对比,以查看这些项目所占比重,从而洞悉企业流动性和短期偿债能力的一种分析。

企业的长期偿债能力和财务风险是密不可分的,并与企业资产、负债、所有者权益的规模与质量,以及企业的长期盈利水平与经营活动现金流量密切相关。衡量企业长期偿债能力的比率主要有资产负债率、股权比率、权益乘数等。

长期偿债能力的趋势分析就是将企业连续几个期间的相关财务数据(如资产、负债和所有者权益等)进行对比,得出企业财务风险和长期偿债能力的变化趋势。

企业长期偿债能力的结构分析就是将资产、负债、股东权益等相关项目金额与相应的合计金额或总计金额进行对比,以查看这些项目所占比重,从而得出企业财务风险和长期偿债能力的一种分析方法。

重要名词

流动性(Liquidity)
货币资金(Monetary Fund)
应收账款(Account Receivable)
存货(Inventory)
营运资金(Working Capital)
流动比率(Current Ratio)
资本结构(Capital Structure)
资产负债率(Asset-liability Ratio)
授信额度(Credit Limit)
或有负债(Contingent)
担保责任(Guarantee Liability)
偿债保障比率(Debt Guarantee Ratio)

流动资产(Current Assets)
交易性金融资产(Trading Financial Assets)
应收票据(Note Receivable)
预付账款(Prepaid Accounts)
流动负债(Current Liability)
速动比率(Quick Ratio)
财务杠杆(Financial Leverage)
利息保障倍数(Number of Times Interestearned)
补偿性余额(Compensation Balances)
未决诉讼(Pending Action)
权益乘数(Equity Multiplier)

思考题

1. 什么是企业的流动性？
2. 流动比率、速动比率、现金比率及现金流量比率这四个指标的共同点和区别是什么？如何利用这四个指标来衡量企业的短期偿债能力？
3. 何谓资本结构？资本结构有何重要意义？
4. 资产负债率、股权比率、权益乘数、产权比率及债务与有形净值比率之间有怎样的关系？变动方向如何？反映的内容有何相似之处？
5. 资产负债率是否越低越好？对它应如何进行分析？
6. 假设你是一位企业家，是一家新开酒吧的唯一股东，你的企业没有负债且经营良好。最近一年企业总资产报酬率为9%，资产规模为2 000 000元，企业所得税税率为40%。目前你正考虑通过负债来扩大规模。此时，决定是否通过负债扩大规模的标准是什么？

练习题

1. 某公司无优先股，去年每股盈余为4元，每股发放股利2元，留存收益在过去一年中增加500万元；年底每股账面价值为30元，负债总额为5 000万元，则该公司的资产负债率为多少？

2. 某公司财务报表中部分资料如下：

货币资金	150 000元
固定资产	425 250元
销售收入	1 500 000元
净利润	75 000元
速动比率	2
流动比率	3
应收账款周转天数	40天

要求：计算应收账款、流动负债、流动资产、总资产和总资产报酬率。

第 4 章 营运能力分析

[学习目标]

学习本章,你应该掌握:

1. 资产结构对企业的影响以及影响资产结构的因素;
2. 资产结构管理和资产效率管理与企业营运能力的关系;
3. 存货周转率和存货周转期、应收账款周转率和应收账款周转期、营业周期及流动资产周转率的含义、计算与分析;
4. 固定资产周转率和总资产周转率的计算与分析。

[素养目标]

关注上市公司财务现实问题,具备经世济民的社会责任感、预判风险的职业敏感度。

[引导案例]

天士力(600535)是以制药业为中心,涵盖科研、种植、提取、制剂、营销的高科技企业集团,涉及领域主要包括现代中药、化学药、生物制药等。自成立以来,企业致力于打造符合系列标准的一体化现代中药产业链,在从药材种植、中间提取、制剂生产到市场营销的各个环节上保证产品质量。2018年,天士力被评为"天津市重点培育的国际自主品牌"。2019年12月,天士力入选"2019中国品牌强国盛典榜样100品牌",2020年3月18日,天士力以230亿元人民币市值位列《2020胡润中国百强大健康民营企业》第64。天士力在发展过程中形成了自己的资金管理理念,认为企业应树立"现金流比利润更重要"的观念,强调现金流在企业战略管理中的主要地位,把现金流作为企业运营成果的评价标准。企业决策的着眼点定位于"尽量提前收回现金",切忌以牺牲长期现金流量来改善短期利润状况,避免出现"良好的经营成果与堪忧的财务状况并存"的尴尬局面。2019年,天士力的流动资产周转次数高出上市公司行业平均水平6.3个百分点;全部资产周转次数高出上市公司行业平均水平20.3个百分点;应收账款周转次数略低于上市公司行业平均水平;存货周转率高出上市公司行业平均水平72.5个百分点。

资产是能为企业带来未来经济利益的经济资源,同时又是对负债和所有者权益的保障。因此,企业的资产管理直接影响着企业获取经济利益的能力以及企业资本的安全。在资产规模既定的情况下,如何恰当地安排资产结构、努力提高资产效率,成为资产管理的重要内容。营运能力分析,主要通过对企业资产结构和资产效率的分析,来反映一个企业资产管理水平的高低和资产营运能力的强弱。

4.1 资产管理与营运能力

4.1.1 资产结构管理

资产结构就是企业资产中各项目所占的比重,比如流动资产和长期资产所占的比重,流动资产和长期资产内部各项目所占的比重等。

1. 资产结构对企业的影响

资产结构对企业的流动性以及企业的收益和风险都会产生影响。

(1) 对企业流动性的影响

在第 3 章对企业流动性的分析中我们知道,企业的流动性是指企业资源满足短期现金需要的能力。而不同形式的资产其变现能力不同,也即满足短期现金需要的能力不同。

在企业的所有资产中,流动资产的变现能力强于长期资产。因此,在企业的资产结构中,流动资产所占的比重越高,企业的流动性越强,反之亦然。

在流动资产内部,各项流动资产的变现能力也存在差异。例如,常见的流动资产中,变现能力最强的是货币资金,其次是交易性金融资产,应收账款和应收票据的变现能力通常强于存货。因此,流动资产内部的结构也将影响整个企业的流动性。

某一项资产的变现能力也不尽相同。例如,同是应收账款,有的可能 10 天后就能变现,有的可能半年后才能变现。又如,同是存货,有的可能 1 个月后就可以变现,有的可能需要 1 年才能变现。因此,每项资产内部的结构也将对企业的流动性产生影响。

由此可见,资产结构直接影响企业所有资产的变现能力,进而影响整个企业的流动性,而企业的流动性又决定着企业的短期偿债能力。

(2) 对企业风险的影响

不同资产的价值变动风险不等。一般而言,流动资产的价值变动风险相对较低,长期资产的价值变动风险相对较高。这是因为短期内的不确定性因素较少,流动资产的价值变动较小,而长期内的不确定性因素较多,长期资产的价值极易受到各种因素的影响。例如,在现有市场环境中很容易估计出交易性金融资产、库存商品等流动资产的价值,并且其价值通常不会有大幅波动,而随着市场的变化、技术的发展,企业的机器设备、专利技术等长期资产则很有可能大幅贬值。

另外,不同的资产为企业带来的经营风险也不同。企业的固定成本往往是长期资产带来的,例如固定资产折旧、无形资产摊销等。在第 6 章对营业杠杆的分析中我们知道,固定成本越高,企业的营业杠杆越高,经营风险也就越大。所以,长期资产所带来的经营风险通常高于流动资产。

因此,企业不同资产所占的比重即企业的资产结构直接影响着企业的风险程度。

(3) 对企业收益的影响

不同的资产获取收益的能力不同。根据风险报酬原则,风险越高的资产获取收益的能力越强,反之亦然。因此一般来说,长期资产获取收益的能力强于流动资产。例如,长期投资的收益率通常高于交易性金融资产的收益率。又如,库存现金不能为企业带来任何收益,而机器设备则可以通过生产经营活动为企业带来收益。因此,资产结构还对企业的收益产生影响。

综上所述,资产结构管理就是通过合理安排各种资产所占的比重,以提高企业的流动性,并使企业的收益与风险达到均衡。

在第3章"短期偿债能力的结构分析"部分,我们已经对汇川技术与流动性和短期偿债能力相关的资产结构进行了分析。通过分析我们发现,在汇川技术的所有资产中,流动资产所占的比重非常高,2015—2019年占比均在60%以上,5年平均占比高达75.06%。这说明总体来看,汇川技术的资产结构流动性较强,风险较低,收益能力较弱。

复习与思考 何谓资产结构?资产结构对企业的流动性以及企业的收益和风险会产生怎样的影响?

2. 影响企业资产结构的因素

企业的资产结构受到多种因素的影响。

(1) 企业所处的行业

不同行业的企业,其资产结构有着不同的特点。例如,工业企业比商业企业的固定资产比重高;资本密集型企业比劳动密集型企业的固定资产比重高;生产周期长的企业比生产周期短的企业的存货等流动资产比重高。

(2) 企业的经营规模

一般而言,与经营规模较小的企业相比,经营规模较大的企业的固定资产比重更高,流动资产比重更低。这主要是因为大企业的筹资能力更强,承担风险的能力也较强,因而可以保留较少的流动资产。另外,大企业往往实力比较雄厚,在固定资产上的投资较多。

(3) 企业的经营环境

企业经营环境中的很多因素,如社会信用状况、通货膨胀等都可能对企业的资产结构产生影响。例如,不良的社会信用状况往往导致企业应收账款比重的上升,通货膨胀往往导致企业降低货币资金的比重,等等。

(4) 经济周期

市场经济的周期性变化,也会对企业的资产结构产生影响。例如,当经济处于复苏阶段时,企业往往扩大投资,导致货币资金比重下降,固定资产比重上升;当经济处于衰退阶段时,企业往往收缩投资、缩减生产,导致固定资产、存货等资产的比重下降。

复习与思考 哪些因素会影响企业的资产结构?

3. 资产结构与资本结构的配合

我们都知道,权益与资产分别代表企业资源的来源和运用。资源的来源和运用不仅在金额上应该恒等,而且在期限上应该相互匹配,只有这样才能达到真正的平衡。不同资产的比例关系,我们称之为资产结构。而不同权益的比例关系,我们称之为资本结构。因此,企业在安排资产结构时,不仅要考虑资产结构对企业流动性、收益和风险的影响,以及行业、规模等影响资产结构的因素,还应该将资产结构与资本结构结合起来,使其在期限上相互匹配。资产结构与资本结构在期限上的配合有如下几种类型：

（1）适中型

适中型的配合指的是：短期资产与短期权益相配合，长期资产与长期权益相配合。换句话来说，即短期资产由短期资金来融通，长期资产由长期资金来融通。之所以叫适中型的配合，是因为在这种配合方式下，风险和收益都比较适中。

在考虑资产结构与资本结构的配合时，对短期资产与长期资产的划分，与会计中对流动资产与长期资产的划分略有不同。由于在流动资产中，有一部分原材料、产品储备等长期占用着资金，称为长期流动资产，因此我们将其归为长期资产。而对短期资金与长期资金的划分为：流动负债属于短期资金，长期负债与所有者权益属于长期资金。

资产结构与资本结构的适中型配合如图4-1所示。

图4-1 资产结构与资本结构的适中型配合

（2）保守型

保守型的配合指的是：部分短期资产与短期权益相配合，另外部分短期资产和所有长期资产与长期权益相配合。换句话来说，即部分短期资产由短期资金来融通，另外部分短期资产和所有长期资产由长期资金来融通。由于长期资金的成本通常较高、风险相对较低，因此采用更多长期资金的这种配合就属于比较保守的选择，它使得企业的收益和风险都较低。

资产结构与资本结构的保守型配合如图4-2所示。

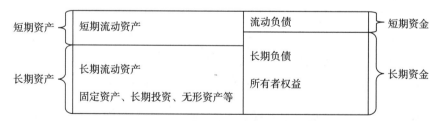

图4-2 资产结构与资本结构的保守型配合

（3）冒险型

冒险型的配合指的是：短期资产和部分长期资产与短期权益相配合，另外部分长期资产与长期权益相配合。换句话来说，即短期资产和部分长期资产由短期资金来融通，另外部分长期资产由长期资金来融通。由于短期资金的成本通常较低、风险相对较高，因此采用更多短期资金的这种配合就属于比较冒险的选择，它使得企业的收益和风险都较高。

资产结构与资本结构的冒险型配合如图4-3所示。

图 4-3 资产结构与资本结构的冒险型配合

企业在安排资产结构和资本结构时,究竟选择哪种类型的配合,要视企业的具体情况而定,并且会受到管理者风险承受能力的影响。

复习与思考 资产结构与资本结构的配合有几种类型?

4.1.2 资产效率管理

资产效率是指资产在企业生产经营中周转的速度。企业的资产从货币形态开始,经过一系列环节和形态的改变后,又回到货币形态。这种周而复始的过程被称为资产周转。资产周转的速度越快,资产利用的机会越多,使用效率越高。

资产周转的快慢直接影响着企业的流动性。周转得越快的资产,其流动性越强。例如,同是存货,甲存货在1个月内就完成一次周转,乙存货则需要10个月才完成一次周转。显然,甲存货的流动性大大强于乙存货。

资产只有在周转运用中才能带来收益。例如,原材料只有投入生产经营,转变为产品并对外销售出去,才能为企业带来收益,积压不用的原材料则不能为企业带来任何收益。资产周转的快慢直接影响着企业收益的多寡。例如,企业购买10 000元的原材料,通过生产加工转变为产品对外销售,能卖得20 000元。如果企业从购买原材料到卖出产品的这个过程需要1年的时间,则这10 000元的原材料投入在1年中只为企业带来了20 000元的收入。如果企业从购买原材料到卖出产品只需要半年的时间,则企业在1年中可以连续进行两次同样的生产和销售,10 000元的原材料投入能为企业带来40 000元的收入。因此,资产周转得越快,在同样的时间内就能为企业带来更多的收益。

所谓资产效率管理,就是通过尽可能地加快资产的周转,提高资产的流动性,从而用较少的投入获取较多的收益。

企业资产效率的高低即周转速度的快慢,通常被称为营运能力。因此,下文的营运能力分析也就是对资产效率即资产周转速度的分析。

复习与思考 企业营运能力与资产效率是什么关系?

4.2 流动资产营运能力分析

4.2.1 存货周转率与存货周转期

反映企业营运能力即资产周转速度的指标一般有周转率和周转期两种形式。周转率又叫周转次数,代表一定时期内资产完成的循环次数。周转期又叫周转天数,代表资产完成一次循环所需要的天数。它们的基本计算公式如下：

$$资产周转率(次数) = \frac{计算期资产周转额}{计算期资产平均占用额}$$

$$资产周转期(天数) = \frac{计算期天数}{资产周转率(次数)}$$

其中，在财务分析中通常以一年为计算期，一年的天数通常按360天计算。

1. 存货周转率

存货周转率又叫存货周转次数，是主营业务成本与存货平均余额之比。存货周转一次是指从购入存货到卖出存货的全过程。其计算公式为：

$$存货周转率 = \frac{主营业务成本}{存货平均余额}$$

其中，存货平均余额是指全年占用在存货上的资金的平均数额，一种简化的计算办法就是用期初存货与期末存货的算术平均数来代表存货平均余额。当然，在企业的经营存在明显的季节性特点时，期初和期末有可能正好处于企业经营的旺季或淡季，用这两个时点的存货来计算全年的存货平均余额可能并不恰当。此时，可以考虑先用每个月月初和月末存货的算术平均数代表每个月的存货平均余额，再将每个月的存货平均余额加总除以12，得到全年的存货平均余额。

汇川技术2019年的存货周转率计算如下：

$$存货周转率 = \frac{主营业务成本}{存货平均余额}$$

$$= \frac{4\,608\,079\,236.58}{(1\,263\,822\,869.11 + 1\,709\,685\,334.83) \div 2} = 3.10(次)$$

这说明2019年汇川技术的存货周转了3.10次。

这样计算出来的比率之所以能够代表存货每年的周转次数，是因为主营业务成本近似地反映了存货全年的周转额。我们可以举一个理想化的例子来帮助理解。假设某商业企业每次购入存货都是10 000元，上一批存货卖出的同时购入下一批存货，则占用在存货上的资金始终是10 000元，存货平均余额自然就是10 000元。如果全年购买并销售了4批存货，则全年的主营业务成本为40 000元。每购入并销售一批存货，存货就周转一次，因此全年存货的周转次数为4。主营业务成本40 000元除以存货平均余额10 000元就等于全年的存货周转次数4。整个过程如图4-4所示。

图4-4 存货周转示意图

上述对存货周转率的分析是针对企业所有存货进行的。在能够获取相关数据的情况下，我们还可以对企业不同类别的存货分别进行分析。例如，某商业企业采购并销售家电、服装、食品三类商品。那么我们就可以用每类商品的主营业务成本除以各自的平均余额，计算出每类商品的周转率。又如，对工业企业，我们可以分别用原材料、在产品和产成品等各类存货的周转额除以各自的平均余额，得到原材料、在产品和产成品等各类存货的周转率，以反映存货资金在各个周转阶段上运用的好坏。其计算公式分别为：

$$产成品周转率 = \frac{主营业务成本}{产成品存货平均余额}$$

$$在产品周转率 = \frac{生产成本}{在产品存货平均余额}$$

$$原材料周转率 = \frac{耗用原材料成本}{原材料存货平均余额}$$

其中，主营业务成本较好地反映了产成品存货的周转额，生产成本较好地反映了在产品存货的周转额，耗用原材料成本则较好地反映了原材料存货的周转额。对工业企业而言，各阶段存货周转额并不相同，因而用主营业务成本代表所有存货的周转额并不十分准确。因此，这样分阶段计算的存货周转率比笼统的存货周转率更加准确，也便于对各阶段的责任单位进行考核。

2. 存货周转期

存货周转期是反映存货周转情况的另一个重要指标，又叫存货周转天数，它是360天与存货周转率之比。其计算公式为：

$$存货周转期 = \frac{360}{存货周转率} = \frac{存货平均余额 \times 360}{主营业务成本}$$

一年的天数除以存货一年的周转次数，自然就等于存货周转一次平均需要的天数，也就是从购入存货到卖出存货所需要的天数。

汇川技术2019年的存货周转期计算如下：

$$存货周转期 = \frac{360}{存货周转率}$$

$$= \frac{360}{3.10} = 116(天)$$

这说明2019年汇川技术的存货周转一次大约需要116天。

与存货周转率类似，存货周转期同样可以针对企业不同类别的存货分别计算和分析。工业企业各阶段存货周转期的计算公式分别为：

$$产成品周转期 = \frac{360}{产成品周转率} = \frac{产成品存货平均余额 \times 360}{主营业务成本}$$

$$在产品周转期 = \frac{360}{在产品周转率} = \frac{在产品存货平均余额 \times 360}{生产成本}$$

$$原材料周转期 = \frac{360}{原材料周转率} = \frac{原材料存货平均余额 \times 360}{耗用原材料成本}$$

由于计算总的存货周转期时,是用主营业务成本近似地代表总的存货周转额,而不是用各阶段存货周转额的加权平均数代表总的存货周转额,因此各阶段存货周转期之和并不等于总的存货周转期。总的存货周转期与各阶段存货周转期有着如下关系:

$$存货周转期 = \frac{存货平均余额 \times 360}{主营业务成本}$$

$$= \frac{(原材料存货平均余额 + 在产品存货平均余额 + 产成品存货平均余额) \times 360}{主营业务成本}$$

$$= \frac{原材料存货平均余额 \times 360}{主营业务成本} + \frac{在产品存货平均余额 \times 360}{主营业务成本} + \frac{产成品存货平均余额 \times 360}{主营业务成本}$$

$$= \frac{原材料存货平均余额 \times 360}{耗用原材料成本} \times \frac{耗用原材料成本}{主营业务成本} + \frac{在产品存货平均余额 \times 360}{生产成本} \times \frac{生产成本}{主营业务成本} + \frac{产成品存货平均余额 \times 360}{主营业务成本}$$

$$= 原材料周转期 \times \frac{耗用原材料成本}{主营业务成本} + 在产品周转期 \times \frac{生产成本}{主营业务成本} + 产成品周转期$$

由此可见,各阶段存货的周转期影响着总的存货周转期:原材料、在产品和产成品的周转期越长,总的存货周转期也越长,反之亦然;耗用原材料成本和生产成本占主营业务成本的比重越高,原材料周转期和在产品周转期对总的存货周转期的影响越大。

一般来说,存货周转率越高,存货周转期越短,说明存货周转得越快,存货的流动性越强;反之,存货周转率越低,存货周转期越长,说明存货周转得越不顺畅,存货的流动性越弱。但是,如果一个企业的存货周转率过高,则有可能是企业的存货水平太低所致。存货水平太低有可能是由于企业的采购批量太小、采购过于频繁,这样可能增加企业的采购成本。并且存货水平太低可能导致缺货,影响企业的正常生产。因此,对存货周转率和存货周转期的分析应结合企业的销售、管理等各项政策进行,并深入调查企业库存构成等具体情况。

对存货周转率和存货周转期进行分析时,也可以进行横向和纵向的比较。通过与同行业平均水平或竞争对手的比较,可以洞悉企业的存货周转速度在整个行业中的水平,与竞争对手相比是快还是慢。如果通过横向比较,发现企业的存货周转率或存货周转期过高或过低,则应进一步找出原因,并采取措施及时调整。通过与企业以往各期存货周转率和存货周转期的比较,可以看出企业存货周转速度是越来越快,还是越来越慢,或是基本保持稳定,等等。如果在某一期间企业存货周转情况突然恶化,作为内部分析则应进一步查找原因,看看是产品滞销导致,还是原材料库存过大引起,等等,并及时找出改善的对策,以防止存货周转情况进一步恶化。汇川技术与 SCZH 2015—2019 年的存货周转率和存货周转期分别如表 4-1、表 4-2 所示。

表 4-1 汇川技术与 SCZH 的存货周转率 单位:次

公司	2015 年	2016 年	2017 年	2018 年	2019 年
汇川技术	2.81	2.86	2.94	2.98	3.10
SCZH	3.59	3.70	3.09	2.87	2.96

表 4-2　汇川技术与 SCZH 的存货周转期　　　　　　　　　　　　单位：天

公司	2015 年	2016 年	2017 年	2018 年	2019 年
汇川技术	128	126	122	121	116
SCZH	100	97	117	126	121

表 4-1、表 4-2 中的数据反映在图形中分别如图 4-5 和图 4-6 所示。

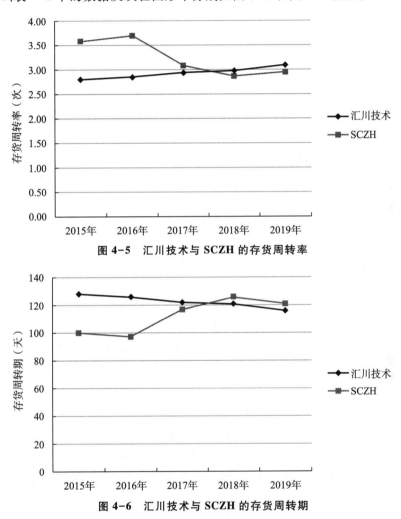

图 4-5　汇川技术与 SCZH 的存货周转率

图 4-6　汇川技术与 SCZH 的存货周转期

由表 4-1、表 4-2 和图 4-5、图 4-6 可见，2015—2019 年，汇川技术存货周转率趋于上升，存货周转期趋于下降，说明汇川技术的存货周转速度有所提高；SCZH 存货周转率总体来看趋于下降，存货周转期总体来看趋于上升，说明 SCZH 的存货周转速度总体来看有所下降。但是与汇川技术相比，虽然 2015—2017 年 SCZH 的存货周转率大于汇川技术，存货周转期短于汇川技术，但 2018—2019 年 SCZH 的存货周转速度明显慢于汇川技术。这说明 2018—2019 年 SCZH 的存货周转速度及其发展态势不及汇川技术。

复习与思考　如何计算存货周转率和存货周转期？

4.2.2 应收账款周转率与应收账款周转期

1. 应收账款周转率

应收账款周转率又叫应收账款周转次数,是赊销收入与应收账款平均余额之比。应收账款周转一次是指从应收账款发生到收回的全过程。其计算公式为:

$$应收账款周转率 = \frac{赊销收入}{应收账款平均余额}$$

$$或 = \frac{主营业务收入}{应收账款平均余额}$$

其中,赊销收入与现销收入对应,是指没有立即收到货款的主营业务收入。企业外部人士往往无法获取企业赊销收入的数据,因此也可以将现销视为收款期为零的赊销,从而用所有的主营业务收入代替赊销收入。与存货平均余额类似,应收账款平均余额是指全年占用在应收账款上的资金的平均数额,一种简化的计算办法是用期初应收账款与期末应收账款之和除以 2。在企业的经营存在明显的季节性特点时,可以考虑先计算每个月应收账款的平均余额,再将每个月的应收账款平均余额加总除以 12,得到全年的应收账款平均余额。

汇川技术 2019 年的应收账款周转率计算如下:

$$应收账款周转率 = \frac{主营业务收入}{应收账款平均余额}$$

$$= \frac{7\,390\,370\,858.40}{(1\,969\,242\,531.08 + 2\,432\,301\,598.93) \div 2} = 3.36(次)$$

这说明 2019 年汇川技术的应收账款周转了 3.36 次。

这样计算出来的比率之所以代表了应收账款每年的周转次数,是因为赊销收入或主营业务收入代表了应收账款的周转额。与存货周转率类似,我们可以举一个理想化的例子来帮助理解。假设企业每次赊销都是 10 000 元,上一次赊销账款收回的同时发生下一次赊销,则占用在应收账款上的资金始终是 10 000 元,应收账款平均余额自然就是 10 000 元。如果全年发生了 4 次赊销,则全年的赊销收入为 40 000 元。每次赊销都发生并收回一次应收账款,即每次赊销应收账款都周转一次。那么全年应收账款的周转次数为 4,它就等于赊销收入 40 000 元除以应收账款平均余额 10 000 元。整个过程如图 4-7 所示。

图 4-7 应收账款周转示意图

2. 应收账款周转期

应收账款周转期是反映应收账款周转情况的另一个重要指标,又叫应收账款周转天数或应收账款平均收现期,它是360天与应收账款周转率之比。其计算公式为:

$$应收账款周转期 = \frac{360}{应收账款周转率} = \frac{应收账款平均余额 \times 360}{赊销收入}$$

$$或 = \frac{应收账款平均余额 \times 360}{主营业务收入}$$

一年的天数除以应收账款一年的周转次数,自然就等于应收账款周转一次平均需要的天数,也就是从应收账款发生到应收账款收回平均需要的天数。

汇川技术2019年的应收账款周转期计算如下:

$$应收账款周转期 = \frac{360}{应收账款周转率}$$

$$= \frac{360}{3.36} = 107(天)$$

这说明2019年汇川技术的应收账款完成一次周转大约需要107天。

一般来说,应收账款周转率越高,应收账款周转期越短,说明应收账款收回得越快,应收账款的流动性越强,同时应收账款发生坏账的可能性也就越小;反之,应收账款周转率越低,应收账款周转期越长,说明应收账款收回得越不顺畅,应收账款的流动性越弱,同时应收账款发生坏账的可能性也就越大。但是,如果一个企业的应收账款周转率过高,则可能是企业的信用政策过于苛刻所致,这样又可能限制企业销售规模的扩大,影响企业长远的盈利能力。因此,对应收账款周转率和应收账款周转期不能片面地分析,应结合企业具体情况深入了解原因,以便做出正确的决策。

对应收账款周转率和应收账款周转期进行分析时,也可以进行横向和纵向的比较。通过与同行业平均水平或竞争对手的比较,可以洞悉企业的应收账款周转速度在整个行业中的水平,与竞争对手相比是快还是慢。如果通过横向比较,发现企业的应收账款周转率或应收账款周转期过高或过低,则应进一步找出原因,并采取措施及时调整。通过与企业以往各期应收账款周转率和应收账款周转期的比较,可以看出企业应收账款周转速度是越来越快,还是越来越慢,或是基本保持稳定,等等。如果在某一期间企业应收账款周转情况突然恶化,作为内部分析则应进一步查找原因,看看是产品销售下降引起,还是赊销政策过宽导致,等等,并及时找出改善的对策,以防止应收账款周转情况进一步恶化。汇川技术与SCZH 2015—2019年的应收账款周转率和应收账款周转期分别如表4-3、表4-4所示。

表4-3 汇川技术与SCZH的应收账款周转率   单位:次

公司	2015年	2016年	2017年	2018年	2019年
汇川技术	4.36	3.83	3.75	3.47	3.36
SCZH	3.36	2.85	2.25	2.37	2.43

表 4-4　汇川技术与 SCZH 的应收账款周转期　　　　　　　　　　　单位:天

公司	2015 年	2016 年	2017 年	2018 年	2019 年
汇川技术	83	94	96	104	107
SCZH	107	126	160	152	148

表 4-3、表 4-4 中的数据反映在图形中分别如图 4-8 和图 4-9 所示。

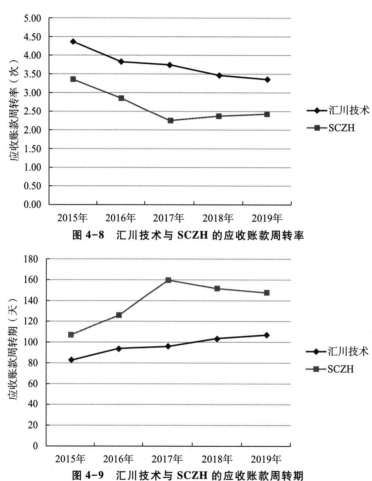

图 4-8　汇川技术与 SCZH 的应收账款周转率

图 4-9　汇川技术与 SCZH 的应收账款周转期

由表 4-3、表 4-4 和图 4-8、图 4-9 可见,2015—2019 年,汇川技术的应收账款周转率不断下降,应收账款周转期不断上升。这说明汇川技术的应收账款周转速度在近年来不断下降。与 SCZH 相比,汇川技术的应收账款周转率始终高于 SCZH,应收账款周转期始终短于 SCZH,这说明汇川技术的应收账款周转速度及其发展态势优于 SCZH。

复习与思考　如何计算应收账款周转率和应收账款周转期?

4.2.3　营业周期

营业周期是指从购入存货到售出存货并收取现金的这段时间。从前面的分析中我们知道,存货周转期是指从购入存货到售出存货平均需要的天数,而应收账款周转期是指从应收账款发生到应收账款收回平均需要的天数。如果我们将现销视作收账期为零的赊销,那么售出存货的时点即为应收账款发生的时点。因此,存货周转期与应收账款周转期之和就等于从购入存货到售出存货并收取现金平均需要的天数。于是,营业周期的计算公式为:

$$营业周期 = 存货周转期 + 应收账款周转期$$

2019年汇川技术的营业周期计算如下:

$$营业周期 = 存货周转期 + 应收账款周转期 = 116 + 107 = 223(天)$$

一般来说,营业周期越短,说明企业完成一次营业活动所需要的时间越短,企业的存货流动越顺畅,账款收取越迅速。当然,与前面对存货和应收账款的分析类似,营业周期也并非越短越好,而是要具体情况具体分析。

对营业周期进行分析时,同样可以进行横向和纵向的比较。通过与同行业平均水平或竞争对手的比较,可以洞悉企业的营业周期在整个行业中的水平,与竞争对手相比是长还是短。如果通过横向比较,发现企业的营业周期过长或过短,则应进一步找出原因,并及时采取措施进行调整。通过与企业以往各期的营业周期进行比较,可以看出企业营业周期的变动态势。汇川技术与SCZH 2015—2019年的营业周期如表4-5所示。

表4-5 汇川技术与SCZH的营业周期 单位:天

公司	2015年	2016年	2017年	2018年	2019年
汇川技术	211	220	218	225	223
SCZH	207	224	276	277	270

表4-5中的数据反映在图形中如图4-10所示。

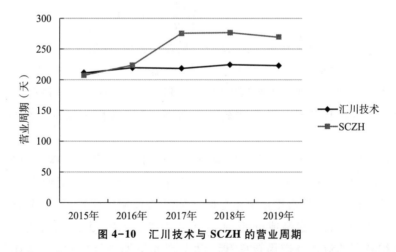

图4-10 汇川技术与SCZH的营业周期

由表4-5和图4-10可见,2015—2019年,汇川技术的营业周期基本保持稳定,且始终短于SCZH,这说明汇川技术完成一次营业活动所需要的时间短于SCZH,这主要是因为汇川技术的应收账款周转速度快于SCZH。SCZH的营业周期不断上升,主要是因为其存货和应收账款的周转速度均逐渐放慢。

4.2.4 流动资产周转率与流动资产周转期

1. 流动资产周转率

流动资产周转率是反映所有流动资产周转情况的重要指标,它等于主营业务收入与流动资产平均余额之比。其计算公式为:

$$流动资产周转率 = \frac{主营业务收入}{流动资产平均余额}$$

其中,$流动资产平均余额 = \frac{流动资产期初余额 + 流动资产期末余额}{2}$。

2019年汇川技术的流动资产周转率计算如下:

$$流动资产周转率 = \frac{主营业务收入}{流动资产平均余额}$$

$$= \frac{7\,390\,370\,858.40}{(7\,693\,387\,238.54 + 9\,511\,837\,233.00) \div 2} = 0.86(次)$$

2. 流动资产周转期

流动资产周转期是反映所有流动资产周转情况的另一个重要指标,它等于360天与流动资产周转率之比。其计算公式为:

$$流动资产周转期 = \frac{360}{流动资产周转率} = \frac{流动资产平均余额 \times 360}{主营业务收入}$$

2019年汇川技术的流动资产周转期计算如下:

$$流动资产周转期 = \frac{360}{流动资产周转率}$$

$$= \frac{360}{0.86} = 419(天)$$

一般来说,流动资产周转率越高,流动资产周转期越短,说明流动资产周转得越快,利用效果越好。当然,如果流动资产周转得过快,还需要结合企业具体情况分析原因,看是否是流动资产管理不合理等不利原因造成。对流动资产总体周转情况的分析应结合存货和应收账款等具体流动资产的周转情况进行,只有这样才能真正分析透彻,找到根源。

对流动资产周转率和流动资产周转期进行分析时,也可以进行横向和纵向的比较。通过与同行业平均水平或竞争对手的比较,可以洞悉企业的流动资产周转速度在整个行业中的水平,与竞争对手相比是快还是慢。如果通过横向比较,发现企业的流动资产周转率或流动资产周转期过高或过低,则应进一步找出原因,并采取措施及时调整。通过与企业以往各期的流动资产周转率和流动资产周转期进行比较,可以看出企业流动资产周转速度的变动态势,并进一步分析原因,及时找到保持或改善的对策。汇川技术与SCZH 2015—2019年的流动资产周转率和流动资产周转期分别如表4-6、表4-7所示。

表 4-6　汇川技术与 SCZH 的流动资产周转率　　　　　　　　　　　　　　单位：次

公司	2015 年	2016 年	2017 年	2018 年	2019 年
汇川技术	0.64	0.66	0.71	0.80	0.86
SCZH	0.68	0.63	0.54	0.61	0.77

表 4-7　汇川技术与 SCZH 的流动资产周转期　　　　　　　　　　　　　　单位：天

公司	2015 年	2016 年	2017 年	2018 年	2019 年
汇川技术	563	544	507	452	419
SCZH	530	570	672	590	469

表 4-6、表 4-7 中的数据反映在图形中分别如图 4-11 和图 4-12 所示。

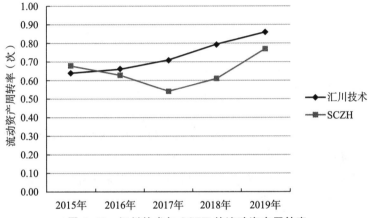

图 4-11　汇川技术与 SCZH 的流动资产周转率

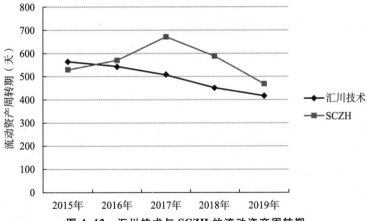

图 4-12　汇川技术与 SCZH 的流动资产周转期

由表 4-6、表 4-7 和图 4-11、图 4-12 可见,2015—2019 年,汇川技术流动资产周转率逐年上升,流动资产周转期逐年下降。2016—2019 年,SCZH 的流动资产周转率始终低于汇川技术,流动资产周转期始终长于汇川技术。2017 年以后,SCZH 的流动资产周转率呈现上升趋势,流动资产周转期不断缩短。

复习与思考　如何计算流动资产周转率和流动资产周转期？

4.3 长期资产与总资产营运能力分析

4.3.1 固定资产周转率与固定资产周转期

1. 固定资产周转率

固定资产周转率是反映固定资产周转快慢的重要指标,它等于主营业务收入与固定资产平均余额之比。其计算公式为:

$$固定资产周转率 = \frac{主营业务收入}{固定资产平均余额}$$

其中,固定资产平均余额 $= \dfrac{固定资产期初余额 + 固定资产期末余额}{2}$,固定资产余额是指固定资产净值,即固定资产原价扣除累计折旧后的金额。

汇川技术 2019 年的固定资产周转率计算如下:

$$\begin{aligned}固定资产周转率 &= \frac{主营业务收入}{固定资产平均余额} \\ &= \frac{7\,390\,370\,858.40}{(884\,767\,984.39 + 1\,278\,750\,564.98) \div 2} = 6.83(次)\end{aligned}$$

2. 固定资产周转期

固定资产周转期是反映固定资产周转情况的另一个重要指标,它等于 360 天与固定资产周转率之比。其计算公式为:

$$固定资产周转期 = \frac{360}{固定资产周转率} = \frac{固定资产平均余额 \times 360}{主营业务收入}$$

汇川技术 2019 年的固定资产周转期计算如下:

$$\begin{aligned}固定资产周转期 &= \frac{360}{固定资产周转率} \\ &= \frac{360}{6.83} = 53(天)\end{aligned}$$

一般来说,固定资产周转率高,固定资产周转期短,说明固定资产周转快,利用充分;反之,说明固定资产周转慢,利用不充分。当然,如果固定资产周转得过快,则需要结合企业具体情况分析原因,看看生产能力是否已经饱和,是否需要增加或更新设备,等等。

对固定资产周转率和固定资产周转期进行分析时,也可以进行横向和纵向的比较。通过与同行业平均水平或竞争对手的比较,可以洞悉企业的固定资产周转速度在整个行业中的水平,与竞争对手相比是快还是慢。如果通过横向比较,发现企业的固定资产周转率或固定资产周转期过高或过低,则应进一步找出原因,并及时采取措施进行调整。通过与企业以往各期的固定资产周转率和固定资产周转期进行比较,可以看出企业固定资产周转速度的变动态势,并进一步分析原因,及时找到保持或改善的对策。汇川技术与 SCZH 2015—2019 年的固定资产周转率和固定资产周转期分别如表 4-8、表 4-9 所示。

表 4-8　汇川技术与 SCZH 的固定资产周转率　　　　　　　　　　　　　　单位：次

公司	2015 年	2016 年	2017 年	2018 年	2019 年
汇川技术	6.82	5.94	7.11	7.39	6.83
SCZH	2.58	2.62	2.29	2.59	3.77

表 4-9　汇川技术与 SCZH 的固定资产周转期　　　　　　　　　　　　　　单位：天

公司	2015 年	2016 年	2017 年	2018 年	2019 年
汇川技术	53	61	51	49	53
SCZH	140	138	157	139	96

表 4-8、表 4-9 中的数据反映在图形中分别如图 4-13 和图 4-14 所示。

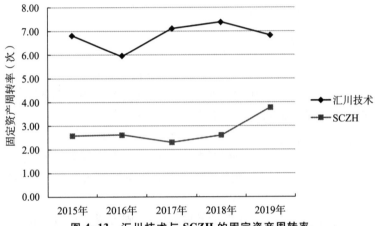

图 4-13　汇川技术与 SCZH 的固定资产周转率

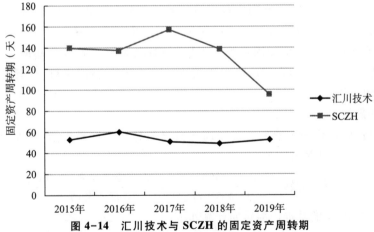

图 4-14　汇川技术与 SCZH 的固定资产周转期

由表 4-8、表 4-9 和图 4-13、图 4-14 可见，除 2016 年外，2015—2019 年汇川技术固定资产周转率整体趋于上升，固定资产周转期整体趋于下降。从数据可以看出，汇川技术的固定资产周转速度非常快。而 SCZH 的固定资产周转率大大低于汇川技术，固定资产周转期也大大长于汇川技术,说明 SCZH 的固定资产周转速度慢于汇川技术。这与两家公司固定资产所占的比重不同有关,SCZH 资产中固定资产所占的比重要高于汇川技术。

复习与思考 如何计算固定资产周转率和固定资产周转期?

4.3.2 总资产周转率与总资产周转期

1. 总资产周转率

总资产周转率是反映企业所有资产周转情况的重要指标,它等于主营业务收入与平均资产总额之比。其计算公式为:

$$总资产周转率 = \frac{主营业务收入}{平均资产总额}$$

其中,平均资产总额 $= \dfrac{期初资产总额 + 期末资产总额}{2}$。

汇川技术 2019 年的总资产周转率计算如下:

$$总资产周转率 = \frac{主营业务收入}{平均资产总额}$$

$$= \frac{7\,390\,370\,858.40}{(10\,329\,353\,235.34 + 14\,886\,010\,461.09) \div 2} = 0.59(次)$$

对总资产周转率的计算公式可做如下变形:

$$总资产周转率 = \frac{主营业务收入}{流动资产平均余额} \times \frac{流动资产平均余额}{平均资产总额}$$

$$= 流动资产周转率 \times 流动资产占总资产平均比重$$

或者:

$$总资产周转率 = \frac{主营业务收入}{固定资产平均余额} \times \frac{固定资产平均余额}{平均资产总额}$$

$$= 固定资产周转率 \times 固定资产占总资产平均比重$$

由上面的两个公式可见,流动资产周转率和固定资产周转率对总资产周转率有着直接的影响,即流动资产周转率和固定资产周转率越高,总资产周转率就越高。因此,对资产总体周转情况的分析应结合流动资产、固定资产等的周转情况进行,只有这样才能真正分析透彻,找到根源。

2. 总资产周转期

总资产周转期是反映企业所有资产周转情况的另一个重要指标,它等于 360 天与总资产周转率之比。其计算公式为:

$$总资产周转期 = \frac{360}{总资产周转率} = \frac{平均资产总额 \times 360}{主营业务收入}$$

汇川技术 2019 年的总资产周转期计算如下:

$$总资产周转期 = \frac{360}{总资产周转率}$$

$$= \frac{360}{0.59} = 610(天)$$

一般来说,总资产周转率越高,总资产周转期越短,说明企业所有资产周转得越快,同样的资产取得的收入越多,因而资产的管理水平越高。

对总资产周转率和总资产周转期进行分析时,同样可以进行横向和纵向的比较。通过与同行业平均水平或竞争对手的比较,可以洞悉企业的总资产周转速度在整个行业中的水平,与竞争对手相比是快还是慢。如果通过横向比较,发现企业的总资产周转率或总资产周转期过高或过低,则应进一步找出原因,并及时采取措施进行调整。通过与企业以往各期的总资产周转率和总资产周转期进行比较,可以看出企业总资产周转速度的变动态势,并进一步分析原因,及时找到保持或改善的对策。汇川技术与 SCZH 2015—2019 年的总资产周转率和总资产周转期分别如表 4-10、表 4-11 所示。

表 4-10 汇川技术与 SCZH 的总资产周转率   单位:次

公司	2015 年	2016 年	2017 年	2018 年	2019 年
汇川技术	0.52	0.53	0.56	0.61	0.59
SCZH	0.43	0.41	0.34	0.37	0.48

表 4-11 汇川技术与 SCZH 的总资产周转期   单位:天

公司	2015 年	2016 年	2017 年	2018 年	2019 年
汇川技术	690	685	641	594	610
SCZH	839	871	1 052	969	744

表 4-10、表 4-11 中的数据反映在图形中分别如图 4-15 和图 4-16 所示。

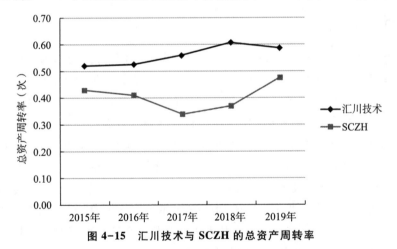

图 4-15 汇川技术与 SCZH 的总资产周转率

由表 4-10、表 4-11 和图 4-15、图 4-16 可见,2015—2018 年,汇川技术的总资产周转率逐年上升,2019 年相较于 2018 年有所下降,总资产周转期的变化则正好相反。2015—2019 年,SCZH 的总资产周转率先下降后上升,总资产周转期则先上升后下降,且 SCZH 的总资产周转率始终低于汇川技术,总资产周转期始终长于汇川技术,这说明 SCZH 的总资产周转状况总体来看不及汇川技术。

需要说明的是,对流动资产、固定资产及总资产来说,主营业务收入并不能很好地代

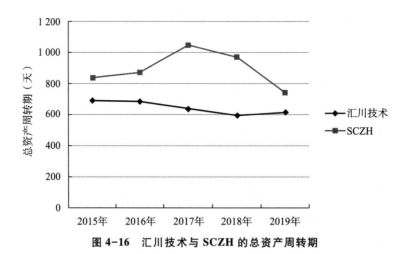

图 4-16　汇川技术与 SCZH 的总资产周转期

表其周转额,但由于它们的周转额很难在相关数据中找到,加上主营业务收入是代表企业营业规模的一个很好的指标,因此仍然仿照应收账款周转率和应收账款周转期的计算公式,分别计算流动资产、固定资产及总资产的周转率和周转期。不过,严格说来,它们的周转率并不能称作周转次数,周转期也不宜称作周转天数。但是,这样计算出的流动资产、固定资产及总资产的周转率和周转期并非没有意义,它们仍然能够反映各自的周转速度和利用状况,仍然可以为分析企业的营运能力提供很好的依据。

复习与思考　如何计算总资产周转率和总资产周转期?

案例分析

北京鼎汉技术集团股份有限公司(以下简称"鼎汉技术")成立于 2002 年 6 月,是一家从事轨道交通各类电气化高端装备及智能信息化系统解决方案研发、供应和维护的高新技术企业。公司在中国与德国拥有近 400 名工程技术背景成员,每年围绕研发的投入超过 1 亿元,拥有近 400 项知识产权,部署的营销及服务平台遍布全国 50 多个城市以及德国、法国等地,覆盖国内所有轨道交通线路,海外应用业绩覆盖 30 多个国家和地区,在中国与欧洲设有 7 个研发中心,6 个生产基地,员工数量超过 1 800 人。

2016—2019 年,是鼎汉技术加强国际化合作与业务的发展阶段,企业战略的变化必然带来企业资产价值和结构的变化。因此,本案例从营运能力角度,利用比率分析和趋势分析相结合的方式对战略变化前后的鼎汉技术进行分析。鼎汉技术 2015—2019 年度报表摘要如表 1 和表 2 所示,营运能力比率如表 3 所示。

表 1　鼎汉技术 2015—2019 年年末资产负债表摘要　　　　　　　　单位:万元

项目	2015 年	2016 年	2017 年	2018 年	2019 年
存货	25 782.42	27 184.82	32 214.8	38 610.89	33 417.13
应收账款	82 746.67	81 584.94	110 014.92	115 927.13	132 623.44
流动资产	149 073.72	159 941.71	196 513.70	199 320.92	208 982.68

(单位:万元)　（续表）

项目	2015 年	2016 年	2017 年	2018 年	2019 年
固定资产	48 482.97	52 730.82	53 876.96	51 585.05	49 039.15
总资产	310 911.42	330 480.31	409 214.65	351 683.39	362 799.16

表 2　鼎汉技术 2015—2019 年度利润表摘要　　　　　　　单位:万元

项目	2015 年	2016 年	2017 年	2018 年	2019 年
主营业务收入	114 457.76	95 398.84	123 658.07	135 712.88	160 008.24

表 3　鼎汉技术 2015—2019 年度营运能力比率

比率	2015 年	2016 年	2017 年	2018 年	2019 年
存货周转率(次)	3.24	2.20	2.72	2.63	2.97
应收账款周转率(次)	1.71	1.16	1.29	1.20	1.29
营业周期(天)	322	474	411	437	401
固定资产周转率(次)	3.40	1.89	2.31	2.57	3.18
总资产周转率(次)	0.44	0.30	0.33	0.36	0.45

将表 3 中的数据反映在图形中,如图 1 和图 2 所示。

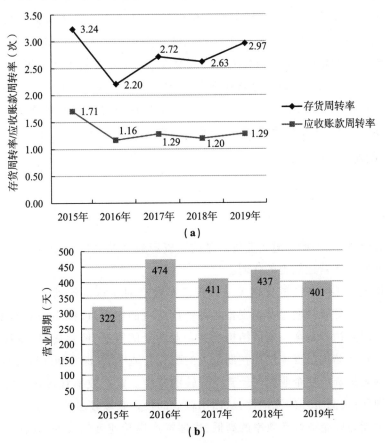

图 1　鼎汉技术短期营运能力趋势

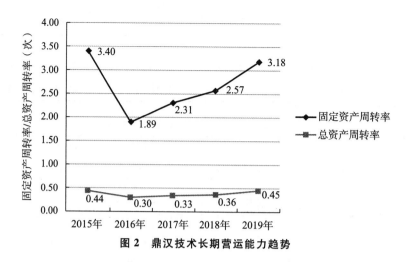

图 2 鼎汉技术长期营运能力趋势

分析： 由表 1 至表 3 和图 1 至图 2 可以看出，鼎汉技术战略转型之后，资产营运能力在转型后第一年（2016 年）大幅下降，之后又稳步上升。其原因可能是涉及国际化业务初期，公司对相应业务及环境并不熟悉，导致营运能力下降。从短期营运能力指标来看，存货周转率从转型前的 3.24 下降到 2016 年的 2.20，又回升至 2019 年的 2.97；应收账款周转率从转型前的 1.71 下降到 2016 年的 1.16，2017—2019 年稳定在 1.29 左右。从图 1(a) 中可以非常明显地看到这种下降又回升的趋势。2016 年，由于存货周转率和应收账款周转率的下降，公司的营业周期从 322 天上升到 474 天，资产周转速度变慢，营运能力降低。这说明鼎汉技术战略转型初期，短期资产的周转速度降低，尤其是应收账款的周转速度变缓，这一变化非常显著。从长期营运能力指标来看，固定资产周转率从 2015 年到 2016 年有一个大的下降，其后又稳步上升，这可能与公司战略转型后固定资产更新有关。2015—2019 年，公司总资产周转率基本保持稳定，总资产周转速度略有提升。

资料来源：根据公开资料整理。

本章小结

营运能力分析，主要通过对企业资产结构和资产效率的分析，来反映一个企业资产管理水平的高低和资产营运能力的强弱。

资产结构就是不同资产的比例关系。资产结构会对企业的流动性、风险和收益产生影响。资产结构管理就是通过合理安排各种资产所占的比重，以提高企业的流动性，并使企业的收益与风险达到均衡。资产结构受到企业所处的行业、经营规模、经营环境与经济周期的影响。资产结构与资本结构在期限上的配合有适中型、保守型和冒险型三种类型。

资产效率是指资产在企业生产经营中周转的速度。资产效率管理就是通过尽可能地加快资产的周转，提高资产的流动性，从而用较少的投入获取较多的收益。

企业营运能力即企业资产效率的高低，也即资产周转速度的快慢。因此，对营运能力的分析也就是对资产效率即资产周转速度的分析。反映企业营运能力即资产效率的指标一般有资产周转率和周转期两种形式。资产周转的速度越快,资产利用的机会越多,使用效率越高。

反映流动资产营运能力的指标有:存货周转率与存货周转期,应收账款周转率与应收账款周转期,营业周期,以及流动资产周转率与流动资产周转期。比率越高,说明企业流动资产营运能力越强。

反映长期资产与总资产营运能力的指标有:固定资产周转率与固定资产周转期,总资产周转率与总资产周转期。

重要名词

资产管理(Assets Management)　　　营运能力(Operating Ability)
资产结构(Assets Structure)　　　　资本结构(Capital Structure)
资产效率(Assets Efficiency)　　　　周转率(Activity Ratios)
应收账款周转率(Receivable Turnover)　存货周转率(Inventory Turnover)
总资产周转率(Total Assets Turnover)　营业周期(Operating Cycle)

思考题

1. 资产结构与资本结构为什么需要相互配合?资产结构与资本结构的配合有几种类型?每种类型的特征是什么?收益和风险如何?

2. 营业周期的含义是什么?

3. 如何理解存货周转率与存货周转期、应收账款周转率与应收账款周转期所代表的含义?为什么计算存货周转率和应收账款周转率时分子所采用的项目不同?

4. 存货周转率和应收账款周转率是越高越好吗?

5. 流动资产周转率与流动资产周转期、固定资产周转率与固定资产周转期、总资产周转率与总资产周转期能否分别代表各自在一年内的周转次数和周转一次所需要的天数?计算和分析它们的意义何在?

6. 假如你是一位对客户的业绩进行分析评述的管理咨询师。某客户的总资产报酬率及其组成部分如下(括号里为行业标准):总资产周转率=1.5(1.0)次,销售利润率=5%(14%)。你如何对以上数据进行初步分析?

练习题

1. 某公司20××年度销售收入为20 000万元;年初应收账款余额为1 200万元,年末应收账款余额为1 300万元,坏账准备按应收账款余额的10%提取;年初应收票据余额为1 000万元,年末应收票据余额为500万元;年初预付账款余额为4万元,年末预付账款余额为22万元。依据以上资料计算应收账款周转率。

2. 某公司20××年度简化的资产负债表如下:

资产负债表

××公司　　　　　　　　　　　20××年12月31日　　　　　　　　　　　单位：万元

资产	金额	负债和所有者权益	金额
货币资金	50	应付账款	100
应收账款		长期负债	
存货		实收资本	100
固定资产		留存收益	100
资产总计		负债和所有者权益总计	

其他有关指标如下：

（1）长期负债和所有者权益之比为0.5；

（2）销售毛利率为10%；

（3）存货周转率（存货按年末数计算）为9次；

（4）平均收现期（应收账款按年末数计算，一年按360天计算）为18天；

（5）总资产周转率（总资产按年末数计算）为2.5次。

要求：利用上述资料，填充该公司资产负债表的空白部分（在表外保留计算过程）。

3. 某公司流动资产由速动资产和存货构成，年初存货为145万元，年初应收账款为125万元，年末流动比率为3，年末速动比率为1.5，本年存货周转率为4次，年末流动资产余额为270万元。一年按360天计算。

要求：

（1）计算该公司流动负债年末余额；

（2）计算该公司存货年末余额和年平均余额；

（3）计算该公司本年销售成本；

（4）假定本年销售收入为960万元，应收账款以外的其他速动资产忽略不计，计算该公司应收账款周转天数。

第 5 章　盈利能力分析

[学习目标]

学习本章,你应该掌握:

1. 基于营业活动的盈利能力分析的思路和方法,包括营业收入的来源构成及持续性分析;
2. 基于投资报酬的盈利能力分析的思路和方法,包括总资产报酬率、股东权益报酬率等;
3. 基于市场与股份的盈利能力分析的思路和方法,包括市盈率、市净率等;
4. 盈利能力的趋势分析和结构分析的思路。

[素养目标]

关注上市公司财务现实问题,具备经世济民的社会责任感、诚实守信的职业素养。

[引导案例]

2020年8月10日,《财富》世界500强排行榜发布,最引人注目的变化无疑是中国企业数量实现了历史性跨越:2019年度的世界500强企业中,来自中国大陆(含香港)加上台湾地区的中国企业共有133家,历史上首次超过了美国(121家)。中国大陆企业2019年平均销售收入与2018年相比有所提升。与世界500强企业横向比较,中国大陆企业的平均销售收入和平均净资产两项指标达到了《财富》世界500强企业的平均水平。但是,中国大陆企业的盈利水平较低。2019年,上榜的124家中国大陆企业平均利润不到36亿美元,约为美国企业(70亿美元)的一半,也低于全球500强企业的平均利润(41亿美元)。根据这三个数据计算,上榜的中国大陆企业平均销售收益率为5.4%,低于美国企业的10.5%;平均股东权益报酬率为9.8%,低于美国企业的17%。

本次榜单中国企业数量实现历史性跨越,反映出中国经济较快发展、营商环境改善,以及市场化程度提升。需要注意的是,企业"庞大"不等于企业"强大",随着市场经济改革的不断深入,中国企业需进一步提升国际竞争力,真正从大企业成长为强企业。

5.1 盈利能力概述

5.1.1 盈利能力的含义

无论是股东、债权人还是管理者都对企业的盈利能力十分重视,因为股东的报酬高低、债权的安全程度和企业的健康发展都与企业的盈利能力密切相关。

盈利能力是指企业获取利润的能力。企业利润有不同的计量尺度,如息税前利润、息前利润、净利润等。下面分别对不同的企业利润进行介绍。

(1) 息税前利润

息税前利润(EBIT)是支付利息、交纳所得税之前的利润,即在净利润的基础上将所得税和利息加回。其计算公式为:

$$息税前利润 = 净利润 + 所得税 + 利息$$

息税前利润是企业所有资产共同创造的财富,将债权人报酬——利息和股东报酬——净利润都包含在内,因此在考察企业全部资金的报酬率时,经常选择息税前利润作为分子。但是,息税前利润将所得税也包含在内,而所得税是企业的一项费用,将其包含在内并不十分合理。如果将所得税看作政府所获得的利益,那么在考察包括债权人、股东和政府在内的利益相关者的利益时,使用息税前利润更加合理。

(2) 息前利润

息前利润是支付利息之前的利润,即在净利润的基础上将利息加回。由于利息可以抵税,因此加回的利息是抵税后的净利息。其计算公式为:

$$息前利润 = 净利润 + 利息 \times (1 - 所得税税率)$$

息前利润在息税前利润的基础上将所得税因素扣除了,用它来代表企业全部资金的报酬更加合理。由于企业很少区分长期负债利息和流动负债利息,因此在考察企业长期资金的投资报酬时,也可以用息前利润近似地替代。但是由于企业是先支付利息,后交纳所得税,息前利润作为支付利息前、交纳所得税后的利润,概念不太容易理解,因此在实际应用中,息税前利润比息前利润更加常见。

(3) 净利润

净利润即税后利润。虽然净利润并不会全部作为股利支付给股东,还会有一部分以盈余公积和未分配利润的形式留存在企业,但盈余公积和未分配利润从归属上看仍归股东所有,因此全部的净利润都可以看作股东的报酬,即权益资金获得的报酬。

(4) 归属于普通股股东的利润

在企业有优先股的情况下,并不是所有的净利润都归普通股股东所有,优先股股东将先于普通股股东分得固定的股利。因此,在考察普通股股东的报酬时,应在净利润的基础上扣减掉优先股股利,计算出归属于普通股股东的利润。

5.1.2 盈利能力的影响因素

影响企业盈利能力的主要因素如下:

(1) 营销能力

营业收入尤其是主营业务收入是企业利润最重要的源泉,是企业发展的基础。企业的营销能力是扩大营业规模、增加营业收入的保证。科学有效的营销策略有助于企业形成良好的营业状况,为企业盈利提供最基本的条件。

(2) 成本费用管理水平

利润是收入扣减费用后的差额。如果说营销能力是企业"增收"的保障,那么成本费用管理水平就是企业"节支"的基础。加强对成本费用的管理,不断挖掘成本潜力,是企业增加利润的重要手段。当然,降低成本费用应以不减少企业现在和未来的收入为前提。

（3）资产管理水平

资产是可以带来经济利益的经济资源。因此,资产规模适度与否、资产结构合理与否,以及资产效率的高低直接影响着企业获取利润的能力,即盈利能力。而有效的资产管理有助于企业确定适度的资产规模、安排合理的资产结构,并不断地提高资产效率。

（4）风险管理水平

收益总是与风险形影相伴。企业在获取利润的同时必须关注对风险的管理和控制。风险太低,则过于保守,很可能丧失很多盈利的机会;风险太高,又不安全,很可能得不偿失,甚至招致严重的危机。只有将风险控制在合理的范围内,企业才可能长久地盈利、稳定地发展。

复习与思考 影响企业盈利能力的因素主要有哪些?

5.2 基于营业活动的盈利能力分析

5.2.1 营业收入

营业收入通常是指产品销售收入和其他销售收入。对营业收入的分析主要包括营业收入的来源构成及持续性分析,以及营业收入与应收账款的关系分析。

1. 营业收入的来源构成分析

营业收入的来源构成信息,对于盈利能力分析非常重要。企业的营业收入可以按产品类型来划分,也可以按行业来划分。不同的产品或行业会有不同的盈利能力、风险和成长机会,因此获悉有关企业营业收入的来源构成,对分析企业盈利能力的持续性、稳定性都非常有益。

汇川技术与 SCZH 2019 年度按产品类型划分的营业收入来源构成如图 5-1 所示。

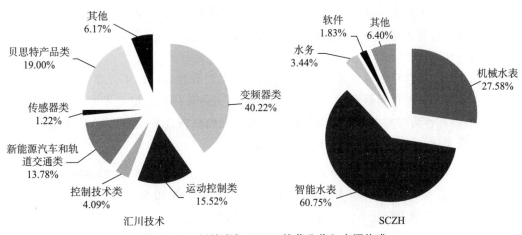

图 5-1 汇川技术与 SCZH 的营业收入来源构成

由图 5-1 可见,汇川技术营业收入的主要来源为三部分,即变频器类、运动控制类及新能源汽车和轨道交通类(其中贝思特产品类为 2019 年收购贝思特公司所致,不具有普遍性,故暂不列入考虑),其中变频器类的营业收入占到了 40.22%,运动控制类的营业收入占到了 15.52%,公司营业收入的主要来源是变频器的销售;SCZH 的营业收入来源构成中,智能水表的营业收入占到了 60% 以上,机械水表的营业收入占到了近 30%。因此,相比较而言,SCZH 的盈利能力主要受仪器仪表制造行业的影响,而汇川技术的盈利能力除了受到工业自动化行业的影响,还受到新能源行业的影响。汇川技术的营业收入主要来自两个行业三种产品的事实表明,其风险较低,因为一个行业或产品销售的萎缩对整个公司的影响较小;相反,对于 SCZH 而言,其营业收入主要集中于单一行业,该行业的经济波动会给公司带来严重的影响。同时,汇川技术的多元化经营力度显然要高于 SCZH。

2. 营业收入的来源持续性分析

(1) 趋势分析

趋势分析可以了解企业营业收入的来源构成在一段时间内的变动情况,是进行营业收入来源持续性分析的有力工具。

2015—2019 年,汇川技术的营业收入来源中,变频器类的营业收入占总收入的比重连续五年保持着主导地位,稳定中略有下降;运动控制类的营业收入占总收入的比重总体来看呈上升趋势;新能源汽车和轨道交通类的营业收入占总收入的比重总体来看呈下降趋势;其他产品的营业收入占总收入的比重基本保持不变。SCZH 的营业收入来源中,机械水表的营业收入占总收入的比重呈下降趋势,而智能水表的营业收入占总收入的比重则呈上升趋势。相比较而言,SCZH 的营业收入来源构成较稳定,主要集中在仪器仪表行业的销售上,而汇川技术的营业收入来源构成变动较大。

(2) 董事会报告

董事会对公司财务状况和经营成果的评述与分析,对各项收入来源的持续性分析很有用。证监会要求企业披露董事会对公司当年财务状况和经营成果进行评述与分析的报告。这一信息有助于我们理解和评估企业包括营业收入在内的经营成果的变化,其中包括影响和可能影响营业活动的趋势和不确定性,以及收入和费用即将发生的变化,如原材料或劳动力成本上升等。董事会报告需要解释是否将收入增长归因于价格、销量或新产品引入。董事会报告还会描述企业的财务成果,报告前瞻性信息,并讨论在财务报表中不明显的趋势和力量。

虽然董事会报告中的信息可能是"软信息",但是它为我们提供了管理当局的看法,而且一般不能轻易从其他渠道获取。我们可以将董事会报告提供的信息作为分析的补充资料,也可以将其作为对洞察管理当局战略计划和行动的分析性补充。以汇川技术 2019 年董事会报告为例,部分内容摘要如下:

> 报告期内,公司实现营业总收入 73.90 亿元,较上年同期增长 25.81%;实现营业利润 10.47 亿元,较上年同期下降 18.35%;实现利润总额 10.56 亿元,较上年同期下降 17.75%;实现归属于上市公司股东的净利润 9.52 亿元,较上年同期下降 18.42%;公司基本每股收益为 0.58 元,较上年同期下降 18.31%。

本期新增合并主体贝思特（从2019年7月将其纳入合并报表范围），导致营业收入较上年同期有较快增长。本期公司产品综合毛利率同比降低、人员费用与财务费用同比增加、收到的增值税软件退税金额减少，导致公司归属于上市公司股东的净利润同比降低。

2019年是公司近十年来经营压力最大的一年。受到经济周期、产业政策调整与贸易摩擦等多重因素叠加影响，我国制造业整体投资处于较低水平，工业自动化相关产品的市场需求受到影响。面对外部不利的经营环境，公司适时调整经营策略，实施管理变革，以管理的确定性应对外部环境的不确定性。

复习与思考 如何分析营业收入来源？

3. 营业收入与应收账款的关系分析

营业收入与应收账款的关系，常常为盈利能力的评估提供重要线索。传统财务分析利用营业收入与应收账款的数据来计算应收账款周转率，以分析应收账款的质量和流动性，而在本节我们是从企业盈利能力的角度来关注营业收入与应收账款的关系。

应收账款占营业收入的比重，可以反映出企业的销售政策。如果应收账款占营业收入的比重很高，则说明企业的营业收入主要依赖赊销；反之，如果应收账款占营业收入的比重很低，则说明企业的营业收入主要依赖现销。应收账款占营业收入比重的变动，则可以反映出收入的回款情况。如果该比重提高，则应收账款的增长速度超过了营业收入的增长速度，说明企业营业收入的回款速度有所下降；反之，如果该比重降低，则应收账款的增长速度低于营业收入的增长速度，说明企业营业收入的回款速度提高了。表5-1和表5-2分别列示了2015—2019年汇川技术与SCZH的应收账款占营业收入的比重。

表5-1 汇川技术的应收账款占营业收入的比重

项目	2015年	2016年	2017年	2018年	2019年
营业收入（元）	2 770 529 879.66	3 660 045 212.97	4 777 295 690.69	5 874 357 770.64	7 390 370 858.40
应收账款（元）	781 530 444.51	1 130 722 741.98	1 419 109 900.95	1 969 242 531.08	2 432 301 598.93
占比（%）	28.21	30.89	29.71	33.52	32.91

表5-2 SCZH的应收账款占营业收入的比重

项目	2015年	2016年	2017年	2018年	2019年
营业收入（元）	647 047 212.87	695 124 138.59	610 367 498.27	687 188 055.84	987 501 235.07
应收账款（元）	215 346 025.86	272 731 620.93	268 904 988.47	310 913 509.78	503 038 992.38
占比（%）	33.28	39.23	44.06	45.24	50.94

由表 5-1 和表 5-2 可以看出,汇川技术与 SCZH 应收账款占营业收入的比重都呈上升趋势,但是汇川技术的比重大约稳定在 30%,而 SCZH 的比重增长较快,2019 年应收账款占营业收入的比重已经超过 50%。这说明 SCZH 的赊销政策逐年宽松。

复习与思考 营业收入与应收账款的关系对评估盈利能力有什么作用?

5.2.2 营业毛利率

1. 营业毛利率的计算

营业毛利率是营业毛利与营业收入的比值。营业毛利是指营业收入扣减营业成本后的余额。营业毛利率的计算公式为:

$$营业毛利率 = \frac{营业毛利}{营业收入} \times 100\%$$

$$= \frac{营业收入 - 营业成本}{营业收入} \times 100\%$$

2019 年,汇川技术的营业毛利率计算如下:

$$营业毛利率 = \frac{营业收入 - 营业成本}{营业成本} \times 100\%$$

$$= \frac{7\,390\,370\,858 - 4\,608\,079\,236}{7\,390\,370\,858} \times 100\% = 37.65\%$$

2. 营业毛利率的分析

营业收入是企业利润的初始源泉。只有营业收入扣除营业成本后有余额,才能进一步抵补企业的各项费用,最终形成净利润,因此营业毛利是企业最终利润的基础。企业的营业毛利率越高,最终的利润空间越大。例如,甲企业的营业毛利率为 50%,乙企业的营业毛利率为 20%。这意味着甲企业每卖出 100 元的产品,产品的成本只有 50 元,毛利为 50 元,只要每 100 元营业收入需要抵补的各项费用低于 50 元,企业就能盈利。而乙企业每卖出 100 元的产品,产品的成本高达 80 元,毛利只有 20 元,只有每 100 元营业收入需要抵补的各项费用低于 20 元,企业才能盈利。

对营业毛利率也可以进行横向和纵向的比较。通过与同行业平均水平或竞争对手的比较,可以洞悉企业营业活动的盈利空间在整个行业中的地位以及与竞争对手相比的优劣。如果通过横向比较,发现企业的营业毛利率过低,则应进一步查找原因,并采取措施及时调整。通过与企业以往各期的营业毛利率进行比较,可以看出企业营业活动盈利空间的变动态势。如果在某一期间企业营业毛利率突然恶化,则应进一步查找原因,看是由于降价还是成本上升引起的,并及时找出改善的对策。2015—2019 年,汇川技术与 SCZH 的营业毛利率如表 5-3 所示。

表 5-3 汇川技术与 SCZH 的营业毛利率 单位:%

公司	2015 年	2016 年	2017 年	2018 年	2019 年
汇川技术	48.47	48.12	45.12	41.81	37.65
SCZH	34.87	38.53	34.57	33.91	37.58

表 5-3 中的数据反映在图形中如图 5-2 所示。

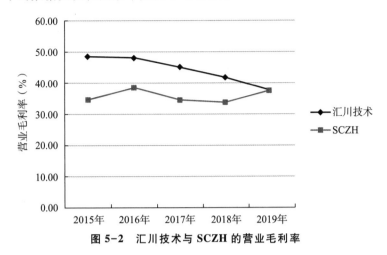

图 5-2 汇川技术与 SCZH 的营业毛利率

由表 5-3 和图 5-2 可见,汇川技术的营业毛利率始终高于 SCZH,但二者的变化趋势却大相径庭。SCZH 的营业毛利率较为稳定,变动幅度不超 5%;汇川技术原材料成本占营业成本的比重在 80% 以上,随着原材料成本的大幅上升,其营业毛利率大幅下降。

5.2.3 营业净利率

1. 营业净利率的计算

营业净利率是净利润与营业收入的比值。其计算公式为:

$$营业净利率 = \frac{净利润}{营业收入} \times 100\%$$

2019 年,汇川技术的营业净利率计算如下:

$$营业净利率 = \frac{净利润}{营业收入} \times 100\% = \frac{1\,010\,140\,798}{7\,390\,370\,858} \times 100\% = 13.67\%$$

2. 营业净利率的分析

营业净利率越高,说明企业在正常经营的情况下由盈转亏的可能性越小,并且通过扩大营业规模获取利润的能力越强。例如,甲企业的营业净利率为 20%,乙企业的营业净利率为 5%。首先,这说明在正常经营的情况下,甲企业由盈转亏的可能性低于乙企业。这是因为甲企业每 100 元营业收入需要抵补的各项成本费用增幅只要在 20 元以内,企业就仍能保持盈利;而乙企业每 100 元营业收入需要抵补的各项成本费用增幅一旦超过 5 元,企业就将出现亏损。其次,这说明甲企业通过扩大营业规模获取利润的能力强于乙企业。这是因为甲企业每增加 100 元的营业收入,大概能增加 20 元的净利润;乙企业每增加 100 元的营业收入,大概能增加 5 元的净利润。

对营业净利率也可以进行横向和纵向的比较。这种分析与营业毛利率的分析类似。2015—2019 年,汇川技术与 SCZH 的营业净利率如表 5-4 所示。

表 5-4　汇川技术与 SCZH 的营业净利率　　　　　　　　　　　　　单位：%

公司	2015 年	2016 年	2017 年	2018 年	2019 年
汇川技术	30.10	26.78	22.84	20.58	13.67
SCZH	22.59	19.67	13.48	14.85	20.27

表 5-4 中的数据反映在图形中如图 5-3 所示。

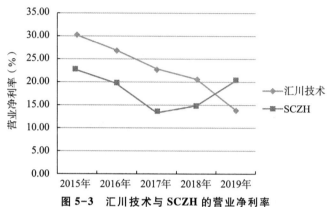

图 5-3　汇川技术与 SCZH 的营业净利率

由表 5-4 和图 5-3 可见，2015—2019 年，汇川技术的营业净利率持续下降，SCZH 的营业净利率在 2017 年之前不断下降，之后持续上升；汇川技术的营业净利率高于 SCZH，但二者差距从 2017 年开始不断缩小，2019 年 SCZH 的营业净利率实现对汇川技术的反超。汇川技术营业净利率的变动趋势与营业毛利率的变动趋势一致。2015—2016 年，SCZH 的营业毛利率上升，营业净利率却下降，这是由期间费用的上升所导致的。汇川技术的销售费用和财务费用占营业收入的比重与 SCZH 相比差距不大，但管理费用占营业收入的比重与 SCZH 相差较大（见表 5-5 至表 5-7），原因在于两家公司的研发费用占营业收入的比重相差较大。

表 5-5　汇川技术与 SCZH 的销售费用占其营业收入的比重　　　　单位：%

公司	2015 年	2016 年	2017 年	2018 年	2019 年
汇川技术	8.17	8.37	9.23	8.59	8.48
SCZH	9.95	10.72	12.21	10.73	10.09

表 5-6　汇川技术与 SCZH 的管理费用占其营业收入的比重　　　　单位：%

公司	2015 年	2016 年	2017 年	2018 年	2019 年
汇川技术	14.73	15.96	17.73	17.09	17.31
SCZH	8.18	10.28	12.48	11.70	10.40

注：为保证纵向可比性，此处管理费用均包含研发费用。

表 5-7　汇川技术与 SCZH 的财务费用占其营业收入的比重　　　　单位：%

公司	2015 年	2016 年	2017 年	2018 年	2019 年
汇川技术	−1.62	−0.23	−0.55	−0.22	0.72
SCZH	−2.32	−1.77	−1.26	−1.66	−0.25

5.3 基于投资报酬的盈利能力分析

投资报酬是指投入的资金所获得的报酬,是反映投入产出的最典型的指标。收入、毛利、净利润等反映企业业绩的指标主要关注企业的产出,但是产出只有与投入相结合,才能反映出效率和效益。因此,投资报酬是衡量企业业绩的最常用的指标。投资报酬通常以相对数的形式出现,其基本形式为:

$$投资报酬率 = \frac{报酬}{投资额} \times 100\%$$

企业投入资金有不同的范畴,如企业全部资金、企业长期资金、企业权益资金等。报酬也有不同的计量尺度,如净利润、息前利润、息税前利润等。因此,投资报酬也有不同的计量指标。下面分别对不同的投入资金范畴和企业报酬尺度进行介绍。

5.3.1 投入资金的范畴

一个企业的投入资金通常包括流动负债、长期负债、优先股权益和普通股权益。究竟选择哪些资金作为计量投资报酬的基数,要视分析主体和分析目的而定。常见的投入资金范畴有如下几种:

1. 全部资金

全部资金是范畴最大的投入资金,包括债权人和股东投入的所有资金,即包括所有的负债和股东权益。由于负债和股东权益的总计数就等于资产的总计数,因此全部资金又意味着企业的全部资产。虽然企业的资金来源不同,但一旦这些资金运用出去形成了企业的资产,其目的都是进行生产经营等活动以获取报酬,因此从考察企业整体业绩的角度出发,选择企业的全部资金作为计量投资报酬的基数比较合理。

2. 长期资金

长期资金是除流动负债以外的所有资金,即包括长期负债和股东权益。由于企业的流动负债变动很大,而长期资金相对比较稳定,并且是企业长远发展的主要资金来源,因此选择长期资金作为计量投资报酬的基数,在各期之间的可比性更强。

3. 权益资金

权益资金就是企业股东提供的资金,即企业的股东权益。虽然债权人和股东都向企业提供资金,但债权人只是获得固定的利息,股东才是企业收益的最终归属者和风险的最终承担者,因此股东比债权人更加关注自己投入资金所能获得的报酬高低。如果是为了分析企业股东的投资报酬,则往往会选择权益资金作为基数。

4. 普通股权益资金

我们知道,有些企业的权益资金不仅包括普通股权益,还包括优先股权益。由于优先股股东每期先于普通股股东分得股利,并且股利额固定,在企业破产时优先股股东也先于普通股股东分得财产,因此优先股股东的权利与义务介于债权人和普通股股东之间,普通股股东才是真正最终的收益归属者和风险承担者。如果是为了分析企业普通股股东的投资报酬,则选择普通股权益资金作为计量投资报酬的基数比较合理。

由上述分析可见,根据不同的分析目的,可以选择不同的投入资金范畴来计算投资报酬。不管选择的是哪个范畴的投入资金,投入资金都不是固定不变的。随着企业的发展,不管是企业的全部资金、长期资金、权益资金还是普通股权益资金,都会不断变化。因此,在计算某个期间的投资报酬时,要确定该期间可利用的投入资金。如果在该期间内,投入资金发生了改变,则应该用该期间可利用的平均投入资金来计算。计算平均投入资金最简单也最常用的方法就是用期初数加上期末数除以2。但是如果期初、期末恰好是企业的淡季或旺季,则用这种方法计算的平均投入资金并不能真正代表企业的平均投入水平。这时可以用更准确的方法进行计算,例如首先将每月初的投入资金与每月末的投入资金相加除以2,得到每月的平均投入资金,再将每月的平均投入资金相加除以12,等等。

5.3.2 总资产报酬率

1. 总资产报酬率的计算

总资产报酬率(ROA)反映的是企业投入的全部资金获取报酬的能力。如前所述,反映全部资金的报酬用息前利润更加合理,但通常用息税前利润来替代。因此,总资产报酬率是企业的息税前利润同平均资产总额的比率。其计算公式为:

$$总资产报酬率_1 = \frac{息税前利润}{平均资产总额} \times 100\%$$

$$= \frac{息税前利润}{\frac{期初资产总额 + 期末资产总额}{2}} \times 100\%$$

在实际应用中,由于各利益相关者对净利润特别关注,因此更常用的总资产报酬率计算公式为:

$$总资产报酬率_2 = \frac{净利润}{平均资产总额} \times 100\%$$

$$= \frac{净利润}{\frac{期初资产总额 + 期末资产总额}{2}} \times 100\%$$

在后文中,我们都采用更常用的第二个公式。

2019年,汇川技术的总资产报酬率计算如下:

$$总资产报酬率 = \frac{净利润}{\frac{期初资产总额 + 期末资产总额}{2}} \times 100\%$$

$$= \frac{1\ 010\ 140\ 798}{\frac{10\ 329\ 353\ 235 + 14\ 886\ 010\ 461}{2}} \times 100\% = 8.01\%$$

2. 总资产报酬率的驱动因素分析

总资产报酬率可以分解为与销售有关的有意义的组成部分。这样做的目的就是在分析企业业绩时能够清楚地看到驱动企业业绩变化的因素构成。

$$总资产报酬率 = \frac{净利润}{平均资产总额} \times 100\%$$

$$= \frac{净利润}{营业收入} \times 100\% \times \frac{营业收入}{平均资产总额}$$

$$= 营业净利率 \times 总资产周转率$$

营业净利率用来衡量企业销售收入的获利能力,资产周转率用来衡量企业运用资产获得销售收入的有效性。这一分解强调了营业净利率和资产周转率在决定总资产报酬率中的角色,从而帮助我们更深入地分析企业的盈利性。总资产报酬率给我们提供了分析企业资产盈利能力的思路和提高企业总资产报酬率的途径。总资产报酬率的高低取决于企业的销售盈利水平和资产管理水平。

表5-8以汇川技术与SCZH为例,展示了总资产报酬率与营业净利率和总资产周转率之间的关系。2019年,虽然汇川技术的总资产周转率略高于SCZH,但二者较大的营业净利率差距使得汇川技术的总资产报酬率低于SCZH。可见,SCZH更强的盈利能力给其带来更高的总资产报酬率。

表5-8 汇川技术与SCZH总资产报酬率的驱动因素分析

项目	汇川技术	SCZH
营业净利率(%)	13.67	20.27
总资产周转率(次)	0.59	0.48
总资产报酬率(%)	8.01	9.81

注:由于四舍五入带来的误差,汇川技术营业净利率和总资产周转率的乘积与总资产报酬率数据存在细微差异,全书同。

3. 总资产报酬率的分析

总资产报酬率越高,说明企业的全部资金获得的报酬越高。对总资产报酬率,可以进行横向和纵向的比较。通过与同行业平均水平或竞争对手的比较,可以洞悉企业的投资报酬率在整个行业中是偏高还是偏低,与竞争对手相比是强还是弱。如果通过横向比较,发现企业的总资产报酬率过低,则应进一步找出原因,并采取措施及时调整。通过与企业以往各期的总资产报酬率进行比较,可以看出企业的投资报酬是越来越高,还是越来越低,或是基本保持稳定,等等。如果在某一期间企业总资产报酬率突然恶化,作为内部分析则应进一步查找原因,看看是资产大量闲置所致,还是利润水平下降引起,并及时找出改善的对策,以防止投资报酬率进一步下降。2015—2019年,汇川技术与SCZH的总资产报酬率如表5-9所示。

表5-9 汇川技术与SCZH的总资产报酬率 单位:%

公司	2015年	2016年	2017年	2018年	2019年
汇川技术	15.71	14.08	12.82	12.48	8.01
SCZH	9.69	8.13	4.61	5.52	9.81

表 5-9 中的数据反映在图形中如图 5-4 所示。

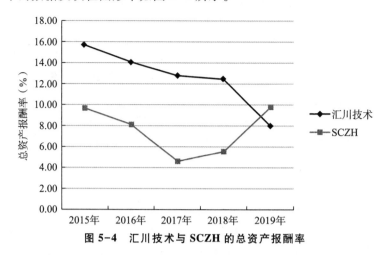

图 5-4 汇川技术与 SCZH 的总资产报酬率

由表 5-9 和图 5-4 可见,2015—2018 年,汇川技术总资产报酬率高于 SCZH,但 2019 年 SCZH 的总资产报酬率反超汇川技术。2019 年,汇川技术与 SCZH 的总资产报酬率略有差距,SCZH 经历了先下降后上升的过程,而汇川技术则一直呈下降趋势。若按照此趋势持续发展,则二者的差距会逐渐拉大,SCZH 的领先优势日渐明显。

5.3.3 长期资金报酬率

1. 长期资金报酬率的计算

同总资产报酬率一样,在实际应用中通常用息税前利润代替息前利润来计算长期资金报酬率。因此,长期资金报酬率是企业的息税前利润同平均长期资金的比值。其计算公式为:

$$长期资金报酬率 = \frac{息税前利润}{平均长期资金} \times 100\%$$

$$= \frac{息税前利润}{\frac{(期初长期负债 + 期初股东权益) + (期末长期负债 + 期末股东权益)}{2}} \times 100\%$$

汇川技术 2019 年的长期资金报酬率计算如下:

$$长期资金报酬率 = \frac{利润总额 + 财务费用}{\frac{(期初非流动负债 + 期初股东权益) + (期末非流动负债 + 期末股东权益)}{2}} \times 100\%$$

$$= \frac{1\ 055\ 786\ 518 + 52\ 861\ 199}{\frac{(277\ 059\ 132 + 6\ 534\ 796\ 875) + (681\ 709\ 000 + 8\ 936\ 375\ 420)}{2}} \times 100\% = 13.50\%$$

2. 长期资金报酬率的分析

长期资金报酬率越高,说明企业的长期资金获取报酬的能力越强。对长期资金报酬率也可以进行横向和纵向的比较,以洞悉企业的长期资金报酬率在整个行业中的地位或与竞争对手相比的优势或劣势,并发现企业长期资金报酬率的变动态势。在此基础上还可以进一步查找与行业平均水平或竞争对手差异的原因以及各年间变动的原因,并及时采取对策进行调整。2015—2019 年,汇川技术与 SCZH 的长期资金报酬率如表 5-10 所示。

表 5-10 汇川技术与 SCZH 的长期资金报酬率　　　　　　　　　　　　单位:%

公司	2015 年	2016 年	2017 年	2018 年	2019 年
汇川技术	19.78	21.82	21.37	20.01	13.50
SCZH	11.37	9.69	5.44	6.20	12.37

将表 5-10 中的数据反映在图形中如图 5-5 所示。

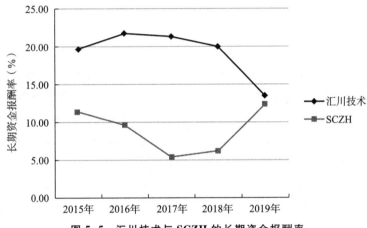

图 5-5 汇川技术与 SCZH 的长期资金报酬率

由表 5-10 和图 5-5 可见,汇川技术与 SCZH 的长期资金报酬率的变动趋势截然相反,汇川技术的长期资金报酬率先上升后下降,而 SCZH 先下降后上升,二者在 2019 年差距最小。不过,除 2019 年外,汇川技术的长期资金报酬率始终显著高于 SCZH,这说明汇川技术长期资金的盈利能力明显优于 SCZH。

5.3.4 股东权益报酬率

1. 股东权益报酬率的计算

股东权益报酬率又称净资产收益率、所有者权益报酬率或权益资本报酬率,反映股东投入的资金所获得的报酬,它等于净利润与平均股东权益的比值。其计算公式为:

$$股东权益报酬率 = \frac{净利润}{平均股东权益} \times 100\%$$

$$= \frac{净利润}{\dfrac{期初股东权益 + 期末股东权益}{2}} \times 100\%$$

汇川技术 2019 年的股东权益报酬率计算如下：

$$股东权益报酬率 = \frac{净利润}{\frac{期初股东权益 + 期末股东权益}{2}} \times 100\%$$

$$= \frac{1\ 010\ 140\ 798}{\frac{6\ 534\ 796\ 875 + 8\ 936\ 375\ 420}{2}} \times 100\% = 13.06\%$$

2. 股东权益报酬率的驱动因素分析

股东权益报酬率可以往下分解，以便在分析企业业绩时能够清楚地看到驱动企业业绩变化的因素。

$$股东权益报酬率 = \frac{净利润}{平均股东权益} \times 100\%$$

$$= \frac{净利润}{平均资产总额} \times 100\% \times \frac{平均资产总额}{平均股东权益}$$

$$= 总资产报酬率 \times 平均权益乘数$$

总资产报酬率用来衡量企业资产的获利能力，平均权益乘数用来衡量企业的财务杠杆。这一分解强调了总资产报酬率和平均权益乘数在决定股东权益报酬率中的角色，从而帮助我们更深入地分析企业权益资金的盈利能力。股东权益报酬率的分解给我们提供了分析企业股东权益报酬率的思路和提高企业股东权益报酬率的途径。股东权益报酬率的高低取决于企业资产的报酬水平和财务杠杆程度。

表 5-11 以汇川技术和 SCZH 为例，展示了股东权益报酬率与总资产报酬率和平均权益乘数之间的关系。2019 年，汇川技术的总资产报酬率略低于 SCZH，平均权益乘数高于 SCZH。汇川技术的平均权益乘数为 1.63，意味着平均资产负债率为 38.65%；SCZH 的平均权益乘数为 1.14，意味着平均资产负债率为 12.28%。汇川技术的股东权益报酬率高于 SCZH 的最主要原因是其平均权益乘数更高，说明其财务杠杆较高。

表 5-11　汇川技术与 SCZH 股东权益报酬率的驱动因素分析

项目	汇川技术	SCZH
总资产报酬率(%)	8.01	9.81
平均权益乘数	1.63	1.14
股东权益报酬率(%)	13.06	11.23

3. 股东权益报酬率的分析

股东权益报酬率越高，说明股东所投入资金获取报酬的能力越强。对股东权益报酬率也可以进行横向和纵向的比较，以洞悉企业的股东权益报酬率在整个行业中的地位或与竞争对手相比的优势或劣势，并发现企业股东权益报酬率的变动态势。在此基础上还可以进一步查找与行业平均水平或竞争对手存在差异的原因以及各年间变动的原因，并及时采取对策进行调整。2015—2019 年，汇川技术与 SCZH 的股东权益报酬率如表 5-12 所示。

表 5-12　汇川技术与 SCZH 的股东权益报酬率　　　　　　　　　　　　　单位:%

公司	2015 年	2016 年	2017 年	2018 年	2019 年
汇川技术	21.02	21.14	20.38	19.72	13.06
SCZH	10.90	9.08	5.19	6.17	11.23

表 5-12 中的数据反映在图形中如图 5-6 所示。

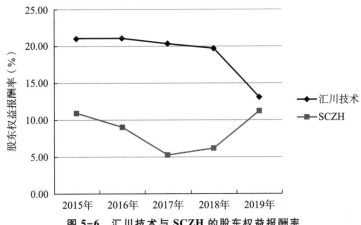

图 5-6　汇川技术与 SCZH 的股东权益报酬率

由表 5-12 和图 5-6 可见,2019 年汇川技术与 SCZH 的股东权益报酬率相差不大,SCZH 的股东权益报酬率经历了先下降后上升的过程,而汇川技术的股东权益报酬率一直在下降,但是汇川技术 2015—2018 年下降的幅度较小,2018—2019 年骤降。与此同时,SCZH 2017—2019 年股东权益报酬率快速上升,从而导致二者的差距逐渐变小,汇川技术的领先优势日渐消失。由于这一期间两家公司的负债水平相对比较平稳,没有大幅变动,因此股东权益报酬率的走势与总资产报酬率非常相似。

5.3.5　普通股权益报酬率

1. 普通股权益报酬率的计算

普通股权益报酬率(ROCE)反映的是普通股股东所投入资金的报酬率,它等于归属于普通股股东的利润与平均普通股权益的比值。其计算公式为:

$$普通股权益报酬率 = \frac{净利润 - 优先股股利}{平均普通股权益} \times 100\%$$

$$= \frac{净利润 - 优先股股利}{\dfrac{期初普通股权益 + 期末普通股权益}{2}} \times 100\%$$

2. 普通股权益报酬率的分析

普通股权益报酬率是公司股东最为关心的。普通股权益报酬率与总资产报酬率最主要的区别在于从投入资金中剔除的部分不同。普通股权益报酬率不包括从债权人和优先股股东处融资获得的资金。债权人通常获得固定的报酬,优先股股东通常获得固定的股利,而普通股股东则得不到固定的或承诺的报酬,他们拥有其他融资渠道受偿完毕之后的剩余收益。因此,普通股权益报酬率对普通股股东很重要。

复习与思考 如何计算总资产报酬率、长期资金报酬率、股东权益报酬率和普通股权益报酬率?

5.4 基于市场与股份的盈利能力分析

5.4.1 普通股每股盈余

1. 普通股每股盈余的计算

普通股每股盈余简称为每股盈余或每股利润,是净利润扣除优先股股利后的余额与平均普通股股数的比值。其计算公式为:

$$每股盈余 = \frac{净利润 - 优先股股利}{平均普通股股数}$$

如果年度内普通股的股数未发生变化,则平均普通股股数就是年末普通股股数。如果年度内普通股股数发生了变化,则平均普通股股数的计算公式为:

$$平均普通股股数 = \frac{\sum(普通股股数 \times 发行月份数)}{12}$$

$$= 期初普通股股数 + 本期新增普通股股数 \times \frac{新增普通股发行月份数}{12}$$

如果找不到年度内新增普通股的资料,也可以用年末普通股股数代替。

2019 年汇川技术的每股盈余计算如下:

$$每股盈余 = \frac{净利润 - 优先股股利}{普通股股数}$$

$$= \frac{1\ 010\ 140\ 798 - 0}{1\ 732\ 839\ 256} = 0.58(元)$$

2. 普通股每股盈余的分析

每股盈余是反映股份公司盈利能力大小的一个非常重要的指标。每股盈余越高,一般可以说明企业盈利能力越强。这一指标的高低,往往会对股票价格产生较大的影响。

对每股盈余也可以进行横向和纵向的比较。通过与同行业平均水平或竞争对手的比较,可以考察企业每股盈余在整个行业中的状况以及与竞争对手相比的优势或劣势。不过,在进行每股盈余的横向比较时,需要注意不同企业的每股股本金额是否相等,否则每股盈余不便直接进行横向比较。通过与企业以往各期的每股盈余进行比较,可以看出企业每股盈余的变动态势。2015—2019 年,汇川技术与 SCZH 的每股盈余如表 5-13 所示。

表 5-13 汇川技术与 SCZH 的每股盈余　　　　　　　　　　单位:元

公司	2015 年	2016 年	2017 年	2018 年	2019 年
汇川技术	1.05	0.59	0.66	0.73	0.58
SCZH	0.34	0.13	0.08	0.09	0.18

表 5-13 中的数据反映在图形中如图 5-7 所示。

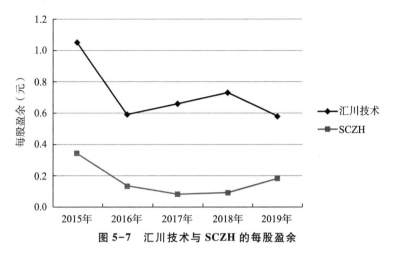

图 5-7 汇川技术与 SCZH 的每股盈余

由表 5-13 和图 5-7 可见,2015—2019 年,汇川技术的每股盈余均高于 SCZH,但波动性较大。SCZH 的每股盈余在此期间先下降后上升,但 2019 年较 2015 年仍有大幅下降。

5.4.2 普通股每股现金流量

1. 普通股每股现金流量的计算

普通股每股现金流量简称为每股现金流量,是经营活动产生的现金流量净额扣除优先股股利之后,与平均普通股股数对比的结果。其计算公式为:

$$每股现金流量 = \frac{经营活动产生的现金流量净额 - 优先股股利}{平均普通股股数}$$

汇川技术 2019 年的每股现金流量计算如下:

$$每股现金流量 = \frac{经营活动产生的现金流量净额 - 优先股股利}{普通股股数}$$

$$= \frac{1\ 361\ 181\ 323 - 0}{1\ 731\ 578\ 006} = 0.79(元)$$

2. 普通股每股现金流量的计算

注重股利分配的投资者应当注意,每股盈余的高低虽然与股利分配有密切关系,但它不是决定股利分配的唯一因素。如果每股盈余很高,但是缺乏现金,那么也无法分配现金股利。因此,还有必要分析企业的每股现金流量。每股现金流量越高,说明每股股份可支配的现金流量越大,普通股股东获得现金股利回报的可能性越大。

对每股现金流量同样可以进行横向和纵向的比较。通过与同行业平均水平或竞争对手的比较,可以考察企业每股现金流量在整个行业中的状况以及与竞争对手相比的优势或劣势。与每股盈余类似,在进行每股现金流量的横向比较时,需要注意不同企业的每股股本金额是否相等,否则每股现金流量不便直接进行横向比较。通过与企业以往各期的每股现金流量进行比较,可以看出企业每股现金流量的变动态势。2015—2019 年,汇川技术与 SCZH 的每股现金流量如表 5-14 所示。

表 5-14　汇川技术与 SCZH 的每股现金流量　　　　　　　　　　　单位:元

公司	2015 年	2016 年	2017 年	2018 年	2019 年
汇川技术	1.01	0.26	0.30	0.28	0.79
SCZH	0.32	0.10	0.06	0.04	0.02

表 5-14 中的数据反映在图形中如图 5-8 所示。

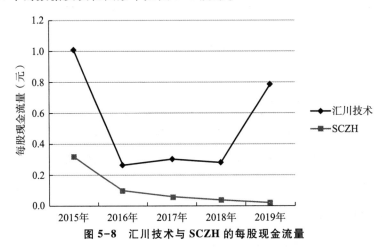

图 5-8　汇川技术与 SCZH 的每股现金流量

由表 5-14 和图 5-8 可见,2019 年汇川技术与 SCZH 的每股现金流量相差最大,汇川技术每股现金流量是 SCZH 的 39.5 倍。纵观 2015—2019 年,汇川技术的每股现金流量变化剧烈,上升和下降幅度都非常大,而 SCZH 则是一直下降。从数值上看,虽然二者都发生了一定幅度的下降,但是汇川技术的每股现金流量始终高于 SCZH,说明汇川技术每股股份可支配的现金流量更大,其普通股股东获得现金股利回报的可能性也更大。

5.4.3　普通股每股股利

1. 普通股每股股利的计算

普通股每股股利简称为每股股利,它反映每股普通股获得现金股利的情况。其计算公式为:

$$每股股利 = \frac{现金股利总额 - 优先股股利}{普通股股数}$$

由于股利通常只派发给年末的股东,因此计算每股股利时分母采用年末普通股股数,而不是全年平均股数。

汇川技术 2019 年的每股股利计算如下:

$$每股股利 = \frac{现金股利总额 - 优先股股利}{普通股股数} = \frac{331\,319\,998 - 0}{1\,661\,964\,460} = 0.20(元)$$

2. 普通股每股股利的分析

普通股每股股利反映了普通股股东获得现金股利的情况。普通股每股股利越高,说明普通股获取的现金报酬越多。当然,每股股利并不能完全反映企业的盈利水平和现金流量状况,因为股利分配状况不仅取决于企业的盈利水平和现金流量状况,还与企业的股利分配政策有关。而且,在中国目前的资本市场中,股东对现金股利的期望往往并不高,更多的投资者希望通过股票的低买高卖来获取报酬。

5.4.4 市盈率

1. 市盈率的计算

市盈率又称价格盈余比率,是普通股每股市价与普通股每股盈余的比值。其计算公式为:

$$市盈率 = \frac{普通股每股市价}{普通股每股盈余}$$

汇川技术 2019 年 12 月 31 日的收盘价为 30.46 元/股。汇川技术 2019 年年末的市盈率计算如下:

$$市盈率 = \frac{普通股每股市价}{普通股每股盈余} = \frac{30.46}{0.58} = 52.52(倍)$$

2. 市盈率的分析

一般来说,市盈率高,说明投资者对该公司的发展前景看好。例如,假设甲、乙两家公司的每股盈余相等,说明两家公司当期每股股份的盈利能力相同。如果甲公司的市盈率高于乙公司,则说明甲公司的每股市价高于乙公司的每股市价。对当期盈利能力相同的两只股票,投资者愿意出更高的价格购买甲公司的股票,这说明投资者对甲公司的未来发展更加看好。因此,一些成长性较好的公司,其股票的市盈率通常要高一些。但是也应该注意,如果某一只股票的市盈率过高,则也意味着这只股票具有较高的投资风险。例如,还是上述甲、乙两家公司,假设它们的每股盈余都为 0.5 元。甲公司的市盈率为 80 倍,乙公司的市盈率为 20 倍,也就是说甲公司的每股市价为 40 元,而乙公司的每股市价只有 10 元。那么,此时购买甲公司的股票所花费的代价是乙公司股票的 4 倍,但甲公司股票报酬能达到或超过乙公司股票报酬的 4 倍的可能性并不大。因此,在这种情况下,购买乙公司股票可能更加有利,而购买甲公司股票的投资风险较大。

股票的市价有时并不能很好地代表投资者对公司未来前景的看法,因为影响股价的因素有很多。因此,我们应用市盈率对公司做评价时需要谨慎。

复习与思考 如何计算每股盈余、每股现金流量和每股股利?市盈率是否越高越好?

5.5 盈利能力的趋势分析与结构分析

5.5.1 盈利能力的趋势分析

盈利能力的趋势分析就是将企业连续几个期间的相关财务数据进行对比,得出企业投资报酬和盈利能力的变化趋势。在上述比率分析中,将总资产报酬率等与历史水平进行纵向的比较,也运用到了趋势分析。为了避免重复,下面我们探讨的趋势分析中将不包括对相关财务比率进行的趋势分析。

1. 绝对数额分析

将企业连续几期的收入、费用、利润、现金流量等相关项目的绝对数额进行对比,以查看这些项目的变化趋势,从而洞悉企业盈利能力的变动方向。汇川技术 2015—2019 年的相关项目金额如表 5-15 所示。

表 5-15　汇川技术盈利能力的绝对数额分析　　　　　　　　　　单位:万元

项目	2015 年	2016 年	2017 年	2018 年	2019 年
营业收入	277 053.0	366 004.5	477 729.6	587 435.8	739 037.1
营业成本	142 769.1	189 900.6	262 193.2	341 818.1	460 807.9
销售费用	22 621.4	30 624.1	44 116.1	50 446.2	62 692.9
管理费用	40 807.7	58 431.7	25 496.7	29 223.3	42 338.2
财务费用	− 4 496.7	− 844.6	− 2 604.5	− 1 279.0	5 286.1
研发费用			59 220.9	71 180.6	85 555.9
期间费用	58 932.4	88 211.3	126 229.1	149 571.1	195 873.2
净利润	83 396.7	98 017.0	109 136.5	120 872.1	101 014.1
经营活动产生的现金流量净额	80 180.7	42 034.8	49 167.8	47 129.0	136 118.1
资产总计	594 651.5	797 387.2	904 712.0	1 032 935.3	1 488 601.0
股东权益合计	428 982.8	498 229.3	572 547.6	653 479.7	893 637.5

表 5-15 中的相关数据反映在图形中如图 5-9 所示。

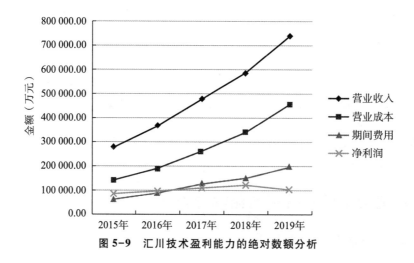

图 5-9　汇川技术盈利能力的绝对数额分析

由表 5-15 和图 5-9 可以看出,2015—2019 年,汇川技术的营业活动稳步发展,营业收入、成本费用和利润都逐步上升。与此同时,经营活动产生的现金流量净额除在 2016 年下挫之外,总体呈上升趋势,资产总额与股东权益总额也稳步增长。这说明企业营业活动的发展与现金流量及投资规模的发展基本吻合,企业的整体盈利能力呈现欣欣向荣的态势。

2. 环比分析

计算收入、费用、利润、现金流量等相关项目相邻两期的变动百分比,以查看这些项目变动的方向和幅度,从而分析企业投资报酬和盈利能力的变动情况。汇川技术 2019 年与 2018 年相比,相关项目的环比变动百分比如表 5-16 所示。

表 5-16　汇川技术盈利能力的环比分析　　　　　　　　　　金额单位:万元

项目	2018 年	2019 年	环比变动额	环比变动百分比
营业收入	587 435.8	739 037.1	151 601.3	25.81%
营业成本	341 818.1	460 807.9	118 989.8	34.81%
销售费用	50 446.2	62 692.9	12 246.7	24.28%
管理费用	29 223.3	42 338.2	13 114.9	44.88%
财务费用	-1 279.0	5 286.1	6 565.1	513.30%
研发费用	71 180.6	85 555.9	14 375.3	20.20%
期间费用	149 571.1	195 873.2	46 302.1	30.96%
净利润	120 872.1	101 014.1	-19 858.0	-16.43%
经营活动产生的现金流量净额	47 129.0	136 118.1	88 989.1	188.82%
资产总计	1 032 935.3	1 488 601.0	455 665.7	44.11%
股东权益合计	653 479.7	893 637.5	240 157.8	36.75%

由表 5-16 可见,2019 年与 2018 年相比,汇川技术的营业收入增长了 25.81%,但营业成本上升了 34.81%,这使得企业的利润空间有所下降。期间费用增长了 30.96%,大于营业收入的增长幅度,这主要是由于管理费用和财务费用增长幅度较大。管理费用增加,主要是因为报告期新增合并主体贝思特以及薪酬调整;财务费用增加,是因为借款利息增加,以及定期存款的利息收入减少。经营活动产生的现金流量净额增长了 188.82%,增长幅度大于营业收入,说明汇川技术的收入质量较好。

3. 定基分析

定基分析就是选定一个固定的期间作为基期,计算各分析期的收入、费用、利润和现金流量等相关项目与基期相比的百分比。这种分析不仅能看出相邻两期的变动方向和幅度,还可以看出一个较长期间内的总体变动趋势,便于进行较长期间的趋势分析。

汇川技术 2015—2019 年相关项目的定基百分比如表 5-17 所示。

表 5-17　汇川技术盈利能力的定基分析　　　　　　　　　单位:%

项目	2014年(基期)	2015年	2016年	2017年	2018年	2019年
营业收入	100	123.54	163.21	213.03	261.95	329.55
营业成本	100	127.93	170.16	234.93	306.28	412.90
销售费用	100	109.31	147.98	213.18	243.77	302.94
管理费用(含研发费用)	100	118.82	170.14	246.68	292.36	372.4
财务费用	100	65.02	12.21	37.66	18.49	-76.44
期间费用	100	122.47	183.31	262.31	310.82	407.04
净利润	100	120.85	142.04	158.15	175.16	146.38
经营活动产生的现金流量净额	100	152.95	80.18	93.79	89.90	259.66
资产总计	100	127.30	170.70	193.67	221.12	318.67
股东权益合计	100	117.66	136.65	157.04	179.24	245.11

由表 5-17 可以很清楚地看出汇川技术相关项目的变动趋势。2014—2019 年,汇川技术的营业收入和营业成本稳步增长,说明企业的营业规模不断扩大;期间费用的增长幅度逐渐大于营业收入的增长幅度;净利润基本呈上升趋势,资产和股东权益也持续增长,但净利润的增长幅度逐渐小于资产和股东权益的增长幅度,因此汇川技术资产和股东权益的报酬率不断降低;经营活动产生的现金流量净额有较大幅度波动,2016 年大幅下跌,2019 年又大幅上升。

复习与思考　如何通过趋势分析把握企业的盈利能力?

5.5.2　盈利能力的结构分析

盈利能力的结构分析就是将相关收入、费用、利润项目金额与相应的合计金额或特定项目金额进行对比,以查看这些项目的结构,从而洞悉企业盈利能力的一种分析方法。

由于营业收入相对其他收入更具有稳定性和可持续性,因此通过其他各项收入占营业收入的百分比可以看出企业盈利能力的稳定性和可持续性。

营业收入只有弥补了各项费用之后才能为企业带来利润,因此通过各项费用占营业收入的百分比可以看出企业各项费用的相对高低,从而洞察影响企业盈利能力的症结或找到提高企业盈利能力的关键。

营业收入是企业利润的主要源泉,因此通过各项利润占营业收入的百分比可以看出企业营业收入的盈利能力,即企业主营业务为企业带来的盈利空间。

综上所述,投资报酬与盈利能力分析中所关注的结构主要是指各项收入、费用和利润占营业收入的百分比。

盈利能力的结构分析还可以与趋势分析结合起来,查看各种结构在连续几个期间的变化。

汇川技术的相关结构分析如表 5-18 所示。

表 5-18　汇川技术盈利能力的结构分析　　　　　　　　　　　　单位：%

项目	2015 年	2016 年	2017 年	2018 年	2019 年
一、营业收入	100.00	100.00	100.00	100.00	100.00
减：营业成本	51.53	51.88	54.88	58.19	62.35
税金及附加	0.98	1.02	0.96	0.78	0.62
销售费用	8.17	8.37	9.23	8.59	8.48
管理费用	14.73	15.96	17.73	4.97	5.73
财务费用	-1.62	-0.23	-0.55	-0.22	0.72
研发费用	0.00	0.00	0.00	12.12	11.58
加：其他收益	0.00	0.00	6.56	5.87	3.73
信用减值损失	0.00	0.00	0.00	0.00	-0.69
公允价值变动收益	0.00	0.00	0.00	0.05	0.15
资产减值损失	1.01	1.08	1.20	-0.60	-0.55
资产处置收益	0.00	0.00	0.13	-0.04	-0.03
投资收益	0.96	0.82	1.57	0.98	1.03
二、营业利润	26.16	22.74	24.80	21.84	14.17
加：营业外收入	6.55	5.82	0.41	0.18	0.17
减：营业外支出	0.03	0.04	0.04	0.16	0.06
三、利润总额	32.68	28.51	25.17	21.85	14.29
减：所得税费用	2.58	1.73	2.32	1.28	0.62
四、净利润	30.10	26.78	22.84	20.58	13.67

注：2015—2017 年研发费用包含在管理费用中。

由表 5-18 可见，汇川技术平均营业成本占营业收入的百分比低于 60%，有一定的毛利空间，但该占比从 2015 年的 51.53% 上升至 2019 年的 62.35%，营业成本越来越大，毛利空间逐年缩小。2017—2019 年，销售费用占营业收入的百分比稳定在 8.4%—9.3%，说明汇川技术销售能力较强；管理费用占营业收入的百分比稳定在 4.9%—17.8%，说明汇川技术管理费用控制能力较强；研发费用占营业收入的百分比在 12% 左右，说明汇川技术研发投入稳定。受营业成本上升的影响，2017—2019 年汇川技术营业利润、利润总额和净利润占营业收入的百分比呈下降趋势。

复习与思考　如何通过结构分析把握企业的盈利能力？

案例分析

杭州立昂微电子股份有限公司（以下简称"立昂微"）成立于 2002 年 3 月 19 日，2020 年 9 月 11 日在上海证券交易所上市，其主营业务为半导体硅片和半导体分立器件芯片的研发、生产和销售等。

基于多年的生产经营,公司已打通了半导体行业上下游多个生产环节,形成了一条相对完整的半导体产业链,不仅能够发挥产业链上下游整合的优势,还能够从原材料端就开始进行质量控制与工艺优化,缩短研发验证周期,保障研发设计弹性。在这样的战略布局下,立昂微可以及时抵御短期供需冲击,保障盈利能力不受影响。

2016—2021年立昂微的财务数据如表1所示。

表1 2016—2021年立昂微的财务数据   单位:万元

项目	2016年	2017年	2018年	2019年	2020年	2021年
营业收入	67 013.92	93 201.96	122 266.70	119 168.60	150 201.78	254 091.62
营业成本	48 069.92	65 261.98	76 183.83	74 701.84	97 188.82	140 007.32
净利润	6 574.12	10 829.84	20 898.02	15 120.33	21 527.09	62 223.33
资产总计	171 471.99	250 821.22	389 107.13	475 745.98	637 534.63	1 256 063.14
股东权益合计	108 515.85	140 543.41	186 465.44	195 906.37	251 269.35	824 147.71

资料来源:根据立昂微年报数据整理。

根据表1的数据计算立昂微的盈利能力比率如表2所示。

表2 2017—2021年立昂微盈利能力比率   单位:%

盈利能力比率	2017年	2018年	2019年	2020年	2021年
营业毛利率	29.98	37.69	37.31	35.29	44.90
营业净利率	11.62	17.09	12.69	14.33	24.49
总资产报酬率	5.13	6.53	3.50	3.87	6.57
股东权益报酬率	8.70	12.78	7.91	9.63	11.57

资料来源:根据立昂微年报数据计算获得。

从表2可以看出,立昂微保持较高的营业毛利率水平,说明公司具有较强的市场竞争力,较高的营业毛利率水平也为公司创造了良好的利润空间,2017—2021年立昂微营业毛利率和营业净利率的变化趋势如图1所示。从中可以看出,2017—2021年,立昂微的营利毛利率和净利率变化趋势一致,总体上均呈上升趋势,且2021年涨幅较大,这主要源自当年营业毛利和净利润的大幅增长,说明公司的主营业务有较为可观的获利空间,从而使得公司具有较高的盈利能力。

2017—2021年立昂微与行业平均总资产报酬率的变化趋势如图2所示。从半导体行业平均水平来看,立昂微的总资产报酬率在行业中处于较高水平,具有一定的领先优势。虽然在2019年和2020年有较大降幅,但仍然与行业均值持平,2021年又重新回升,说明公司盈利能力较为突出。

股东权益报酬率衡量的是股东投入的资金所获得的报酬。2017—2021年立昂微与行业平均股东权益报酬率的变化趋势如图3所示。从中可以看出,立昂微的股东权益报酬率和行业平均水平呈同向变化,且始终高于行业平均水平,说明公司股东所投入资金获取报酬的能力较强,进一步印证了公司具有较高的盈利能力。

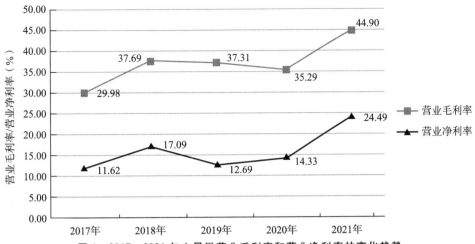

图 1　2017—2021 年立昂微营业毛利率和营业净利率的变化趋势

资料来源：立昂微年报。

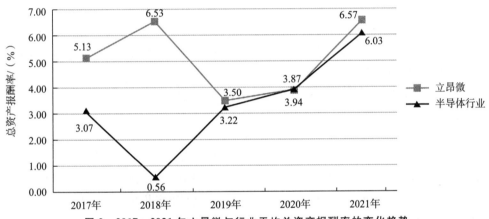

图 2　2017—2021 年立昂微与行业平均总资产报酬率的变化趋势

资料来源：立昂微年报、Wind 数据库。

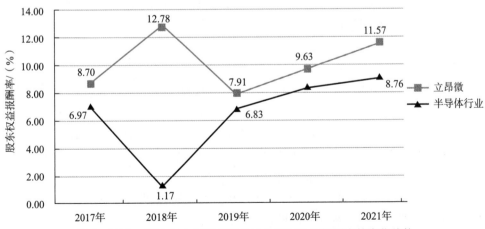

图 3　2017—2021 年立昂微与行业平均股东权益报酬率的变化趋势

资料来源：立昂微年报、Wind 数据库。

股东权益报酬率可以进一步分解为总资产报酬率与权益乘数的乘积,从立昂微股东权益报酬率与总资产报酬率的关系来看,高于行业平均水平的股东权益报酬率主要有两个影响因素:一是高于行业平均水平的总资产报酬率;二是财务杠杆作用。2019年以后,立昂微的权益乘数均超过2倍,为股东带来了超额回报。

综上所述,立昂微是一家盈利能力较高、发展势头迅猛的公司。

资料来源:根据年报等公开资料整理。

本章小结

企业盈利能力分析对所有报表使用者都非常重要。盈利能力的高低与企业营业收入和成本费用有关,并最终体现为各种盈利能力指标。

盈利能力是指企业获取利润的能力。影响企业盈利能力的因素主要有营销能力、成本费用管理水平、资产管理水平、风险管理水平。

盈利能力的分析主要是比率分析。与营业活动有关的盈利能力比率有营业毛利率和营业净利率;与投资报酬有关的盈利能力比率有总资产报酬率、长期资金报酬率、股东权益报酬率、普通股权益报酬率;与市场和股份有关的盈利能力比率有每股盈余、每股现金流量、每股股利和市盈率。

盈利能力的分析还可以采用趋势分析和结构分析进行。

重要名词

盈利能力(Profitability)
息税前利润(Earnings Before Interest and Tax)
投资报酬率(Return on Investment)
股东权益报酬率(Return on Equity)
净利率(Net Profit Ratio)
每股盈余(Earnings Per Share)
每股现金流量(Cash Per Share)

净利润(Net Profit)
息前利润(Earnings Before Interest)
总资产报酬率(Return on Total Assets)
毛利率(Gross Profit Margin)
市盈率(Price to Earnings Ratio)
每股股利(Dividend Per Share)

思考题

1. 营业收入分析主要包括哪两个部分?分别采用什么方法进行?
2. 投入资金和报酬尺度分别包括哪些层次?二者应如何匹配?
3. 总资产报酬率、长期资金报酬率、股东权益报酬率和普通股权益报酬率分别反映了什么层次的投资报酬?它们的计算有何相似与不同之处?
4. 盈利能力与企业的其他方面有何关联?
5. 普通股每股盈余、普通股每股现金流量和普通股每股股利分别从什么角度反映了普通股的盈利水平?对市盈率应如何进行分析?
6. 假设你是银行的贷款管理人员,你在考虑两家公司的贷款请求。对两家公司财务报表的分析显示了相似的风险和回报特征,而且二者都是勉强够格的申请者。在与资深贷款经理讨论这些情况时,他指出,一家公司的收益来自10个不同的行业,而另一家公司的收益则集中于一个行业。这一信息将如何影响你的贷款决策?它影响你对两家公司的比较吗?

练习题

某企业全年销售收入为125 000元,毛利率为52%,赊销比例为80%,净利率为16%,存货周转率为5次,期初存货余额为10 000元,期初应收账款余额为12 000元,期末应收账款余额为8 000元,流动比率为2.92,速动比率为2.16,流动资产占资产总额的比重为27%,资产负债率为37.5%。该公司只发行普通股一种股票,流通在外的股数为5 000股,每股市价为25元,该公司期末无待摊费用。

要求:计算应收账款周转率、总资产报酬率、股东权益报酬率、每股盈余、市盈率。

第 6 章　其他能力分析

[学习目标]

学习本章,你应该掌握:

1. 灵活运用反映企业发展能力的财务指标对企业发展能力进行综合分析;
2. 对影响企业竞争能力的因素进行全面分析,运用评价指标体系和评价方法评价企业的竞争能力水平;
3. 风险分析的基本程序和一般方法,企业风险的识别和衡量方法;
4. 如何对企业的经营风险、筹资风险和投资风险进行全面分析。

[素养目标]

关注上市公司财务现实问题,具备经世济民的社会责任感、预判风险的职业敏感度、诚实守信的职业素养。

[引导案例]

华为技术有限公司(以下简称"华为")成立于1987年,聚焦于ICT(信息与通信技术)基础设施领域,围绕政府及公共事业、金融、能源、电力和交通等客户需求持续创新,提供可被合作伙伴集成的ICT产品和解决方案,帮助企业提升通信、办公和生产系统的效率,降低经营成本。2017年6月6日,《2017年BrandZ最具价值全球品牌100强》公布,华为名列第49位;2018年的《中国500最具价值品牌》,华为居第6位;同年12月18日的《2018世界品牌500强》,华为名列第58位;2019年7月22日美国《财富》杂志发布的最新一期的世界500强名单中,华为投资控股有限公司(华为控股股东)名列第61位。

但是,随着行业竞争的加剧以及国际环境的重大变化,华为在芯片方面受限严重,这将严重影响其电子业务的产量,尤其是手机业务。为了保证旗舰机产量不大幅下降,以及营业收入与利润的稳定性,华为投资控股有限公司不得不忍痛舍弃荣耀手机业务,将荣耀整体出售。正是这"壮士断腕"的决心与勇气,使华为在获得大笔资金的同时,更能专注于主要产品,提高产品竞争力,并加大研发投资,争取快速解决当下困境,实现企业更好发展。

企业财务状况和经营成果的好坏除体现在大家所熟悉的企业偿债能力、营运能力和盈利能力等方面,还体现在包括发展能力在内的其他能力上。发展能力是企业偿债能力、营运能力、盈利能力的综合体现,通过发展能力分析即对企业价值驱动因素的量化分析,可以了解企业未来的发展潜力;竞争能力是企业的一种系统能力,可以体现在各种所谓的竞争要素上,通过对各个竞争要素设定量化指标,并以此建立竞争能力分析的指标体系,可以了解企业竞争能力的强弱;风险防范分析使用方差分析的方法对企业面临的风险进行量化,并通过杠杆系数进行度量,从而可以有效控制企业的风险。

6.1 发展能力分析

6.1.1 发展能力概述

1. 发展能力的概念

企业的发展能力也称作企业的成长性,它是指企业通过自身的生产经营活动,不断积累扩大的发展潜能。

从财务角度来看,发展能力是提高盈利能力最重要的前提,也是实现企业价值最大化的基本保证。企业价值最大化是指企业未来预期收益现值的最大化,它体现企业的长远利益。从一般意义上看,发展能力是企业在一个较长时期内由小变大、由弱变强的持续变革过程。较长时期是指企业的寿命应该超过业内企业平均寿命;由小变大、由弱变强是指企业的各种经营业绩不断提高以及驱动经营业绩提高的动因不断改善;持续变革是指企业存在的状态。由于持续变革过程的存在,企业在某一段时间内可能出现成长道路上的曲折过程,比如暂时的经营业绩下降和组织机能弱化,这种现象在可持续发展企业看来是正常的,甚至是为了实现可持续发展这一根本目标所必需的。但由小变大、由弱变强是可持续发展企业较长时期所表现的一种基本状态。

2. 发展能力分析的目的

传统的财务分析是从静态角度出发分析企业的财务状况和经营成果,只强调偿债能力、营运能力和盈利能力的分析。面对日益激烈的市场竞争,静态的财务分析是不够全面的。首先,企业价值主要取决于未来的获利能力,取决于企业销售收入、收益及股利在未来的增长,而不是目前或过去所取得的收益情况。其次,增强企业的偿债能力、营运能力和盈利能力,都是为了未来的生存和发展的需要,是为了提高企业的发展能力,也就是说,发展能力是企业偿债能力、营运能力和盈利能力的综合体现。所以要全面衡量一个企业的价值,不仅要从静态角度出发分析其经营能力,还应从动态角度出发分析和预测其发展能力。

不同的利益相关者在分析企业发展能力时有不同的侧重点。企业管理者为了评价企业经营业绩的变化情况、识别竞争对手的潜在弱点和预测未来行为,需要分析其自身及竞争对手的发展能力,其分析的重点是企业的销售收入、收益及股利增长率等方面;投资者出于对投资回报的关心,主要对股票价值、预计增长率、收益和股利变化的期望值等方面感兴趣;债权人为了预测企业应收账款、存货和生产性资产变化所需要的未来资金水平,着重分析研究与企业过去成长有关的资料。

6.1.2 发展能力的评价框架

1. 以净收益增长分析为核心

企业发展的内涵是在资产规模(包括人力资源等)扩大的同时,能带来留存收益的稳步提高,同时又能成功地回避风险,最终体现为企业价值的增长。既然企业发展的内涵是企业价值的增长,那么企业价值增长分析应当是企业发展能力分析的核心。

企业价值是一个比较抽象的概念,已创立的许多价值评估模型并未得到一致的认可,目前实务工作中对企业价值评估主要采用收益法。收益法模型为:

$$P = \sum_{i=1}^{\infty} [R_i/(1+r)^i]$$

式中,$\sum_{i=1}^{\infty} [R_i/(1+r)^i]$ 为企业未来预期收益折现值之和,这是企业持续经营假设前提下的价值评估方法。

计算不同时点的价值并求解价值增长率的过程会受到价值评估模型准确性的影响,而且价值评估本身是一项非常复杂的工作,需要分析者有坚实的专业功底和丰富的实务经验。因此,也可以认为,企业价值表现为企业未来获取现金流的能力,通过计算不同时点的净收益及其增长率,以净收益增长分析为企业发展能力分析的核心。从动态上考察企业的发展状况,净收益增长率的计算模型为:

$$g_t = (NI_t - NI_{t-1})/NI_{t-1} = ROE_t/ROE_{t-1} + b_{t-1} \times ROE_{t-1}$$

式中,g_t 表示 t 年的净收益增长率;NI_t 表示 t 年的净收益;ROE_t 表示 t 年的净资产收益率;b_{t-1} 表示 $t-1$ 年的留存收益比率。

从上式可以看出,企业净资产收益率、净资产收益率的增长率与留存收益比率是影响企业净收益增长率的三个主要因素。对企业净收益增长率的分析便可以围绕这三个因素展开。

式中 ROE 即净资产收益率的提高意味着企业股权资本盈利能力的提高,进而导致净收益增长率的提高。同时,企业留存收益比率和净资产收益率对企业发展能力亦会形成重大影响,在企业 ROE 不变的情况下,净收益增长率与留存收益比率是正比例关系。留存收益比率之所以会影响企业净收益增长率,是因为留存收益形成企业新的股权资本,在现有净资产收益率的基础上获得收益,实质上就是企业净资产规模的不断扩大,企业留存收益比率越高,企业净收益增长率也越高。

企业采用此分析模型分析企业发展能力的优势在于,能直接证明各分析因素与净收益增长率之间的直接关系,有较强的理论依据;然而,一个企业可能有很强的盈利能力,也有较多积累,但那最多也只能说明企业具备发展的潜力,绝不意味着企业因此就具有很强的发展能力。同样,净收益增长率并不一定与企业的价值增长能力保持同步,企业净收益增长率可能提前或滞后于企业的价值增长,因此净收益增长率分析无法真正反映企业的发展能力,而只是近似替代。

2. 对价值驱动因素进行分析

企业价值评估存在方法和实施上的困难,但对企业发展能力的分析可以不去计算企业价值的增长率,而仅对影响企业价值增长的因素进行分析。

(1) 对销售增长的分析。销售是企业价值实现的途径,只有销售的稳定增长,企业才能不断地增加收入。一方面收入的增加意味着企业的发展,另一方面充足的资金有利于企业提高产品竞争能力、扩大市场占有率,促进企业的进一步发展。

(2) 对资产规模增长的分析。资产是取得收入的保障,资产规模增长是企业发展的一个重要方面。在总资产报酬率固定或增长的情况下,资产规模与收入规模存在同向变动的关系。总资产的现有价值也反映着企业清算可获得的现金流入额。

(3) 对净资产规模增长的分析。净资产的积累越多,企业资本的保全性越强,其应对风险和可持续发展的能力越强。在净资产收益率不变或增长的情况下,企业净资产规模与收入规模存在同向变动的关系。净资产规模的增长反映着企业不断有新的资本或收益留存,反映了所有者对企业的信心增强,企业在过去的经营活动中有较强的盈利能力,这就意味着企业的发展。净资产增加为企业负债融资提供了保障,提高了企业的融资能力,有利于企业获得进一步发展所需的资金。

(4) 对利润和股利增长的分析。利润的增长直接反映了企业的积累状况和发展潜力。股利是企业所有者获利来源之一,虽然企业的股利政策要考虑到企业面对的各种因素,但股利的持续增长一般被投资者理解为企业的持续增长。

(5) 对资产使用效率的分析。企业资产使用效率越高,其利用有限资源获得收益的能力就越强。如果企业资源使用效率低下,则即使资产或资本规模能以较快的速度增长,也不会带来企业价值的快速增长。

在财务分析实务中,一般通过对影响企业发展的因素进行比较全面的分析,可以得到对企业发展能力比较全面的评价,本书应用这一框架分析企业发展能力。

在财务分析实务中,要注意到不同企业的发展策略是不同的。有的企业采用的是外向规模增长型发展策略,通过进行大量的并购活动,企业资产规模迅速增长,但短期内并不一定带来销售及净收益同样的增长,这一类型企业发展能力分析的重点在企业资产或资本规模的增长上;有的企业采用的是内部优化型发展策略,在现有资产规模的基础上,充分挖掘内部潜力,在降低成本的同时提高产品竞争力和服务水平,这一类型企业发展能力反映在销售及净收益的增长上,而资产规模及资本规模则保持稳定或缓慢增长,因而发展能力分析的重点应放在销售增长及资产使用效率上。对于外部分析者而言,只有对以上诸多因素进行细致、全面的分析,才能了解企业的发展策略和相应的发展能力。

此外,在财务分析实务中,应注意与企业所处发展周期相结合。处于不同周期阶段企业的同一发展能力指标计算结果可能反映不同的发展能力。例如,处于发展阶段和成熟阶段的两个企业,虽然发展能力指标的结果相同,但实际上成熟阶段企业要优于发展阶段企业。

6.1.3 反映发展能力的主要分析指标

1. 销售增长指标

(1) 营业收入(销售)增长率

营业收入增长率表示本年营业收入增长额与上年营业收入总额的比率,是评价企业发展状况和发展能力的基础性指标。其计算公式为:

$$营业收入增长率 = \frac{本年营业收入增长额}{上年营业收入总额} \times 100\%$$

汇川技术与 SCZH 2015—2019 年的营业收入数据如表 6-1 所示。

表 6-1　汇川技术与 SCZH 的营业收入　　　　　　　　　　　　　　　单位:元

公司	2015 年	2016 年	2017 年	2018 年	2019 年
汇川技术	2 770 529 879.66	3 660 045 212.97	4 777 295 690.69	5 874 357 770.64	7 390 370 858.40
SCZH	647 047 212.87	695 124 138.59	610 367 498.27	687 188 055.84	987 501 235.07

根据表中数据可以计算汇川技术与 SCZH 2016—2019 年的营业收入增长率,计算结果如图 6-1 所示。

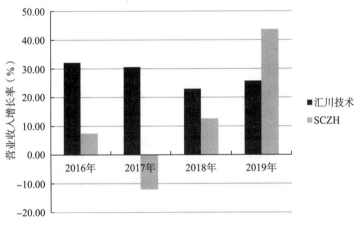

图 6-1　汇川技术与 SCZH 的营业收入增长率

计算结果表明,汇川技术营业收入的总体规模优于 SCZH,2016—2018 年汇川技术的营业收入增长率均高于 SCZH,虽然 2019 年 SCZH 的营业收入增长率高于汇川技术,但汇川技术的营业收入规模远大于 SCZH,这表明汇川技术的发展能力更强。

我们在进行营业收入增长率分析时应注意以下几点:

第一,营业收入增长率是衡量企业经营状况和市场占有能力、预测企业经营业务拓展趋势的重要标志,不断增加的营业收入是企业生存的基础和发展的条件。

第二,若该指标大于 0,则表示企业本年的营业收入有所增长,指标越高,表明增长的速度越快,企业市场前景越好;若该指标小于 0,则说明企业产品或服务不符合市场需求、质次价高,或者是在售后服务等方面存在问题,市场份额萎缩。

第三,该指标在实际操作时,应结合企业历年的营业收入水平、市场占有情况、行业未来发展及其他企业发展的潜在因素进行前瞻性预测,或者结合企业前三年的营业收入增长率做出趋势分析判断。

第四,营业收入增长率作为相对指标,同作为绝对指标的企业营业收入相比,虽然消除了企业规模的影响,更有利于企业之间或本企业不同年度之间的比较,反映企业的发展情况,但应注意相对指标存在受增长基数影响的问题。如果增长基数(上年营业收入)特别小,则即使营业收入出现小幅增长,增长率指标也会出现较大值,使企业间不可比。

(2) 三年营业收入平均增长率

营业收入增长率可能受到营业收入短期波动的影响,如果企业上年营业收入因异常因素影响特别少,而本年恢复正常,则会造成营业收入增长率偏高;如果企业上年营业收入因异常因素影响特别多,而本年恢复正常,则会造成营业收入增长率偏低。为了消除销售短期异常波动对营业收入增长率指标的影响,并反映较长时期的营业收入增长情况,可以计算多年营业收入的平均增长率,实务中一般计算三年营业收入平均增长率。其计算公式为:

$$三年营业收入平均增长率 = \left[\sqrt[3]{\frac{本年营业收入总额}{三年前营业收入总额}} - 1\right] \times 100\%$$

三年营业收入平均增长率表明企业主营业务连续三年的增长情况,体现企业的持续发展态势和市场扩张能力。营业收入是企业积累和发展的基础,该指标越高,表明企业积累的基础越牢,发展潜力越大。利用三年营业收入平均增长率指标,能够反映企业主营业务增长趋势和稳定程度,体现企业持续发展状况和发展能力,避免因少数年份业务波动而对企业发展潜力的错误判断。该指标越高,表明企业主营业务增长势头越好,市场扩张能力越强。

用表6-1中的数据计算得出,汇川技术三年营业收入平均增长率为26.39%,SCZH 三年营业收入平均增长率为12.42%。从计算结果来看,汇川技术三年营业收入平均增长率要高于SCZH,说明汇川技术的营业收入增长情况要好于SCZH。

2. 资产增长指标

(1) 总资产增长率

资产代表着企业用以取得收入的资源,同时也是企业偿还债务的保障,资产的增长是企业发展的一个重要方面,也是企业实现价值增长的主要手段。从企业经营实践来看,发展性高的企业一般能保证资产的稳定增长。对资产增长情况进行分析的方法可以分为增长量分析和增长率分析两种,常用的是计算并分析总资产增长率。

总资产增长率是指本年总资产增长额同年初(即上年年末)资产总额的比率,该指标从企业资产总量扩张方面衡量企业发展能力,表明企业规模增长水平对企业发展潜力的影响。其计算公式为:

$$总资产增长率 = \frac{本年总资产增长额}{年初资产总额} \times 100\%$$

汇川技术与SCZH 2015—2019年的资产总额数据如表6-2所示。

表6-2 汇川技术与SCZH的资产总额　　　　　　　　　　　单位:元

公司	2015年	2016年	2017年	2018年	2019年
汇川技术	5 946 514 568.02	7 973 872 037.37	9 047 119 842.62	10 329 353 235.34	14 886 010 461.09
SCZH	1 601 568 851.19	1 763 340 196.67	1 804 579 734.38	1 893 598 341.12	2 188 589 390.90

根据表中数据可以计算汇川技术与SCZH 2016—2019年的总资产增长率,计算结果如图6-2所示。

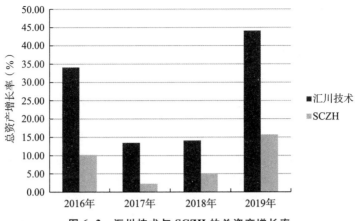

图 6-2 汇川技术与 SCZH 的总资产增长率

计算结果表明,2016—2019 年,两家公司的总资产增长率均呈先下降后上升的趋势,且汇川技术的总资产增长率始终高于 SCZH,2019 年汇川技术的总资产增长率为 44.11%,SCZH 为 15.58%,说明汇川技术的资产增长速度远高于 SCZH,汇川技术有良好的发展势头。

(2) 平均资产增长率

与营业收入增长率原理相似,总资产增长率也存在短期波动影响的缺陷,为了弥补这一不足,同样可以计算三年资产平均增长率,以反映企业较长时期内的资产增长情况。其计算公式为:

$$三年资产平均增长率 = \left[\sqrt[3]{\frac{年末资产总额}{三年前年末资产总额}} - 1 \right] \times 100\%$$

用表 6-2 中的数据计算得出,汇川技术三年资产平均增长率为 23.13%,SCZH 三年资产平均增长率为 7.47%。从计算结果来看,汇川技术的资产增长情况要优于 SCZH。

资产增长率在企业间进行比较时要特别注意可比性问题。一方面,不同企业资产使用效率不同,为实现净收益的同幅度增长,资产使用效率低的企业需要更大幅度的资产增长;另一方面,不同企业所采取的不同发展策略也会体现在资产增长率上,采取外向规模增长型发展策略的企业资产增长率会较高,而采取内部优化型发展策略的企业资产增长率会呈现较低的水平。另外,资产增长率作为反映企业发展能力的一个重要指标,计算中变量采用的数值为账面价值,这样会产生两个问题:一是会受到会计处理方法中历史成本原则的影响,资产总额反映的只是资产的取得成本,并不是总资产的现实价值;二是并没有反映企业全部资产的价值,受会计处理方法的限制,企业很多重要的资产如无形资产、人力资源无法在报表中体现,这使得资产增长率指标无法反映企业真正的资产增长情况,尤其是新经济下无形资产占较大份额的企业更是如此。

除了计算总资产增长率对资产状况进行分析,还可以分别对各类资产的增长情况进行分析,如分别计算流动资产增长率、固定资产增长率、无形资产增长率及员工增长率,计算方法与总资产增长率相同。

3. 资本扩张指标

(1) 资本积累率

资本积累率是指企业本年所有者权益增长额同年初所有者权益的比率。该指标表示企业当年资本的积累能力,是评价企业发展潜力的重要指标。其计算公式为:

$$资本积累率 = \frac{本年所有者权益增长额}{年初所有者权益} \times 100\%$$

资本积累率是企业当年所有者权益总的增长率,反映了所有者权益在当年的变动水平;资本积累率体现了企业资本的积累状况,是企业发展强盛的标志,也是企业扩大再生产的源泉,展示了企业的发展潜力;资本积累率反映了投资者投入企业资本的保全性和增长性,该指标越高,表明企业的资本积累越多,企业资本保全性越强,应对风险、持续发展的能力越强;该指标若为负值,则表明企业资本受到侵蚀,所有者权益受到侵害,应予以充分重视。

汇川技术与 SCZH 2015—2019 年的所有者权益数据如表 6-3 所示。

表 6-3 汇川技术与 SCZH 的所有者权益 单位:元

公司	2015 年	2016 年	2017 年	2018 年	2019 年
汇川技术	4 289 827 899.25	4 982 293 318.03	5 725 475 935.58	6 534 796 875.93	8 936 375 420.93
SCZH	1 455 860 108.86	1 554 951 764.12	1 616 707 142.46	1 693 046 643.87	1 872 386 035.02

根据表中数据可以计算汇川技术与 SCZH 2016—2019 年的资本积累率,计算结果如图 6-3 所示。

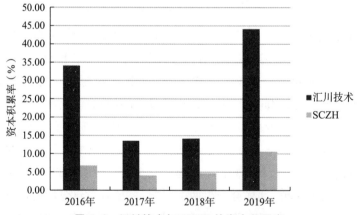

图 6-3 汇川技术与 SCZH 的资本积累率

计算结果表明,2016—2019 年,汇川技术的资本积累率均高于 SCZH,2019 年汇川技术和 SCZH 的资本积累率分别为 44.11%、10.59%,汇川技术远高于 SCZH,表明汇川技术应对风险和持续发展的能力强于 SCZH。

(2) 三年资本平均积累率

资本积累率指标在分析时具有"滞后"性,仅反映当期情况,而三年资本平均积累率指标能够反映资本保值增值的历史发展状况,以及企业稳步发展的趋势。三年资本平均积

累率的计算公式为:

$$三年资本平均积累率 = \left[\sqrt[3]{\frac{年末所有者权益总额}{三年前年末所有者权益总额}} - 1\right] \times 100\%$$

用表 6-3 中的数据计算得出,汇川技术三年资本平均积累率为 23.13%,SCZH 三年资本平均积累率为 6.39%。从计算结果来看,汇川技术的三年资本平均积累率高于 SCZH,说明前者的发展优于后者。

该指标表示企业资本连续三年的积累情况,体现企业的发展水平和发展趋势。该指标越高,表明企业所有者权益得到保障的程度越大,企业可以长期使用的资金越充裕,应对风险和持续发展的能力越强。

对企业资本扩张情况进行分析时还要注意各类所有者权益的增长情况。一般来说,实收资本的快速扩张来源于外部资金的加入,反映企业获得了新的资本,表明企业具备进一步发展的基础,但并不能表明企业过去具有很强的发展能力。而如果资本的扩张主要来源于留存收益的增长,则表明企业通过自身经营活动不断积累发展后备资金,既反映了企业在过去经营中的发展能力,又反映了企业进一步发展的后劲。

4. 利润和股利增长指标

(1) 利润增长率

利润增长率是指企业本年利润增长额与上年利润总额的比率。其计算公式为:

$$利润增长率 = \frac{本年利润增长额}{上年利润总额} \times 100\%$$

利润是企业的最终经营成果,不断增加的利润,是企业增加留存收益、扩大再投资的资金来源和实现持续发展的重要基础。该指标大于 0,表示企业本年的利润总额有所增长,该指标越高,表明增长速度越快,发展潜力越大。该指标小于 0,表示企业本年的利润总额有所减少,应从收入下降、成本费用升高、利润结构不合理等方面深入分析具体原因。

(2) 三年利润平均增长率

三年利润平均增长率表明企业利润总额连续三年增长情况,体现企业的发展潜力。其计算公式为:

$$三年利润平均增长率 = \left[\sqrt[3]{\frac{年末利润总额}{三年前年末利润总额}} - 1\right] \times 100\%$$

利润是企业积累和发展的基础,该指标越高,表明企业积累越多,可持续发展能力越强,发展潜力越大。利用三年利润平均增长率指标能够反映企业的利润增长趋势和效益稳定程度,较好地体现企业的发展状况和发展能力,避免因少数年份利润不正常增长而对企业发展潜力做出错误判断。

汇川技术与 SCZH 2015—2019 年的利润总额数据如表 6-4 所示。

表 6-4 汇川技术与 SCZH 的利润总额 单位:元

公司	2015 年	2016 年	2017 年	2018 年	2019 年
汇川技术	905 411 193.00	1 043 646 063.66	1 202 251 579.68	1 283 663 577.40	1 055 786 518.94
SCZH	169 480 181.13	160 139 718.80	95 342 675.45	115 748 068.66	226 467 775.46

根据表中的数据可以计算汇川技术与 SCZH 2016—2019 年的利润增长率,计算结果如图 6-4 所示。

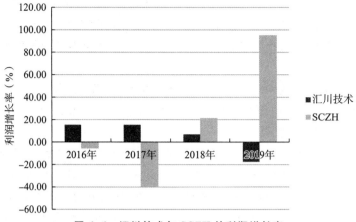

图 6-4 汇川技术与 SCZH 的利润增长率

计算结果显示,2019 年汇川技术的利润增长率为 -17.75%;SCZH 的利润增长率为 95.66%,而且 2016—2019 年利润增长率的波动非常大。汇川技术三年利润平均增长率为 0.39%,SCZH 为 12.25%,反映出由于市场竞争激烈,虽然汇川技术同期销售收入不断增长,但利润总额没有相应增长。

(3) 股利增长率

股利增长率是本年每股股利增长额与上年每股股利的比率。该指标反映企业每股股利的增长情况,是衡量上市公司发展能力的一个重要指标。其计算公式为:

$$股利增长率 = \frac{本年每股股利增长额}{上年每股股利} \times 100\%$$

股利增长率与企业价值有密切关系,证券估价模型中的戈登股利增长模型便是把股票价值与下一期的预期股利、股票的预期收益率和预期股利增长率联系起来,其表达式为:股票价值 = DPS/($r-g$),其中 DPS 为下一期的预期股利,r 为投资者要求的收益率,g 为股利增长率。因此,股利增长率越高,企业股票价值越高;反之,股票价值越低。

5. 技术投入比率

技术投入比率是指企业当年技术转让费与研发投入同当年营业收入的比率。技术投入比率从企业技术创新方面反映企业的发展能力。其计算公式为:

$$技术投入比率 = \frac{当年技术转让费与研发投入}{当年营业收入} \times 100\%$$

式中,当年技术转让费与研发投入是指当年研究开发新技术、新工艺等具有创新性质项目的实际支出,以及购买新技术实际支出列入当年管理费用的部分。

技术创新是企业在市场竞争中保持竞争优势、不断发展壮大的前提。技术投入比率集中体现了企业对技术创新的重视程度和投入情况,是评价企业发展能力的重要指标。该指标越高,表明企业对新技术的投入越多,企业对市场的适应能力越强,未来竞争优势越明显,生存发展的空间越大,发展前景越好。

2016—2019年，与SCZH相比，汇川技术营业收入的增长速度放缓，虽下降但变化不大，从三年营业收入平均增长率来看，汇川技术的三年营业收入平均增长率为26.39%，SCZH的三年营业收入平均增长率为12.42%，前者的三年营业收入平均增长率高于后者，这反映出汇川技术的市场拓展能力优于SCZH。

2019年，汇川技术的总资产增长率为44.11%，高于SCZH的15.58%，反映出汇川技术有良好的发展势头。从三年资产平均增长率来看，汇川技术的三年资产平均增长率为23.13%，SCZH的三年资产平均增长率为7.47%，表明汇川技术的资产增长速度比SCZH快，发展潜力较大。

2016—2019年，汇川技术与SCZH资本积累率的变动趋势是一致的，都表现出先降低后升高的态势，且4年间汇川技术的资本积累率始终高于SCZH，表明汇川技术应对风险和持续发展的能力强于SCZH。汇川技术的三年资本平均积累率为23.13%，SCZH三年资本平均积累率为6.39%，表明前者的发展优于后者。

2016—2019年，汇川技术与SCZH的利润增长率由于受短期因素的影响，有较大幅度波动，2016—2018年汇川技术的利润增长率为正但逐渐下降，而SCZH 2019年的利润增长率由于2018年利润总额基数小表现偏大。汇川技术的三年利润平均增长率为0.39%，SCZH的三年利润平均增长率为12.25%。

对以上数据进行综合分析，虽然中国仪表仪器行业竞争激烈，但汇川技术与SCZH的市场规模表现出稳定的增长，位居市场占有率的前列，具有较为明显的发展能力和发展潜力。汇川技术与SCZH已处于发展的成熟期，资产增速稳定，但由于行业竞争激烈，市场需求趋缓，两家公司的平均盈利水平下降，直到2019年才有明显回升。总体上看，汇川技术作为业内龙头企业营业收入规模虽大但盈利能力正逐年下降，而SCZH盈利能力虽逐年上升但营业收入规模较小，因此汇川技术应在保持其现有营业收入规模的基础上进一步增强其盈利能力，SCZH则应在保持自身稳健增长势头的同时在加大市场份额方面付出努力。

复习与思考 反映企业发展能力的指标有哪些？如何计算？

6.2 竞争能力分析

6.2.1 企业竞争能力概述

1. 企业竞争能力的概念

在市场经济中，竞争能力最直观地表现为一个企业能够持续地比其他企业更有效地向消费者（或市场）提供产品或服务，并且能够使自身得以发展的能力或综合素质。而所谓"更有效地"，是指以更低的价格或消费者更满意的质量持续地生产和销售。所谓"使自身得以发展"，是指企业能够实现经济上长期的良性循环，具有持续的良好业绩，从而成为长久生存和不断壮大的强势企业。企业竞争能力具有以下特征：

第一，竞争能力是一种系统能力，而不单是企业的产品或业务等环节上的能力，即具有整体性。一个有效的企业战略是由资源、业务、组织结构、企业愿景和目标五个基本要素组合而成的协调一致的系统,正是这个系统创造了企业优势,进而形成企业竞争能力。因此,企业产品、财务、技术、人力、市场等业务或职能的改进,都未必是竞争能力的实质改进,只有在这些业务或职能活动中长期积累和形成的可持续的系统能力才能创造企业优势,才能将这些资源加以利用,进而形成企业竞争能力。

第二,竞争能力具有层次性。作为组织的系统能力,企业竞争能力的内涵有三层结构:一是企业竞争能力的深层即决定层,即企业的文化、制度、战略和机制;二是企业竞争能力的中间层,即企业的核心专长和核心能力;三是企业竞争能力的外层,即企业在财务、市场、人力、运营等诸多方面表现出来的各种竞争优势。一般来说,企业文化、制度、战略和机制是企业永葆竞争优势之源;企业的核心专长和核心能力则是企业创造竞争能力的物质基础,它往往也是企业文化的结果;企业在财务、市场、人力、运营等诸多方面表现出来的各种竞争优势,则真正表现为企业实实在在的竞争能力。

第三,竞争能力的形成是一个动态过程。在今天技术日新月异、市场化程度日益深化、经济日益国际化、竞争日益全球化的大背景下,企业竞争能力的形成主要源于内部资产的优化组合与高效配置,其形成过程可表示为:

$$竞争资产 \times 竞争过程 = 竞争能力$$

实际上,竞争资产也就是人们常说的资源,竞争过程也就是将资源转化为优势的能力。可见,要形成企业的竞争优势,资源和能力缺一不可。企业竞争能力是企业竞争资产状况和面临的市场状况与竞争能力成长过程的统一体。资源包括内部资源和外部环境两种。能力也包括两种,一种是获取资源的能力,另一种是将资源转变为优势的能力。资源和能力相辅相成,没有很好的人力资源、资本资源和知识资源,就不会形成强势的能力。没有很好的业务流程、组织机制,企业拥有的资源优势也不会转化成竞争优势。由于环境的重要性和特殊性,人们常常将其从资源里分化出来,作为影响竞争能力的因素之一。

总之,竞争能力表现为某一企业在市场中生产出比其竞争对手更多财富的能力,它是企业竞争资产与竞争过程的整合统一。前者属于静态要素,后者属于动态要素,只有二者的有机结合才能形成竞争能力。

复习与思考 什么是企业竞争能力?竞争能力财务分析的特点是什么?

2. 企业竞争能力的影响因素

企业竞争能力来源于企业面临的外部环境、企业内部资源的占有情况以及企业内部能力。但形成和支撑竞争能力的各要素功能不一、作用不等,相互之间又存在紧密的联系,其结果造成竞争能力的形成和表达非常复杂。因此,只有对企业进行全面而系统的分析,才能找出影响企业竞争能力的主要因素,从而为正确评价企业竞争能力找出途径。

(1)行业因素

行业因素包括两个方面,一是行业本身的地位,二是企业在行业中所处的地位。在市场经济环境下,按照波特模型可以对行业市场竞争强度进行分析,从而确定企业的市场地位。如果企业处于领导地位,则企业的决策将对行业市场有很大的影响;反之,如果企业处于被领导的地位,则只能适应行业市场的发展和要求。

对于企业而言,行业地位远比行业本身更为重要。也就是说,对于行业因素,我们更应该多考虑第二个方面因素的影响。朝阳行业与夕阳行业只是一个相对而言的概念,事实上,不存在永远的朝阳行业,也不存在永远的夕阳行业,由于资本流动和平均利润率的作用,任何行业都不可能长期维系高利润率,从长期来看,多数行业的利润率差别可能并不大。在大多数传统行业,对于已经树立起行业地位的企业而言,一般仍然可以依靠品牌、质量及市场份额巩固和扩张自己的盈利能力,而且这种盈利能力的基础非常牢固,其抵抗环境变化的能力也高于在一些新兴行业中摸索的企业。

因此,根据企业不同的行业地位,保证企业所提供的产品或服务不仅适应现时的需求,而且适应未来的需求,是企业发挥竞争能力的前提条件。从这一意义上讲,企业的产业地位和对市场环境的适应能力可作为竞争能力的构成要素。

(2) 企业内部因素

① 综合营销能力。在对国内企业竞争能力影响因素的分析中,我们不难发现,企业的竞争能力直接取决于其综合营销能力。价格上有无竞争力,不仅通过最终价格的高低体现,还通过毛利水平得以反映。前者决定吸引消费需求的能力,后者影响流通过程的效果。分销体系的能力如何,不仅关系到产品或服务的销售空间,还影响到产品的销售效率,强有力的分销体系是企业竞争能力的构架。促销方式、方法的选择和采用,促销预算的高低,在其他营销手段既定的情况下,对企业竞争能力的体现具有类似"乘数"效应的作用。因此,从理论上说,营销能力是企业竞争能力的载体,是企业短期竞争能力的支撑要素。企业的竞争能力体现在成本、品种等经营优势方面。价格优势能否持久,在很大程度上取决于成本水平。具有成本优势或相对优势的企业,低价形成的竞争能力能够长期维持,或在正常的销售价格下能够获得可观的利润。产品品种差异化、多样化的企业,市场适应面宽,局部竞争能力的下降不会影响全局。因此,综合营销能力是决定企业竞争能力的一个主要方面。

② 技术状况。企业竞争能力的高低依赖于其掌握的技术。在竞争过程中,企业的技术状况,尤其是企业的技术设备水平及研发条件,是非常重要的。只有当企业具备一定的核心技术时,企业的竞争能力才有较坚实的基础并体现出竞争优势。

③ 资本运营水平及财务状况。企业的竞争能力又体现在高效的资本运营上。现代企业的市场竞争表面上取决于企业的经济实力,而内在地取决于企业的资产状况,资产状况是支撑企业竞争能力的资源基础之一。较大的资产规模、合理的负债率、良好的周转情况是资产状况良好的表现,是对企业发展全面、有效的支撑,是企业进入持续发展轨道的保证。

④ 公司治理结构。良好的公司治理结构是企业发展的制度保障,可以说中国资本市场上的多数反面案例,都是缘于其公司治理结构的不完善。同时,良好的公司治理结构也是企业发展的动力,因为公司治理结构的核心就是给管理层以适当的激励和约束,以此提升股东价值,增强企业竞争能力。

⑤ 管理团队。在中国,企业的竞争首先表现为企业家的竞争,企业家的理念和风格必然根植于企业的行为之中。因此,成功的企业大都以优秀的企业家为前提这一事实实际

上反映了企业家才能在企业发展中的决定性作用,企业家在企业中拥有非凡的影响力正是企业家才能的体现。而且,在中国传统文化的熏陶下,一个绝对核心的团队比一个相对民主的团队可能更容易取得成功。

⑥ 创新能力。创新理论的鼻祖约瑟夫·熊彼特(Joseph Schumpeter)指出,经济发展的根本动力是创新。国内外优秀企业均是靠创新制胜的。创新包括管理创新和技术创新。创新之所以重要,是因为产品在市场领先期能获得超额利润,而在市场平常期仅能获得平均利润。

⑦ 战略与决策能力。战略与决策管理是企业管理的高级阶段,中国一些大企业频频出现重大损失、经营不善,一个重要原因是战略与决策能力不足,机制不科学。跨国公司均设有战略专职副总裁,而在我国大企业则很少见。跨国公司董事会成员很多都是外聘的独立董事,这些独立董事主要来自大学、咨询机构,如 IBM 董事会由 19 人组成,其中外聘董事 14 人。对中国企业而言,专业化与多元化战略选择也是一个重要方面,从学术角度来看,专业化与多元化各具优势,但在中国资本市场,成功企业大都是高度专业化的企业。不仅多元化的企业缺乏成功案例,而且有相当一批本来质地相当优秀的企业因为实施多元化而削弱了自身的发展潜力。

复习与思考 影响企业竞争能力的主要因素有哪些?

3. 企业竞争能力分析的目的

随着市场经济的发展,企业间的市场竞争日趋激烈,企业竞争能力分析是新经济条件下进行企业财务分析不可忽略的一个重要方面。对企业竞争能力的分析,从宏观角度来讲,能够从整体上把握企业竞争水平和状况,为政府制定政策和宏观决策提供依据;从微观角度来讲,企业的竞争能力是决定其能否生存和发展的关键。从信息使用者角度来看,企业管理者对自身和竞争对手的竞争能力分析是企业制定战略的基础,竞争能力分析能够使企业洞悉自身的优势和劣势,以及企业在市场竞争中的地位,有助于将企业战略同其外部市场环境匹配起来;同时,通过竞争能力分析,能够判断目前企业战略的运行效果,评估战略或战略执行的优劣。投资者出于对投资回报的关心,关注企业竞争能力对经营成果的影响,包括销售收入、净利润及其增长。债权人关注企业利用资金的能力和经营风险的大小,重视企业竞争能力与资金利税指标、资产周转指标和资产负债指标分析。

6.2.2 企业竞争能力评价

1. 企业竞争能力评价指标设计

在分析影响企业竞争能力的各种因素的基础上确定竞争能力评价指标,必须兼顾以下几个平衡关系:①资源和能力的平衡关系。既要涉及资源占有方面的指标,又要涉及利用资源的能力方面的指标。②资源、能力和环境的平衡关系。所有资源的获取和能力的发挥都是在一定的环境中进行的,同时环境变化很难预测,因此企业对环境的应变能力也是竞争优势的体现。③现实竞争能力和潜在竞争能力的平衡关系。现实竞争能力是已有的成果,主要体现在历史数据中,潜在竞争能力是企业将来具有的竞争能力,一般和企业的长期政策有关,比如战略。④现实竞争能力和潜在竞争能力转变的平衡关系。将潜在竞争能力转变为现实竞争能力的能力也应该是一种重要的优势。⑤定量指标和定性指标的平衡关系。定量指标一般可以找到一个标准值,但是定性指标很难准确判断。

根据对企业竞争能力的影响因素分析,我们选择69个评价指标构成竞争能力评价指标体系。其中,有36个定量指标,如企业的市场占有率、资产收益率等指标;33个定性指标,如企业的战略决策机制和组织制度的合理性与有效性。这些指标按内容可以划分为六个方面,其中市场竞争能力是竞争能力的表现;技术及人力资源竞争能力、资产竞争能力、财务竞争能力和环境竞争能力是竞争资产;组织竞争能力是竞争过程,包涵企业的文化和机制,并将竞争资产有力地结合起来,使得竞争能力成为一种系统能力。

(1) 市场竞争能力

一个企业竞争能力最直接的外部表现和最直接的评价方式就是该企业的市场竞争能力,因为竞争能力的外在表现就是与竞争对手竞争的能力优势,与竞争对手的竞争就正好体现为市场上的竞争和较量。而要维持企业的生机活力或竞争能力,就得将产品和服务在市场上以更低的价格或更好的质量卖出去,得到消费者的支持。市场竞争能力表现在已有的竞争能力和潜在的竞争能力两个方面,因此市场竞争能力可包含市场占有情况和市场开拓能力两个初级指标。

① 市场占有情况。该指标体现了企业原来的市场开拓情况,即已有的市场竞争能力。评价的次级指标主要有市场占有率、品牌知名度,分别代表市场占有的数量和质量。市场占有率=企业销售收入÷行业总销售收入,表示企业的销售量在该行业中所占的比重,反映了行业内竞争对手的竞争能力比较,从而得出企业的竞争能力。品牌知名度用随机抽取的目标顾客群中对本企业产品和服务的了解程度表示。

② 市场开拓能力。市场开拓能力即企业的产品营销能力,也就是潜在的竞争能力。目前的竞争能力能否持续下去就取决于企业的市场开拓能力,这是企业销售的可持续指标。市场开拓能力主要通过下面的指标体系来解释:营销网点数量,广告费用占经营成本的比例,售后服务情况,反应速度,营销队伍素质,企业形象,产品的替代性,产品成本优势,价格定位优势。其中,前2个是数量指标,其他7个属于品质指标。营销网点数量主要是与本行业平均水平进行比较而得的比值倍数。经营成本是指所有的营业支出,包括销售成本、价内销售税金、销售费用、管理费用。售后服务情况主要体现为产品承诺和遭遇投诉的情况。反应速度则体现为对市场需求的反应能力,能否根据市场需求的变化快速做出反应。营销队伍素质是指企业营销人员中大中专人数所占的比重,以及营销专业人员所占的比重。企业形象表示顾客与社会对企业产品和服务的认同程度。产品的替代性是指产品有无替代性以及替代的程度,替代产品的竞争能力,也就是本企业产品的差异化程度。产品的成本优势和价格定位优势是指与本行业平均水平相比本企业在成本和价格上的竞争优势。市场开拓能力相对来说涉及企业的未来竞争能力,比现有竞争能力更加重要。

(2) 技术及人力资源竞争能力

人力资源是企业竞争资源中一个比较重要的部分,进入知识经济时代之后,企业竞争的根本可以说就是人才的竞争。所谓人力资源,就是指企业人才的创新能力、领导团队的

素质,以及对人力资源的开发和培训投入。技术及人力资源竞争能力的初级指标有以下三个:

① 技术创新。技术创新主要评价企业的技术创新度,创新既体现在研发投入比例方面,又体现在新产品的投入产出情况方面。评价的次级指标主要有:研发投入占经营成本的比例,新产品产值率,产品开发周期,产品商品化周期,产品和技术领先当时科技水平的程度,同类产品更新换代速度。研发投入占经营成本的比例即常说的研发投入比例,说明企业对技术的投资量和重视度。新产品产值率是指新产品的总产值与同时期内全部产品的总产值之比。产品开发周期是指与本行业平均水平相比产品开发周期的优势。产品商品化周期是指产品开发出来后由投产到进入市场的时间。产品和技术领先当时科技水平的程度是指企业现有的技术领先竞争对手的程度。同类产品更新换代速度反映了企业的综合技术竞争能力,更新越快,则说明竞争对手越难以超越。

② 人力资源开发和培训投入。主要说明企业对人力资源的投资。评价的次级指标主要有:培训费用占营业总费用的比例,培训时间,培训机制。培训时间通过人均每年的培训时间占全年的比例来衡量,即 $\frac{人均每年的培训时间}{365 \times 24}$。培训机制是指有无按制度来定期进行培训以及针对发现的问题进行培训,即人力资源管理部门是否对培训有相当的重视。

③ 领导团队的素质。企业的领导者占据企业的重要位置,他们的素质相当重要。评价的次级指标有:企业家精神,干部人员中本科以上人数比例,干部人员中中级职称以上人数比例。企业家精神在一个企业中相当重要,可以说就是企业文化的雏形,可能左右企业的发展。后两个指标主要是衡量干部的知识水平和技术水平。

(3) 资产竞争能力

资产是企业运转的物质基础,包括固定资产和无形资产,特别是专有技术的占有情况。既要评价其数量规模,又要衡量其质量水平。评价的初级指标主要是资产规模和资产质量两方面。

① 资产规模。资产规模反映企业所拥有的可供支配的资源,它是企业竞争的基础。没有一定的资产规模,企业想在竞争激烈的市场上谋取较大的市场份额肯定是很困难的。有形资产包括设备、资产产出额(营业额和利润额),无形资产主要包括专有技术占有情况、商誉大小。因此,评价的次级指标有:总资产规模,净资产大小,年销售量和年销售额,年利润额,专有技术占有量,商誉大小。总资产规模和净资产大小是指总资产和净资产与行业平均水平相比的倍数大小。年销售量和年销售额、年利润额也是指与本行业平均水平相比而得出的比值,从而得出本企业的竞争能力。专有技术不易被竞争对手模仿,其占有量也是衡量企业资产规模的重要指标。商誉是企业的一项重要资产,对企业竞争能力影响巨大,应该予以评价。

② 资产质量。只有规模还不够,还要考察资产的质量。评价的次级指标有:设备水平,总资产报酬率,不良资产比率,筹资能力。其中,设备水平是指主要生产和测试设备等固定资产的技术水平。筹资能力就是举债能力,这和企业资产的质量相关,衡量方式是企业资信情况及单位资产所能承受的最大举债额。

(4) 财务竞争能力

财务竞争能力主要表现在资产营运、盈利能力两方面,主要是根据企业的几大报表财务指标来评价其竞争优势。

① 资产营运。资产营运即企业对所属资产的营运情况。评价的是企业的日常经营管理能力。评价的次级指标有:应收账款周转率,存货周转率,管理费用占经营成本的比例。

② 盈利能力。一个有竞争能力的企业必有较高的盈利能力,因此盈利能力是我们考察的重要对象。评价的次级指标有:股东权益报酬率,每股盈利,每股现金流量,销售收入增长率。

(5) 组织竞争能力

除以上资源外,组织资源也是企业竞争能力的重要组成部分,只有依靠强大的组织力量,人、财、物才能形成竞争优势。组织竞争能力主要从以下几方面来评价:

① 战略。战略与决策管理是企业管理的高级阶段。企业要想长远发展,战略的制定和执行是一个比较重要的方面。战略是否制定合理以及有效执行,直接关系着企业的长远发展。评价的次级指标有:有无专职战略管理人员,战略落实周期,战略落实执行情况,战略的独特性,中长期战略的明晰度,战略调整能力。有无专职战略管理人员,比如战略专职副总裁,表明对战略的重视程度。战略落实周期是指从制定出战略到实施该战略的间隔时间,反映了战略的落实效率。战略落实执行情况是指战略制定后是否落实到了基层,并被每位员工接受。战略的独特性是指战略在发展、经营、管理、市场等方面本身是否较竞争对手表现出富有竞争能力的独特性。中长期战略的明晰度是指战略的表述是否清晰,并能被员工准确理解。战略调整能力用于评价企业战略的灵活程度。

② 管理机制。管理机制就是将企业所有资源联结起来的制度平台。评价的次级指标有:创新机制、人才机制、开发机制,企业凝聚力,组织协调能力,企业文化,管理效率。创新机制、人才机制、开发机制是企业对创新、人才和开发等重要方面的制度支持平台。企业凝聚力就是企业整体的认识和行动的一致性,以及是否建立了共同的价值观念、道德标准和经营理念。组织协调能力是指企业内部集团之间的协调合作能力,主要用全要素生产效率来解释。企业文化是企业根据其愿景而确定的企业价值观念,是企业朝既定方向发展的强大动力。管理效率是指管理在已有的制度下有效发挥的程度。

③ 信息系统。信息对于现在处于激烈竞争环境的企业而言是非常重要的,尽可能获得多的信息并尽快地加以处理是强竞争企业追求的目标。信息系统衡量企业对信息的处理能力。评价的次级指标有:信息系统的软硬件水平,信息收集和处理能力,对决策的支持作用。信息系统的软硬件水平是指企业对信息的重视程度和企业的信息网络水平。信息收集和处理能力是指信息收集渠道通畅程度以及档案管理能力。对决策的支持作用是指信息的决策有用性,是衡量信息利用度的指标。

④ 公司治理结构。公司治理结构是公司制的核心,是提高公司素质和核心竞争力的关键。评价的次级指标有:股权结构的合理性,董事会质量,激励约束机制,信息披露质量。股权结构的合理性是指企业股权结构是否有利于企业的决策和监督,一般认为,股权分散或机构投资者较多的股权结构是比较合理的。董事会质量衡量董事会的独立性和董事会成员的素质,如独立董事的来源和比重。激励约束机制是指绩效评价体系和激励约

束制度的有效合理水平,能否发挥相应的作用。信息披露质量主要是企业财务信息对于企业所有者的透明度,能否及时有效地加以披露。

(6) 环境竞争能力

影响企业竞争能力的因素不仅包括企业的内部因素,还包括企业的外部环境因素。环境对企业的影响情况和企业对环境的协调适应能力都影响企业的竞争能力,企业参与国际竞争,经常面临很大的国际风险,因此国际环境处理能力也是影响企业竞争能力的因素。因此,评价的初级指标包括环境的软硬件水平和国际竞争环境两方面。

① 环境的软硬件水平。环境的软硬件水平是指政策环境因素以及外部协调能力和环境设施水平。评价的次级指标有:产业政策的支撑度,外部协调能力,硬件环境因素。产业政策的支撑度是指本企业业务是否适应国家的产业政策,且居于怎样的产业地位。外部协调能力是指企业与外部利益相关者的公关情况,如与税务部门、银行、当地政府的关系可能会影响到企业的发展。硬件环境因素则是指企业经营场所周围的交通或市政建设情况,如处于CBD(中央商务区)的企业的竞争能力可能较强。

② 国际竞争环境。国际竞争环境是指企业外部国际环境的发展前景和竞争能力大小。评价的次级指标有:产品的国际市场占有率,产品价格和质量的国际优势,产品的出口增长率。产品的国际市场占有率是在国际范围内考察企业的市场占有情况。产品价格和质量的国际优势主要是产品在价格和质量方面的竞争能力。产品的出口增长率用于评价企业的出口增长能力和持续的国际竞争能力。

以上初级指标及其参考分值如表6-5所示。

表6-5　企业竞争能力评价指标设计

序号	分类	初级指标	参考分值	总分值
1	市场竞争能力	市场占有情况	6	18
		市场开拓能力	12	
2	技术及人力资源竞争能力	技术创新	6	18
		人力资源开发和培训投入	6	
		领导团队的素质	6	
3	资产竞争能力	资产规模	8	18
		资产质量	10	
4	财务竞争能力	资产营运	8	16
		盈利能力	8	
5	组织竞争能力	战略	7	22
		管理机制	7	
		信息系统	4	
		公司治理结构	4	
6	环境竞争能力	环境的软硬件水平	4	8
		国际竞争环境	4	
	合计			100

关于上述指标体系的说明：

第一，这一指标体系只是考虑到了一般情况，设计了对每个企业都重要的竞争能力评价指标，并且只是给出了初级指标的参考分值，没有深入到次级指标。而竞争能力的评价涉及一个企业的很多方面，不同企业的侧重点或者说影响竞争能力的因素是不同的，因而不能生搬硬套这一指标体系，要进行合理的筛选，只有这样才能得到适合特定企业的竞争能力评价结果。

第二，指标要根据其重要程度进行等级分类，这些判断有的可能比较专业，必要时还要请教专家，比如德尔菲法、专家意见法。次级指标的分值与具体情况的相关性很大，应根据各个企业的具体情况加以分配。

第三，企业的竞争能力实际上有很多都是定性的，如组织制度、战略实施、领导者才能和员工学习等。但定性指标存在难以度量和测评的缺点。本书只是选取了必要的定性指标，并没有考虑这些指标值获取的难易程度。

复习与思考　企业竞争能力的评价指标包括哪些？

2. 企业竞争能力的评价方法

企业竞争能力的评价方法有多种，本书主要介绍以下两种：

（1）对比差距法（标杆法）

评价企业竞争能力可以采取企业与企业直接对比的方式。假定同类企业中最优秀的一家或几家企业的一系列指标对竞争能力有明显的影响，因而通过比较本企业与最优秀企业之间的这一系列指标，可以评价企业竞争能力的相对差距。这种方法主要涉及以下三个环节：第一，选取对比指标；第二，比较本企业与最优秀企业之间各指标的差距；第三，进行综合汇总，评价企业竞争能力和竞争能力差距。

（2）沃尔评分法

沃尔评分法由亚历山大·沃尔（Alexander Wole）首创，他在20世纪初出版的《财务报表比率分析》和《信用晴雨表研究》中提出了信用能力指数的概念，把一些重要的财务比率用线性关系结合起来，以评价企业的信用水平和主要财务状况。步骤如下：第一，选取需要的指标；第二，给每个指标分配比重A，比重之和为100；第三，给每个指标赋予一个标准值B；第四，计算出该企业该指标的实际值C，得出该指标的相对值D=C/B，这样该指标在该企业的分值为A×D；第五，将每个指标所得分值加总即得到该企业的总分值。沃尔评分表如表6-6所示。

表6-6　沃尔评分表

财务比率	比重 （A）	标准值 （B）	实际值 （C）	相对值 （D=C/B）	分值 （A×D）
流动比率	25	2.00	2.33	1.17	29.25
净资产/负债	25	1.50	0.88	0.59	14.75
资产/固定资产	15	2.50	3.33	1.33	19.95

(续表)

财务比率	比重（A）	标准值（B）	实际值（C）	相对值（D=C/B）	分值（A×D）
存货周转率	10	8.00	12.00	1.50	15.00
应收账款周转率	10	6.00	10.00	1.67	16.70
固定资产周转率	10	4.00	2.66	0.67	6.70
销售收入/净资产	5	3.00	1.63	0.54	2.70
合计	100				105.05

沃尔评分法的应用存在如下几个难以解决的问题：一是指标的选取，什么样的指标才能很好地反映要评价的内容，什么样的指标不能反映；二是每个入选指标的赋权，究竟该指标在反映要评价的内容上能占多大的分量，哪些指标是重要的指标或者说相关度很大的指标，哪些是不那么重要的；三是每个入选指标标准值的确定，即使定量指标也很难确定其标准值，这需要根据企业的具体情况进行专业判断，定性指标标准值的确定则更加困难。

计算出了竞争能力分值，我们根据每个分值确定其代表的竞争能力水平。人们通常不是根据每个分值确定一个水平，而是将竞争能力水平划分为若干等级，每个等级对应一个分值段。到底应该划分为几个等级，完全取决于对指标赋值和评价时的分级方法，如果将每个指标分成五级，那么也应将竞争能力水平划分为对应的五级。比如，对于市场竞争能力中的市场占有率可以这样划分：>60%，很强；30%—60%，强；20%—29%，一般；10%—19%，较弱；<10%，很弱。其他指标也是这样分级，那么也应将竞争能力水平划分为对应的五级。具体可以参照表6-7。

表6-7 竞争能力水平对照表1

总分值	竞争能力水平	备注说明（市场占有率）
90—100	很强（优）	>60%
80—90	较强（良）	30%—60%
70—80	一般（中）	20%—29%
60—70	较弱（低）	10%—19%
<60	很弱（差）	<10%

如果前面的分值能够划分到次级指标的详细程度，并且级别很细，那么竞争能力水平也应该划分为更加详细的等级，最好使二者能够对应。具体可以参照表6-8。

表6-8 竞争能力水平对照表2

等别	级别	分值
A	A++	95—100
	A+	90—94
	A	85—89

(续表)

等别	级别	分值
B	B+	80—84
	B	75—79
	B−	70—74
C	C	60—69
	C−	50—59
D	D	40—49
E	E	39以下

对比差距法与沃尔评分法的共同点是二者都要进行详细的指标分析和统计数据的计算,不同之处是对比差距法采用一对一的比较,可以进行多指标的直接对比,而不必进行数据的加总比较,可以避免确定各因素权重过程中的主观因素。

复习与思考　企业竞争能力的评价方法有哪些?

6.3　防范风险能力分析

6.3.1　风险的概念及分类

1. 风险的概念

虽然对风险的定义和计量是比较困难的,但它广泛存在于各种财务活动当中,并且对企业实现其财务目标有重要影响。如果企业的一项行动有多种可能的结果,其将来的财务后果是不确定的,就存在风险。反之,如果这项行动只有一种确定的结果,就没有风险。一般而言,风险是指在一定的环境条件下和一定时期内,某一事件可能发生的结果与预期结果之间的差异程度。例如,我们在预计一个投资项目的报酬时,不可能十分精确,也没有百分之百的把握。从财务的角度来说,风险主要是指无法达到预期报酬的可能性。因此,风险也可以被定义为实际的现金流收益对其预期现金流收益的背离。例如,所期望的收益率为20%,而实际获得的是16%,二者的差异即反映了风险。

风险来源于事件本身的不确定性,因而具有客观性,对于特定的投资活动而言,其风险是客观存在的。例如,无论是企业还是个人,如果投资于国库券,则收益的不确定性较小;如果投资于股票,则收益的不确定性要大得多。这种风险是"一定环境条件下"的风险,一旦投资方式确定下来,风险就无法再改变了。但是人们可以选择是否去冒风险以及冒多大风险,这是由主观决定的。

风险的大小随时间而变化,因此风险是"一定时期内"的风险。我们事先对一个投资项目成本的预计可能不很准确,越接近完工则预计越准确。随着时间的推移,事件的不确定性在降低,事件完成了,其结果也就完全确定了。因此,风险总是"一定时期内"的风险。

要准确理解风险的概念,还要注意风险和不确定性之间的关系。严格说来,风险和不确定性是有区别的。风险是指事前可以知道所有可能的后果,以及每种后果出现的概率。而不确定性是指事前不知道所有可能的后果,或者虽然知道可能的后果,但不知道它们出现的概率。例如,在一个地区找矿,事前知道只有"找到"和"找不到"两种后果,但不知道两种后果出现的概率,属于不确定性问题而非风险问题。但在面对实际问题时,二者很难区分,风险问题的概率往往不能准确知道,不确定性问题也可以估计一个概率,因而实务领域对风险和不确定性不做严格区分,都视作风险问题对待,把风险理解为可测定概率的不确定性。

风险可能给投资者带来超出预期的收益,也可能带来超出预期的损失。一般说来,投资者对意外损失的关切比对意外收益要强烈得多。因此,人们在研究风险时,一般总是侧重于减少损失,主要从不利方面来考察风险,经常把风险看成不利事件发生的可能性。

2. 风险的分类

从个别投资主体的角度来看,风险分为市场风险和企业特有风险两类。

(1) 市场风险

市场风险又称不可分散风险或系统风险,是指对所有企业产生影响的因素引起的风险,如战争、经济衰退、通货膨胀、高利率等。这类风险涉及所有的投资对象,不能通过多元化投资来分散。例如,对于股票投资而言,不论购买哪一种股票,都要承担市场风险,经济衰退时各种股票的价格都会不同程度地下跌。

(2) 企业特有风险

企业特有风险又称可分散风险或非系统风险,是指发生于个别企业的特有事件造成的风险,如罢工、新产品开发失败、没有争取到重要合同、诉讼失败等。这类事件是随机发生的,因而可以通过多元化投资来分散。例如,在进行股票投资时,买几种不同的股票比只买一种股票的风险要小。从企业本身的财务和经营角度来看,风险可以分为经营风险和财务风险两类。

经营风险又称商业风险,是指企业固有的、由于与经营有关的因素而导致的未来收益的不确定性,特别指利用营业杠杆而导致息税前利润变动的风险。这是由于在企业生产经营活动中,一些影响企业生产经营活动的因素可能发生不能预期的变化,且杠杆效应的存在扩大了这些变化的影响,使企业未来盈利能力发生更大幅度的波动。

财务风险有广义和狭义之分。广义的财务风险是指企业财务活动中由于各种不确定性因素的影响而带来的债务偿还、利润水平等的可变性。狭义的财务风险又叫筹资风险,是指企业与筹资活动有关的风险,也就是企业债务偿还的不确定性。

6.3.2 风险的衡量

风险与概率直接相关,并由此同期望值、标准差、标准离差率等发生关系。风险的衡量需要使用概率和统计方法。

1. 概率

某一事件在相同的条件下可能发生也可能不发生,既可能出现这种结果又可能出现那种结果,这类事件称为随机事件。随机事件的概率就是用来表示该事件发生可能性大小的百分数或小数。我们用 X 表示随机事件,X_i 表示随机事件的第 i 种结果,P_i 表示出现该种结果相应的概率。若 X_i 是必然发生的事件,则概率 $P_i = 1$;若 X_i 是不可能发生的事件,则概率 $P_i = 0$。所有可能结果出现的概率之和必定等于 1。因此,概率必须符合以下两个条件:

$$0 \leqslant P_i \leqslant 1$$

$$\sum_{i=1}^{n} P_i = 1$$

【例 6-1】 飞达公司有两个投资机会——A 项目和 B 项目,二者的预期报酬同未来的经济状况有关。假设未来的经济状况只有三种,即繁荣、正常、衰退,有关的概率分布和预期报酬如表 6-9 所示。

表 6-9 飞达公司未来经济状况表

经济状况	发生概率	A 项目预期报酬	B 项目预期报酬
繁荣	0.3	90%	20%
正常	0.4	15%	15%
衰退	0.3	−60%	10%

2. 期望值

随机变量的各个取值以相应的概率为权数的加权平均值,叫作随机变量的期望值,它反映随机变量取值的平均化。其计算公式为:

$$\overline{E} = \sum_{i=1}^{n} X_i P_i$$

根据上式可以计算例 6-1 中项目 A、B 的预期报酬率:

$$\overline{E}_A = 0.3 \times 90\% + 0.4 \times 15\% + 0.3 \times (-60\%) = 15\%$$

$$\overline{E}_B = 0.3 \times 20\% + 0.4 \times 15\% + 0.3 \times 10\% = 15\%$$

3. 标准差

常用的表示随机变量离散程度的量是方差、标准差。方差是用来表示随机变量与期望值之间离散程度的一个量,其计算公式为:

$$\sigma^2 = \sum_{i=1}^{n} \left[(X_i - \overline{E})^2 \times P_i \right]$$

标准差也称作均方差,是方差的平方根。其计算公式为:

$$\sigma = \sqrt{\sum_{i=1}^{n} \left[(X_i - \overline{E})^2 \times P_i \right]}$$

标准差以绝对数衡量决策方案的风险,在期望值相同的情况下,标准差越大,风险越大。例 6-1 中,项目 A 的标准差为 58.09%,项目 B 的标准差为 3.87%,因此前者的风险要远大于后者。

4. 标准离差率

标准离差率是标准差与期望值之比,常用符号 V 表示,其计算公式为:

$$V = \frac{\sigma}{E}$$

标准离差率是一个相对指标,它以相对数反映决策方案的风险程度。标准差作为绝对数,只适用于有相同期望值的不同决策方案风险程度的比较。对于期望值不同的决策方案,只能使用标准离差率这一相对数。在期望值不同的情况下,标准离差率越大,风险越大。

复习与思考 什么是风险?风险是否意味着损失?风险如何衡量?

6.3.3 企业经营风险分析

1. 经营风险的影响因素

企业生产经营会受到来自企业外部和内部诸多因素的影响,具有很大程度的不确定性。影响经营风险的因素主要有:

(1) 产品需求的稳定性

稳定的市场需求会降低企业的经营风险。在其他因素不变的情况下,市场对企业产品的需求越稳定,企业未来的经营收益就越确定,经营风险就越小。有些产品的市场需求是比较稳定的,如油、盐、酱、醋等生活必需品,而许多产品由于本身的性质,其需求具有不稳定性,如流行时装等。另外,产品竞争对手竞争实力增强、消费结构改变、企业自身缺乏营销力度等,这一切都可能使企业销售难以达到预期。

(2) 产品销售价格的稳定性

销售价格是影响产品销售收入的决定因素之一。销售价格越稳定,销售收入就越稳定,企业未来经营收益就越稳定,经营风险就越小。

(3) 产品单位变动成本的稳定性

产品单位变动成本的稳定性决定产品成本的稳定性。而产品成本是销售收入的抵减,所以单位变动成本的稳定性决定产品成本的稳定性,从而影响着企业未来经营收益的不确定性。单位变动成本越不稳定,经营风险就越大,除非企业有能力根据单位变动成本及时调整销售价格,否则将对企业未来的经营收益造成很大影响。

(4) 固定成本的比重

固定成本占总成本的比重越大,当产品销售发生变动时,单位产品分摊的固定成本变动就越大,从而导致企业未来经营收益的变动越大,经营风险就越大;反之,固定成本占总成本的比重越小,经营风险就越小。

2. 经营风险的分析方法

(1) 营业杠杆系数法

① 营业杠杆的概念。营业杠杆又叫经营杠杆或营运杠杆,是指固定营业成本的存在

使得息税前利润的变动幅度大于营业额变动幅度的现象。由成本性态可知,固定营业成本是相对于变动营业成本而言的。固定营业成本是指营业成本中的固定部分,它在一定范围内不受营业额变动的影响,如机器设备的折旧、管理人员的工资等。变动营业成本是指营业成本中的变动部分,它在一定范围内随着营业额的变动而成正比例变动,如原材料费用、生产工人的计件工资等。

- 营业杠杆利益

由于固定营业成本在一定范围内不随着营业额的变化而变化,因此当企业的营业额增加时,单位营业额所分摊的固定营业成本就会降低,从而使得企业的息税前利润以更高的比率增加。

【例6-2】 星海公司的营业额在1 000万—1 500万元时,固定营业成本为300万元,变动营业成本为营业额的50%。2017—2019年公司的营业额分别为1 000万元、1 200万元和1 400万元。公司三年来营业额和息税前利润的变动情况如表6-10所示。

表6-10 星海公司的经营资料

年份	营业额 (万元)	营业额 增长率	变动营业成本 (万元)	固定营业成本 (万元)	息税前利润 (万元)	息税前利润 增长率
2017	1 000		500	300	200	
2018	1 200	20.00%	600	300	300	50.00%
2019	1 400	16.67%	700	300	400	33.33%

由表6-10可见,2018年星海公司营业额比2017年增长20%,由于固定营业成本保持不变,因此息税前利润的增长率大大高于营业额的增长率,达到了50%。同样,2019年星海公司营业额只比2018年增长16.67%,而息税前利润则增长了33.33%。这就是固定营业成本所带来的营业杠杆利益。

- 营业杠杆风险

由于固定营业成本不随着营业额的变化而变化,因此当企业的营业额减少时,单位营业额所分摊的固定营业成本就会上升,从而使得企业的息税前利润以更高的比率减少。

【例6-3】 假设前例中,星海公司2017年和2019年的营业额正好反过来,即分别为1 400万元和1 000万元。其他条件都不变。公司三年来营业额和息税前利润的变动情况如表6-11所示。

表6-11 星海公司的经营资料

年份	营业额 (万元)	营业额 增长率	变动营业成本 (万元)	固定营业成本 (万元)	息税前利润 (万元)	息税前利润 增长率
2017	1 400		700	300	400	
2018	1 200	−14.29%	600	300	300	−25.00%
2019	1 000	−16.67%	500	300	200	−33.33%

由表 6-11 可见,2018 年星海公司营业额比 2017 年降低 14.29%,由于固定营业成本保持不变,因此息税前利润的降低比率大大高于营业额的降低比率,达到了 25.00%。同样,2019 年星海公司营业额只比 2018 年下降 16.67%,而息税前利润却下降 33.33%。这就是固定营业成本所带来的营业杠杆风险。

② 营业杠杆系数。营业杠杆系数(Degree of Operational Leverage,DOL)是衡量营业杠杆作用程度的指标,它是企业息税前利润变动率相对于营业额变动率的倍数。其基本计算公式为:

$$DOL = \frac{\Delta EBIT/EBIT}{\Delta S/S} = \frac{\Delta EBIT/EBIT}{\Delta Q/Q}$$

式中,$\Delta EBIT$ 是息税前利润的变动额;S 是变动前的销售额;ΔS 是销售额的变动额;Q 是变动前的销售量;ΔQ 是销售量的变动额。

因为息税前利润 $EBIT = Q(P-V) - F$,其中 P 表示销售单价,V 表示单位变动成本,F 表示固定成本总额。营业杠杆系数可以用销售量或销售额表示:

$$DOL = \frac{Q(P-V)}{Q(P-V) - F} = \frac{S - VC}{S - VC - F}$$

式中,VC 代表变动成本总额。

又由于边际贡献 $M = Q(P-V) = S - VC$,所以营业杠杆系数又可以表示为:

$$DOL = \frac{基期边际贡献}{基期息税前利润} = \frac{M}{M - F}$$

由推导过程可知,上述公式中的 Q、P、V、F、S、VC 都是基期数据,即变化之前的数据。因此,利用这个公式可以在基期结束之后就测算出来年的营业杠杆系数,而不必等到来年结束,这样能让企业提早得知来年营业杠杆作用的程度,便于采取相应的对策。

从以上公式可以看出,固定成本总额 F 位于公式的分母,在其他因素不变的情况下,营业杠杆系数会随着固定成本的增大而增大。固定成本总额的主要构成部分是折旧费,它是由企业固定资产总额决定的。因此,在其他因素相同的情况下,营业杠杆系数会随着资产结构中固定资产比例的增大而增大,随着固定资产比例的减小而减小。

引起企业经营风险的主要原因是市场需求和成本等因素的不确定性。营业杠杆本身虽不是利润不稳定的根源,但当产销量增加时,息税前利润将以营业杠杆的倍数幅度增加;而当产销量减少时,息税前利润又将以营业杠杆的倍数幅度减少。因此,营业杠杆扩大了市场和生产等不确定性因素对利润变动的影响,营业杠杆系数越大,息税前利润变动得越激烈,企业的经营风险越大。一般来说,在其他因素不变的情况下,固定成本越高,营业杠杆系数越大,经营风险越大。从营业杠杆系数的计算公式来看,营业杠杆系数将随固定成本总额的变化呈同方向变化,即在其他因素一定的情况下,固定成本越高,营业杠杆系数越大,企业经营风险越大。

【例 6-4】 A、B 两家公司的有关资料如表 6-12 所示。

表 6-12 A、B 公司的经营资料   金额单位：元

公司名称	经济状况	概率	销售量（件）	单价	销售额	单位变动成本	变动成本总额	边际贡献	固定成本	息税前利润
A	繁荣	0.20	240	20	4 800	12	2 880	1 920	800	1 120
A	一般	0.60	200	20	4 000	12	2 400	1 600	800	800
A	衰退	0.20	160	20	3 200	12	1 920	1 280	800	480
B	繁荣	0.20	240	20	4 800	8	1 920	2 880	1 600	1 280
B	一般	0.60	200	20	4 000	8	1 600	2 400	1 600	800
B	衰退	0.20	160	20	3 200	8	1 280	1 920	1 600	320

A 公司的期望边际贡献为：

$$\overline{M}_A = 1\,920 \times 0.20 + 1\,600 \times 0.60 + 1\,280 \times 0.20 = 1\,600(元)$$

A 公司的期望息税前利润为：

$$\overline{EBIT}_A = 1\,120 \times 0.20 + 800 \times 0.60 + 480 \times 0.20 = 800(元)$$

A 公司最有可能的营业杠杆系数为：

$$营业杠杆系数_A = \frac{\overline{M}_A}{\overline{EBIT}_A} = \frac{1\,600}{800} = 2$$

同样可以计算 B 公司最有可能的营业杠杆系数：

$$营业杠杆系数_B = \frac{\overline{M}_B}{\overline{EBIT}_B} = \frac{2\,400}{800} = 3$$

从上述计算可知，由于 B 公司固定成本高于 A 公司，因此 B 公司的营业杠杆系数要比 A 公司大，则 B 公司的经营风险要大于 A 公司。

（2）盈亏平衡分析法

盈亏平衡分析关注的是企业收入和成本之间的关系。盈亏平衡分析的一个重要部分是对两类成本（即变动成本和固定成本）的区分。变动成本随收入直接变化，而固定成本在一定收入范围内基本保持不变。

【例 6-5】 佳乐饮料公司单位产品售价为 1.2 元，单位变动成本为 0.72 元，固定成本总额为 50 万元，公司相关数据见表 6-13。

表 6-13 佳乐饮料公司销售、成本和息税前利润   金额单位：元

销售量（瓶）	单位售价	销售收入	变动成本总额	固定成本总额	成本总额	息税前利润
400 000	1.2	480 000	288 000	500 000	788 000	-308 000
800 000	1.2	960 000	576 000	500 000	1 076 000	-116 000
1 200 000	1.2	1 440 000	864 000	500 000	1 364 000	76 000
1 600 000	1.2	1 920 000	1 152 000	500 000	1 652 000	268 000
2 000 000	1.2	2 400 000	1 440 000	500 000	1 940 000	460 000

盈亏平衡分析的等式以收益等式为起点：

$$销售收入 = 变动成本 + 固定成本 + 息税前利润$$

或

$$Q \times P = VC + F + EBIT$$

盈亏平衡分析假设收益或损失为零，这是盈亏平衡一词的普通含义。由上式可知，当销售量在 1 041 667 瓶时，公司收支相等，既无盈利也无亏损，我们称这一点的销售量为盈亏平衡点。因此，公司盈亏平衡点的销售收入是 125 万元，销售量是 1 041 667 瓶。销售量低于盈亏平衡点时，边际贡献不足以弥补固定成本；而销售量大于盈亏平衡点时，边际贡献能够弥补固定成本并产生收益。公司的盈亏平衡也可以通过图 6-5 分析。

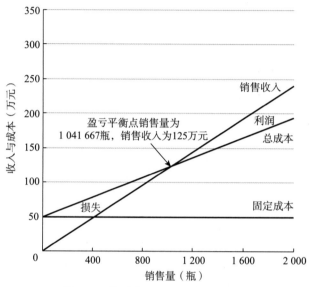

图 6-5 佳乐饮料公司盈亏平衡分析

在盈亏平衡点，边际贡献正好等于固定成本，从营业杠杆系数的计算公式可以看出，当销售量接近盈亏平衡点时，营业杠杆系数趋于无穷大。这时，即使企业的销售量有小幅变动，息税前利润也可能发生大幅升降。从企业风险管理的角度来看，利润波动的百分比大意味着企业经营风险也大。从正面看，变动是有益的，销售量上升可以大量增加息税前利润；但从反面看，它可能产生比单纯销售收入减少更严重的结果。

复习与思考 衡量企业经营风险的方法有哪些？

6.3.4 企业筹资风险分析

1. 筹资风险的影响因素

狭义的财务风险是在筹资活动中产生的，企业从不同的筹资渠道以不同的筹资方式筹集生产经营所需的资金，必然受到资金供求关系、市场利率等因素变动的影响，而企业本身获利能力、资本结构的变动，也是产生筹资风险的原因。

(1) 资金供求关系的变动

资金供求关系直接影响筹资成本的高低,从而影响企业的资本结构。当资金供求关系紧张时,借入资金的利率就会提高,自有资金的利润率随之下降,甚至低于息税前利润率。在息税前利润率和资产负债率一定的情况下,负债的利率越高,自有资金的利润率就越低,企业的财务风险就越大。

(2) 利率水平的变动

筹集资金时的市场利率是衡量债务利息的参照系数。当以一定的利率筹集资金后,企业就开始背负还本付息的责任。当市场利率高于负债利率时,资本成本相对降低,利润率会水涨船高;当市场利率低于负债利率时,资本成本相对升高,利润率也会随之下降。市场利率的涨落不定,使企业负债经营充满生机和风险。

(3) 获利能力的变动

企业未来获利能力具有很大的不确定性。企业总是希望息税前利润率高于负债利率,能够使权益资本获得更大的收益。企业自身的经营因素可能导致利润减少,如未能实现预定生产任务,影响计划销售,使单位产品负担更高的固定成本;或者原材料供应紧张,导致原材料成本上升。总之,这些因素会不断地侵蚀利润,而债务利息固定不变。由于固定利息的存在,息税前利润率变化越大,企业无力偿债的可能性越大,这时负债越高,企业财务风险越大。

(4) 资本结构的变动

资本结构是企业借入资金和自有资金的比例。举债经营时,企业全部资金包括自有资金和借入资金,当企业息税前利润率高于负债利率时,使用借入资金所获得的利润高于债务利息,从而提高自有资金利润率。而当企业息税前利润率低于负债利率时,将降低自有资金利润率。如果息税前利润不足以支付债务利息,则企业必须用自有资金支付利息,从而导致企业亏损。当企业严重亏损,财务状况恶化,丧失支付能力,自有资金不足以支付债务利息时,企业就会因无法支付本息而破产。

2. 筹资风险的分析方法

(1) 概率分析法

概率分析法的基本思路是根据预先测定的各种可能结果的概率和可能的息税前利润率,计算期望值、方差和标准差,据以判断风险程度。

【例 6-6】 某公司准备投入一种新产品,预测出现畅销、一般、滞销的概率分别为 0.5、0.3、0.2,三种情况下公司息税前利润率分别为 30%、10% 和 -10%,企业所得税税率为 25%。公司现有三种筹资方案可供选择:全部自有资金;80% 为自有资金,负债利率为 8%;50% 为自有资金,负债利率为 10%。若资金总额为 100 万元,试分析各种筹资方案的风险程度。

① 计算期望自有资金收益率。

$$期望自有资金收益率 = \left[期望息税前利润率 + \frac{借入资金}{自有资金} \times (期望息税前利润率 - 借入资金利率)\right] \times (1 - 所得税税率)$$

式中,

期望息税前利润率 = $\sum$ [各种情况可能出现的概率 × 该情况下息税前利润率]

依据资料计算如下:

期望息税前利润率 = $\sum P_i \times X_i$ = 0.5 × 30% + 0.3 × 10% + 0.2 × (-10%) = 16%

期望自有资金收益率（Ⅰ） = $\left[16\% + \dfrac{0}{100\%}(16\% - 0)\right] \times (1 - 25\%) = 12.0\%$

期望自有资金收益率（Ⅱ） = $\left[16\% + \dfrac{20\%}{80\%} \times (16\% - 8\%)\right] \times (1 - 25\%) = 13.5\%$

期望自有资金收益率（Ⅲ） = $\left[16\% + \dfrac{50\%}{50\%} \times (16\% - 10\%)\right] \times (1 - 25\%) = 16.5\%$

② 计算方差和标准差判断风险高低。

方差 $\sigma^2 = \sum$ [(各种情况下的税后资金利润率 - 期望自有资金收益率)^2 × 各种情况可能出现的概率]

标准差 $\sigma = \sqrt{\sigma^2}$

税后资金利润率 = $\dfrac{(息税前利润 - 利息) \times (1 - 所得税税率)}{自有资金总额} \times 100\%$

税后自有资金利润率计算如下:

方案Ⅰ: $\dfrac{(1\,000\,000 \times 30\% - 0) \times (1 - 25\%)}{1\,000\,000} \times 100\% = 22.5\%$

$\dfrac{(1\,000\,000 \times 10\% - 0) \times (1 - 25\%)}{1\,000\,000} \times 100\% = 7.5\%$

$\dfrac{[1\,000\,000 \times (-10\%) - 0] \times (1 - 25\%)}{1\,000\,000} \times 100\% = -7.5\%$

方案Ⅱ: $\dfrac{(1\,000\,000 \times 30\% - 1\,000\,000 \times 20\% \times 8\%) \times (1 - 25\%)}{1\,000\,000} \times 100\% = 21.3\%$

$\dfrac{(1\,000\,000 \times 10\% - 1\,000\,000 \times 20\% \times 8\%) \times (1 - 25\%)}{1\,000\,000} \times 100\% = 6.3\%$

$\dfrac{[1\,000\,000 \times (-10\%) - 1\,000\,000 \times 20\% \times 8\%] \times (1 - 25\%)}{1\,000\,000} \times 100\% = -8.7\%$

方案Ⅲ: $\dfrac{(1\,000\,000 \times 30\% - 1\,000\,000 \times 50\% \times 10\%) \times (1 - 25\%)}{1\,000\,000} \times 100\% = 18.75\%$

$\dfrac{(1\,000\,000 \times 10\% - 1\,000\,000 \times 50\% \times 10\%) \times (1 - 25\%)}{1\,000\,000} \times 100\% = 3.75\%$

$\dfrac{[1\,000\,000 \times (-10\%) - 1\,000\,000 \times 50\% \times 10\%] \times (1 - 25\%)}{1\,000\,000} \times 100\% = -11.25\%$

各种方案的标准差依次为:

方案Ⅰ: $\sqrt{(22.5\% - 12.0\%)^2 \times 0.5 + (7.5\% - 12.0\%)^2 \times 0.3 + (-7.5\% - 12\%)^2 \times 0.2}$
= 1.31%

方案Ⅱ：$\sqrt{(21.3\% - 13.5\%)^2 \times 0.5 + (6.3\% - 13.5\%)^2 \times 0.3 + (-8.7\% - 13.5\%)^2 \times 0.2}$
$= 1.45\%$

方案Ⅲ：$\sqrt{(18.75\% - 16.5\%)^2 \times 0.5 + (3.75\% - 16.5\%)^2 \times 0.3 + (-11.25\% - 16.5\%)^2 \times 0.2}$
$= 2.05\%$

标准差越小，风险程度越低。从以上计算可以得出，在期望自有资金收益率大于借入资金利率时，借入资金与自有资金的比值越大，则期望自有资金收益率越高；同时，借入资金与自有资金的比值越大，自有资金利润率的标准差越大，风险也就越大；借入资金利率越高，风险越大。

（2）财务杠杆系数法

① 财务杠杆的概念。对企业的所有者而言，企业负债增加会增加其投资损失的风险，但同时也可能为其带来潜在的投资收益。

财务杠杆又叫筹资杠杆，是指固定债务利息的存在使得税后利润的变动幅度大于息税前利润变动幅度的现象。由于债权人既不分享企业的经营成果，又不承担企业的经营风险，因而不论企业是盈利还是亏损，盈利多还是少，债权人都获得固定的利息。息税前利润是指支付利息、交纳所得税之前的利润。杠杆就是指一种放大的效应或加乘的效果。财务杠杆是对企业经营成功（利润）或失败（损失）的放大。

- 财务杠杆利益

当息税前利润增加时，由于债务利息不变，每1元息税前利润负担的债务利息降低，从而使税后利润以更大的幅度增加，给所有者带来额外的收益。

【例6-7】 星海公司2017—2019年的息税前利润分别为200万元、300万元和400万元。公司的长期资金为5 000万元，其中40%为债务资金，债务资金的平均年利率为6%。公司所得税税率为25%。公司三年来息税前利润和税后利润的变动情况如表6-14所示。

表6-14 星海公司的经营资料

年份	息税前利润（万元）	息税前利润增长率	债务利息（万元）	税前利润（万元）	所得税（万元）	税后利润（万元）	税后利润增长率
2017	200		120*	80	20	60	
2018	300	50.00%	120	180	45	135	125.00%
2019	400	33.33%	120	280	70	210	55.56%

注：* 120 = 5 000×40%×6%。

由表6-14可见，2018年星海公司息税前利润比2017年增长50.00%，由于债务利息保持不变，因此税后利润增长率大大高于息税前利润增长率，达到了125.00%。同样，2019年星海公司息税前利润只比2018年增长33.33%，而税后利润则增长了55.56%。这就是固定债务利息所带来的财务杠杆利益。

- 财务杠杆风险

当息税前利润下降时，债务利息仍然不变，因此每1元息税前利润负担的债务利息上升,从而使税后利润以更大的幅度减少,给所有者带来额外的损失。

【例 6-8】 假设例 6-7 中,星海公司 2017 年和 2019 年的息税前利润正好反过来,即分别为 400 万元和 200 万元。其他条件都不变。公司三年来息税前利润和税后利润的变动情况如表 6-15 所示。

表 6-15 星海公司的经营资料

年份	息税前利润（万元）	息税前利润增长率	债务利息（万元）	税前利润（万元）	所得税（万元）	税后利润（万元）	税后利润增长率
2017	400		120	280	70	210	
2018	300	−25.00%	120	180	45	135	−35.71%
2019	200	−33.33%	120	80	32	60	−55.56%

由表 6-15 可见,2018 年星海公司息税前利润比 2017 年下降 25.00%,由于债务利息保持不变,因此税后利润的下降比率高于息税前利润的下降比率,为 35.71%。同样,2019 年星海公司息税前利润只比 2018 年下降 33.33%,而税后利润则下降了 55.56%。这就是固定债务利息所带来的财务杠杆风险。

因此,财务杠杆对企业生产经营活动中好的结果和坏的结果都进行放大。财务杠杆越高,所有者可能得到的收益越高,同时承担的风险也越大。企业需要好好利用财务杠杆这把双刃剑,综合权衡其收益和风险。

② 财务杠杆系数。财务杠杆系数(Degree of Financial Leverage,DFL)是衡量财务杠杆作用程度的指标,它是企业的税后利润变动率相对于息税前利润变动率的倍数。其基本计算公式为:

$$DFL = \frac{\Delta EAT/EAT}{\Delta EBIT/EBIT}$$

式中,Δ 表示当期与基期(通常以当期的上一期为基期)相比的变化数,EAT 表示税后利润,EBIT 表示息税前利润。

通过变形,可以得到另一个计算财务杠杆系数的公式:

$$DFL = \frac{\Delta EAT}{EAT} \times \frac{EBIT}{\Delta EBIT}$$

$$= \frac{\Delta(EBIT-I)(1-T)}{(EBIT-I)(1-T)} \times \frac{EBIT}{\Delta EBIT} = \frac{\Delta EBIT(1-T) - \Delta I(1-T)}{(EIBT-I)(1-T)} \times \frac{EBIT}{\Delta EBIT}$$

$$= \frac{EBIT}{EBIT-I}$$

式中,I 表示债务利息,T 表示所得税税率。在上述推导过程中,由于债务利息不变,因此 ΔI 等于零。

由推导过程可知,上述第二个公式中的 EBIT 和 I 都是基期数据,即变化之前的数据。因此,利用这个公式可以在基期结束之后就测算出来年的财务杠杆系数,而不必等到来年结束,这样能让企业提早得知来年财务杠杆作用的程度,便于采取相应的对策。

由第二个公式可见,企业的固定债务利息越高,财务杠杆就越大,加乘效果就越明显。而在企业规模既定的情况下,资源来源中的负债比例越高,债务利息就越高。因此,财务杠杆与资本结构密切相关,二者分别从不同角度反映了企业负债经营所带来的利益和风险。其中,财务杠杆更明确地给出了负债经营的利益大小和由此带来的风险高低。总之,企业资本结构中负债比例越高,财务杠杆就越大,资金成本节约的利益和负债经营的利益就越明显,同时不能如期还本付息的风险以及当经营恶化时所有者利益加倍恶化的风险就越大。

【例 6-9】 亿城公司为筹集 200 万元有三种筹资方案:A 方案,发行普通股 2 万股;B 方案,发行普通股 1.5 万股,借入资金 50 万元;C 方案,发行普通股 1 万股,借入资金 100 万元。企业借贷资金利率为 8%,息税前利润率为 10%,所得税税率为 25%。具体分析如表 6-16 所示。

表 6-16　三种方案计算表　　　　　　　　　　　　金额单位:元

项目	A 方案	B 方案	C 方案
资本总额	2 000 000	2 000 000	2 000 000
债务利息(利率为 8%)	0	40 000	80 000
息税前利润	200 000	200 000	200 000
税前利润	200 000	160 000	120 000
所得税	50 000	40 000	30 000
税后利润	150 000	120 000	90 000
财务杠杆系数	1.00	1.25	1.67
普通股股数	20 000	15 000	10 000
每股盈余	7.50	8.00	9.00
息税前利润减少	100 000	100 000	100 000
债务利息	0	40 000	80 000
税前利润	100 000	60 000	20 000
所得税	25 000	15 000	5 000
税后利润	75 000	45 000	15 000
每股盈余	3.75	3.00	1.50
每股盈余变化	-3.75	-5.00	-7.50

从表 6-16 的分析中可以看出,在资本总额、息税前利润相同的情况下,负债比例越高,财务杠杆系数越大,预期的每股盈余也越多。但随着财务杠杆系数的增大,企业财务风险也在增加。同样降低 1 万元的息税前利润,财务杠杆系数越大,每股盈余下降得也越多。

(3) 综合成本分析法

企业对一种筹资方式是否适当的判断,不仅要考虑该种筹资方式的资金成本与预期收益,而且要纳入整个企业主体综合衡量。一般而言,在企业预期收益相同的情况下,筹

资组合总成本最低的方案是最有利的。也就是说,能使企业总成本最低的筹资组合才是最佳组合。筹资组合总成本的计算公式为:

$$K_W = \sum_{i=1}^{n} K_i W_i$$

式中,K_i代表第i种个别资本的成本;W_i代表第i种个别资本在总资本中所占的比重。

【例6-10】 星度公司有两种筹集1亿元资金的方案可供选择,有关测算资料见表6-17。

表6-17 两种方案的数据

筹资方式	A方案		B方案	
	筹资额(万元)	资本成本率	筹资额(万元)	资本成本率
长期借款	800	6.0%	1 600	7.0%
长期债券	2 000	7.0%	2 400	7.5%
优先股	1 200	12.0%	1 000	12.0%
普通股	6 000	15.0%	5 000	15.0%

计算两种方案的综合成本率:

方案 A:$K_W = \dfrac{800}{10\ 000} \times 6.0\% + \dfrac{2\ 000}{10\ 000} \times 7.0\% + \dfrac{1\ 200}{10\ 000} \times 12.0\% + \dfrac{6\ 000}{10\ 000} \times 15.0\% = 12.32\%$

方案 B:$K_W = \dfrac{1\ 600}{10\ 000} \times 7.0\% + \dfrac{2\ 400}{10\ 000} \times 7.5\% + \dfrac{1\ 000}{10\ 000} \times 12.0\% + \dfrac{5\ 000}{10\ 000} \times 15.0\% = 11.62\%$

在本例中,A方案的负债比例为28%,B方案的负债比例为40%,因此单从负债比例来看,B方案的风险更大一些。但从企业使用资金的总成本来看,B方案的11.62%要低于A方案的12.32%,特别是在企业资金收益率低于12.32%时,B方案的风险反而低于A方案。

复习与思考 衡量企业筹资风险的方法有哪些?

6.3.5 企业经营风险和筹资风险的联合风险分析

1. 联合杠杆利益和联合杠杆风险

营业杠杆反映了销售量变动对营业利润变动的影响,财务杠杆反映了营业利润变动对普通股每股收益变动的影响。如果两种杠杆共同作用,那么销售量有变动,企业每股收益就会产生较大的变动。我们通常把这种营业杠杆和财务杠杆的连锁作用称为联合杠杆作用,它反映了每股收益变动对销售量变动的敏感程度。联合杠杆作用对所有者收益的正面影响就是联合杠杆利益,负面影响就是联合杠杆风险。

企业固定营业成本的存在导致营业杠杆效应,即销售量的变动会引起息税前利润更大幅度的变动。固定利息费用的存在导致财务杠杆效应,即息税前利润的变动会引起税后利润更大幅度的变动。当两种固定费用同时存在时,资本结构风险和资产结构风险产生连锁反应,销售量的小幅变动最终会引起每股收益的大幅变动。

2. 联合杠杆系数

联合杠杆作用可用联合杠杆系数衡量。联合杠杆系数也称复合杠杆系数,它是每股收益变动相对于销售量变动的倍数,是营业杠杆系数和财务杠杆系数的乘积。其计算公式为:

$$DCL(或\ DTL) = DOL \times DFL$$

或者:

$$DCL(或\ DTL) = \frac{S - VC}{S - VC - F - I}$$

在联合杠杆的作用下,当企业产品销售量增加时,每股收益会大幅上升;当企业产品销售量下降时,每股收益会大幅下降。企业联合杠杆系数越大,企业每股收益波动就越大。在其他因素不变的情况下,联合杠杆系数越大,企业总风险就越大。

有证据表明,企业营业杠杆和财务杠杆之间存在负向关系,尤其是那些企业总风险较高的企业更是如此。因此,企业可以采取战略性措施来冲销经营风险和财务风险。例如,在营业杠杆作用较高时,可以在较低程度上运用财务杠杆,以回避过大的风险;在营业杠杆作用较低时,可以在较高程度上运用财务杠杆,以提高股东权益。

6.3.6 企业投资风险分析

1. 投资风险及其影响因素

企业投资的目的在于获取投资收益,而投资风险与投资收益相伴而生,通常投资收益的期望越高,投资风险也会越大。企业的投资风险是在企业投资活动中,相关的政治、经济、社会、文化和法律等因素在一定时间内难以预料的变动,致使经营环境发生变动,从而导致投资者蒙受经济损失和非经济损失的可能性。投资风险可能来源于以下因素:

一是政治经济形式的变化。这种变化会对企业外部环境产生重大影响,它一方面引起市场波动和国家宏观政策变化,另一方面引起投资者投资心理、投资动机改变,从而使企业原投资决策方案发生偏离。

二是产品销路和投入品市场的变化。技术进步和消费观念的改变,对原先预测的市场占有率、产品结构、产品种类和供需数量产生重大冲击;原先预定的投入品价格上涨、供给量不足、产品销路不畅、价格下跌、新的替代品出现等,导致原投资决策方案失去作用。

三是财政、信贷和投资政策的变化。如果国家鼓励投资、放松银根、降低利率,则投资处于有利地位,投资风险相对较小;反之,如果国家紧缩财政、紧缩银根、抑制投资规模、限定某方面的投资,就会使投资处于不利地位,投资风险相对加大。

四是经营状况的变化。企业自身经营状况不佳,会引起营业风险、财务风险、投资实力不足,从而使原定的投资目标不能实现或发生偏离。

2. 证券投资风险分析

证券投资是企业通过购买股票、债券等金融资产的方式进行的对外投资。进行证投资必然要承担一定的风险,这些风险主要源于违约风险、利率风险、购买力风险、流动性风险和期限风险。证券投资风险可以分成两部分,即与整个市场变化相关的市场风险和证券本身特有的风险,投资者可以通过持有有效分散的证券组合,消除部分特有风险。

(1) 风险分散理论

证券投资组合理论通过对证券组合收益与风险的分析,认为一个证券组合的期望报酬率是组合中各证券的期望报酬率的加权平均数,因此,增加证券组合中证券的数量未必会提高证券组合的预期收益,但证券组合的风险则随着证券数量的增加而降低。这是由于证券组合中各证券的非系统风险可以通过分散化投资相互抵消。

从理论上讲,如果组合内的证券完全负相关,则组合的风险会被完全抵消;如果组合内的证券完全正相关,则组合的风险不降低也不扩大。实际上,证券组合中各证券既不可能完全正相关,又不可能完全负相关,大部分证券之间的相关程度在 0.5—0.7,因此不同证券的投资组合能够降低风险,但不能完全消除风险。例如,如果一个证券组合包含全部股票,则只承担市场风险(系统风险),而不承担企业特有风险。证券组合中的证券种类从 1 只增加到 10 只左右时,证券组合风险的下降程度很明显。但是,随着证券组合中证券种类的继续增加,证券组合风险降低的边际效果在迅速递减。一般来说,当证券组合中证券种类增加到 20 只时,证券组合的风险几乎降低到只包含系统风险的水平,再增加证券的种类,对证券组合风险的降低作用就不大了。

(2) 证券投资组合的定性分析

证券投资组合的定性分析从投资者对证券投资的目标出发,研究如何进行证券组合,以实现投资者的目标。

首先要确定投资目标。有些投资者的目标是资本增长,着眼于长期的资本增值。投资者可以通过不断积累投资所得进行再投资,使资本增加的价值越来越多,或者选择增长型的股票来提高资本价值。前者风险较小,后者风险较大。以资本增长为目标的投资者,必须对投资做长期安排,追逐短期利益通常对长期增长不利。有些投资者的目标是取得经常收入,投资者的当前收入比资本回收更重要,要求当前收入的稳定性和可靠性。该目标决定了投资者应选择安全的投资对象。有些投资者的目标是二者的结合,要选择不同的投资对象,分别做出安排。还有些投资者有其他投资目标,如利用短期闲置的资金,对此应选择流动性强、变现能力好的短期债券,宁可减少一些投资收入。

其次要选择证券。在确定投资目标以后,应根据其选择若干证券,构成证券组合。选择前必须先了解每种证券的特点,即对证券进行分类,主要有按风险大小分类,按长期和短期分类,按收入型和增长型分类。然后,确定证券组合的风险水平,大致可以分为三类:保守型组合,这种组合尽量模拟证券市场的某种市场指数,以求分散掉全部可分散风险,获得与市场平均报酬率相同的投资报酬;进取型组合,这种组合以资本增长为主要目标,尽量多选择一些成长性较好的证券,而少选择低风险、低报酬的证券;收入型组合,以追求低风险和稳定收益为主要目标,通常选择一些风险不大、效益较好的证券。最后,按分散化原则选定具体证券品种。分散化的方式包括证券种类分散化、到期日分散化、部门和行业分散化以及公司分散化。一般说来,有5—10种证券就可以达到分散风险的目的。

最后要进行监视和调整。证券市场瞬息万变,要监视证券组合实施后的情况,审查是否达到了原定目标。若没有达到或出现其他异常情况,则应考虑更换证券品种或搭配比例,改变原有组合。

(3)证券投资组合的定量分析

① β 系数。证券不可分散风险的程度,通常用 β 系数来计量。β 系数越大,说明该公司股票相对于整个市场而言风险越高,波动越大。β 值可通过公司证券收益率对同期证券市场指数收益率的回归计算得来。β 系数一般不需要投资者自己计算,而由一些投资服务机构定期计算并公布。

作为整体的证券市场的 β 系数为1。如果某种股票的风险情况与整个证券市场的风险情况一致,则这种股票的 β 系数也等于1;如果某种股票的 β 系数大于1,则说明其风险大于整个证券市场的风险;如果某种股票的 β 系数小于1,则说明其风险小于整个证券市场的风险。

证券组合的 β 系数是组合中单个证券 β 系数的加权平均,权数为各种证券在组合中所占的比重。它反映了特定证券组合的风险相对于整个证券市场的变异程度。计算公式为:

$$\beta_p = \sum_{i=1}^{n} x_i \beta_i$$

式中,β_p 表示证券组合的 β 系数,x_i 表示证券组合中第 i 种股票所占的比重,β_i 表示第 i 种股票的 β 系数,n 表示证券组合中的证券数量。

② 资本资产定价模型。资本资产定价模型运用一般均衡模型刻画所有投资者的具体行为,揭示在均衡状态下证券风险与收益之间关系的经济本质。其定价模型为:

$$K_i = R_F + \beta_i (K_M - R_F)$$

式中,K_i 表示第 i 种股票的必要收益率,R_F 表示无风险收益率,K_M 表示所有股票的平均收益率,β_i 表示第 i 种股票的 β 系数。

例如,某公司的 β 系数为2,无风险收益率为6%,市场上所有股票的平均收益率为10%,那么,该公司股票的必要收益率为:

$$K_i = 6\% + 2 \times (10\% - 6\%) = 14\%$$

【例6-11】 飞乐公司持有甲、乙、丙三种股票构成的证券组合,它们的 β 系数分别为2.0、1.5和1.0,它们在证券组合中所占的比重分别为60%、30%和10%。若该公司出售乙种股票,购入同等金额的丁种股票,其 β 系数为0.5,则两种证券组合的 β 系数为:

$\beta(甲乙丙) = 2.0 \times 60\% + 1.5 \times 30\% + 1.0 \times 10\% = 1.75$

$\beta(甲丙丁) = 2.0 \times 60\% + 1.0 \times 10\% + 0.5 \times 30\% = 1.45$

如果上述甲、乙、丙、丁四种股票的收益率分别为12%、10%、7%和5%,则两种证券组合的预期报酬率为:

$R(甲乙丙) = 12\% \times 60\% + 10\% \times 30\% + 7\% \times 10\% = 10.9\%$

$R(甲丙丁) = 12\% \times 60\% + 7\% \times 10\% + 5\% \times 30\% = 9.4\%$

可见,证券组合中个股的 β 系数降低,则组合的 β 系数降低,证券组合的风险水平降低,投资者可据此选择自己可以接受的风险水平。但需要注意的是,在降低风险的同时,报酬率也相应降低了。

在分析时投资者可先确定可以接受的风险水平,然后通过选择证券种类,优化证券组合,在不提高风险水平的条件下使报酬率最高;或者先确定报酬率,然后优化证券组合,使风险降至最低。

3. 项目投资风险分析

这里所讨论的项目投资是指与新建项目或更新改造项目有关的长期投资行为。因为长期投资的未来收益和成本很难精确预测,有不同程度的不确定性和风险性。当风险大到足以影响投资方案的选择时,就应对其进行计量并在决策时加以考虑。分析项目投资风险的常用方法有风险调整贴现率法和风险调整现金流量法两种。

(1) 风险调整贴现率法

将与特定投资项目有关的风险报酬,加入资本成本或企业要求达到的报酬率,构成按风险调整的贴现率,并据以进行投资决策分析的方法,称作风险调整贴现率法。风险调整贴现率法有如下几种:

① 用资本资产定价模型来调整贴现率。在进行资本预算时,可以引入与证券总风险模型大致相同的模型——总资产风险模型:

$$总资产风险 = 不可分散风险 + 可分散风险$$

可分散风险可以通过企业多元化经营消除,在进行投资时,值得注意的风险只是不可分散风险。这时,特定投资项目的风险调整贴现率可按下式计算:

$$K_j = R_F + \beta_i(R_M - R_F)$$

式中,K_j 表示项目 j 按风险调整的贴现率,R_F 表示无风险收益率,R_M 表示所有项目的平均贴现率,β_j 表示项目 j 不可分散风险的 β 系数。

② 用风险收益率模型来调整贴现率。一项投资的总报酬可分为无风险收益率和风险收益率两部分,如公式所示:

$$K = R_F + bV$$

因此,特定项目的风险调整贴现率可按下式计算:

$$K_j = R_F + b_j V_j$$

式中,K_j 表示项目 j 按风险调整的贴现率,R_F 表示无风险收益率,b_j 表示项目 j 的风险收益系数,V_j 表示项目 j 的预期标准离差率。

③ 按投资项目的风险等级来调整贴现率。这种方法是对影响投资项目风险的各种因素进行评分,并根据风险等级来调整贴现率的一种方法。风险因素的分数、风险等级、贴现率都由企业管理人员根据以往情况来设定,具体的评分工作则由销售、生产、技术和财务等部门组成的专家小组进行。

按风险调整贴现率后,具体的项目评价与无风险的项目基本相同。风险调整贴现率法比较符合逻辑,但是把时间价值和风险价值混在一起,并据此对现金流量进行贴现,意味着风险随时间的推移而加大,这是不合理的。

(2) 风险调整现金流量法

风险的存在使得各年的现金流量变得不确定,因此需要按风险情况对各年的现金流量进行调整。这种先按风险调整现金流量,然后进行投资决策分析的方法,称作风险调整现金流量法。这里介绍常用的肯定当量法。

肯定当量法就是把不确定的现金流量,按照一定的系数(称作肯定当量系数,常用 d 表示)折算为大约相当于确定的现金流量的数量,然后利用无风险贴现率来评价风险投资项目的决策分析方法。肯定当量系数是肯定的现金流量和与之相当的、不肯定的现金流量的比值。在进行评价时可根据各年现金流量风险的大小,选用不同的肯定当量系数。当现金流量确定时,可取 $d=1.0$;当现金流量的风险很小时,可取 $0.8 \leqslant d<1.0$;当现金流量的风险一般时,可取 $0.4 \leqslant d<0.8$;当现金流量的风险很大时,可取 $0<d<0.4$。

为了防止因决策者的偏好不同而造成的决策失误,有的企业根据标准离差率来确定肯定当量系数。因为标准离差率是衡量风险大小的一个很好的指标,用它来确定肯定当量系数是合理的。标准离差率与肯定当量系数的对照关系见表 6-18。

表 6-18 标准离差率与肯定当量系数的对照关系

标准离差率	肯定当量系数
0.00—0.07	1.0
0.08—0.15	0.9
0.16—0.23	0.8
0.24—0.32	0.7
0.33—0.42	0.6
0.43—0.54	0.5
0.55—0.70	0.4
…	…

采用肯定当量法对现金流量进行调整,进而做出投资决策,克服了风险调整贴现率法夸大远期风险的缺点,但如何准确、合理地确定肯定当量系数是一个十分困难的问题。

复习与思考 什么是投资风险?它受哪些因素影响?

案例分析

卧龙电驱和英威腾竞争能力分析

利用对比差距法,选取净资产、营业收入、净利润、净资产收益率、出口收入占营业收入比率、总资产周转率和三年营业收入平均增长率等定量指标,根据卧龙电驱(600580)和英威腾(002334)两家公司 2017—2019 年年报数据,对两家公司竞争能力进行直接对比分析。表 1 列出了指标计算结果。

表 1　卧龙电驱和英威腾竞争能力分析指标数据

公司	净资产（万元）	营业收入（万元）	净利润（万元）	净资产收益率	出口收入占营业收入比率	总资产周转率	三年营业收入平均增长率
卧龙电驱	797 920.43	1 241 610.61	66 794.08	47.38%	41.91%	0.65	11.70%
英威腾	155 655.36	224 202.51	−43 978.09	−17.77%	27.78%	0.74	19.23%

① 净资产。它体现了企业投资者对净资产的所有权，是企业生存和发展的基础。净资产反映了企业有效资产的规模和企业的财务实力，而财务实力是决定企业综合竞争能力的要素之一。2019 年，卧龙电驱和英威腾的净资产分别为 797 920.43 万元、155 655.36 万元，反映出卧龙电驱的资产规模要远大于英威腾，因而从资产规模角度来看，卧龙电驱的竞争能力要强于英威腾。

② 营业收入。营业收入总额直接体现了企业的市场占有情况，对一个国家或地区而言，特定时期特定产品或劳务的市场容量大致是一个确定的数量，在市场容量一定的情况下，企业的营业收入规模越大，其产品的市场占有份额越高，则经营和竞争能力就越强。而产品或劳务的市场占有情况直接影响企业的生存和发展能力，因而企业必须把稳定和持续扩张市场作为企业生存的保障。2019 年，卧龙电驱的营业收入为 1 241 610.61 万元，远高于英威腾的 224 202.51 万元，反映出卧龙电驱的市场占有率高于英威腾，因而从市场规模角度来看，卧龙电驱的竞争能力要强于英威腾。

③ 净利润。净利润的多少及其质量的高低决定了企业在市场竞争中的地位，企业净利润越多、质量越高，说明企业的经营效率越高，经营效果越好，反映出企业拥有较强的市场竞争能力。如果企业净利润规模偏小，则即使拥有较高的收益率，企业的竞争能力也不强。2019 年，卧龙电驱的净利润为 66 794.08 万元，远高于英威腾的 −43 978.09 万元，反映出卧龙电驱的综合经营效果优于英威腾，因而从盈利水平角度来看，卧龙电驱的竞争能力要强于英威腾。

④ 净资产收益率。净资产收益率能够比较客观、综合地反映企业的经济效益，准确地体现投资者投入资本的获利能力。企业净资产收益率越高，企业自有资本获利能力越强，其营运效率越高，对投资者、债权人的保障程度越高，企业竞争能力越强。2019 年，英威腾的净资产收益率为 −17.77%，远低于卧龙电驱的 47.38%，表明英威腾资本营运效率劣于卧龙电驱，从对投资者和债权人的保障程度角度来看，英威腾的竞争能力弱于卧龙电驱。

⑤ 出口收入占营业收入比率。出口收入占营业收入比率可以反映企业产品出口竞争能力，体现企业国际化水平，从一定程度上体现企业在国际市场中的份额。特别是对国际市场依存度较高的产业，如何扩大出口，提高出口收入占营业收入的比率，是提高企业竞争能力必须考虑的重要问题之一。2019 年，卧龙电驱的出口收入占营业收入比率为 41.91%，远高于英威腾的 27.78%，表明卧龙电驱产品出口竞争能力要强于英威腾。

⑥ 总资产周转率。资产周转速度是影响企业持续成长和竞争能力的重要因素。企业资产周转的速度越快，其利用有限资源获取收益的能力就越强；反之，如果企业资产周转的速度较慢，则即使企业拥有较大的资产或资本规模，也不会带来可观的盈利规模。2019

年,英威腾的总资产周转率为0.74,高于卧龙电驱的0.65,表明英威腾对企业资源的利用能力要强于卧龙电驱。

⑦ 三年营业收入平均增长率。三年营业收入平均增长率表明企业业务连续三年的增长情况,能够体现企业的市场扩张能力。2017—2019年,英威腾的三年营业收入平均增长率为19.23%,高于卧龙电驱的11.70%,表明英威腾未来竞争能力提高的潜力大于卧龙电驱,从成长性角度来看,英威腾要优于卧龙电驱。

净资产收益率、出口收入占营业收入比率和总资产周转率等指标从相对量角度描述了企业的竞争能力。在这些指标中,英威腾除总资产周转率高于卧龙电驱外,其他指标都比卧龙电驱低。这表明在资本盈利能力和资源利用效率方面,卧龙电驱要优于英威腾。净资产、营业收入和净利润等指标从绝对量角度描述了企业的竞争能力,是确定企业竞争能力高低最重要的指标。卧龙电驱相对量指标方面多数比英威腾好,绝对量指标方面均明显好于英威腾,表明卧龙电驱市场竞争能力要强于英威腾。三年营业收入平均增长率指标描述了企业的增长潜力,可以说是反映企业未来竞争能力的预测指标,英威腾三年营业收入增长率高于卧龙电驱,表明英威腾在提升企业竞争能力方面要优于卧龙电驱。

本章小结

企业发展能力是企业偿债能力、营运能力、盈利能力的综合体现。通过发展能力分析即对企业价值驱动因素的量化分析,可以了解企业未来的发展潜力。反映发展能力的主要分析指标包括销售增长指标、资产增长指标、资本扩张指标、利润和股利增长指标、投入技术比率等。

企业竞争能力表现为一个企业能够持续地比其他企业更有效地向消费者(或市场)提供产品或服务,并且能够使自身得以发展的能力或综合素质。影响企业竞争能力的因素有行业和企业内部因素,在此基础上设计竞争能力评价指标体系,具体包括市场竞争能力、技术及人力资源竞争能力、资产竞争能力、财务竞争能力、组织竞争能力和环境竞争能力等。评价企业竞争能力的方法有对比差距法(标杆法)和沃尔评分法。

风险是指在一定的环境条件下和一定时期内,某一事件可能发生的结果与预期结果之间的差异程度。从个别投资主体的角度来看,风险分为市场风险和企业特有风险两类。企业特有风险又包括企业经营风险和财务风险。

经营风险是指企业固有的、由于与经营有关的因素而导致的未来收益的不确定性,特别指利用营业杠杆而导致息税前利润变动的风险。

狭义的财务风险又叫筹资风险,是指企业与筹资活动有关的风险,也就是企业债务偿还的不确定性。

投资风险是指在企业投资活动中,由于各种因素在一定时期内难以预料的变动,致使经营环境发生变动,从而导致投资者蒙受经济损失和非经济损失的可能性。

重要名词

发展能力(Develepment Capability)　　企业价值(Enterprise Value)
销售增长率(Sales Growth Rate)　　利润增长率(Profit Growth Rate)
股利增长率(Divident Growth Rate)　　竞争能力(Competitiveness)
市场占有率(Market Share)　　资产规模(Assets Scale)
资产质量(Assets Quality)　　风险(Risk)
经营风险(Business Risk)　　财务风险(Financial Risk)
投资风险(Investment Risk)　　营业杠杆系数(Degree of Operating Leverage)
财务杠杆系数(Degree of Financial Leverage)　　联合杠杆系数(Degree of Combined Leverage)
市场风险(Market Risk)

思考题

1. 如何理解企业发展能力的实质？
2. 企业发展能力综合分析过程中，如何做到定量分析和定性分析相结合？
3. 竞争能力评价指标体系中，各指标权重如何确定？企业竞争能力评价的方法有哪些？对比差距法(标杆法)和沃尔评分法各有什么优缺点？
4. 经营风险和资产结构有什么关系？筹资风险和资本结构有什么关系？
5. 营业杠杆和财务杠杆有什么关系？总风险较高的企业如何降低风险水平？
6. 某公司完全由普通股融资，其 β 系数等于 1.0，股票的市盈率为 10 倍，股价定位于 10% 的收益要求。现公司决定回购一半普通股，代之以等值的债券，假定此债券有 5% 的无风险收益。试计算：

(1) 公司回购股票后普通股的 β 系数。
(2) 债券的 β 系数。
(3) 公司(即普通股和债券的合成)的 β 系数。
(4) 回购前投资者对普通股的收益要求。
(5) 回购后投资者对普通股的收益要求。
(6) 回购后公司(即普通股和债券的合成)的收益要求。

练习题

1. 假设无风险证券的收益率为 8%，市场证券组合的收益率为 15%。
要求：
(1) 计算市场风险收益率。
(2) 如果某投资计划的 β 系数为 1.2，其短期的必要收益率为 16%，则是否应该投资？
(3) 如果某证券的必要收益率为 16%，则其 β 系数是多少？

2. 某公司经营 A 产品，销量为 10 000 件，单位变动成本为 100 元，变动成本率为 40%，息税前利润为 90 万元。已知营业净利率为 12%，所得税税率为 25%。

要求：

（1）计算营业杠杆系数。

（2）计算财务杠杆系数。

（3）计算联合杠杆系数。

3. 某公司拟筹集资本总额 5 000 万元。其中，发行普通股 1 000 万股，每股面值为 1 元，发行价格为 2.5 元/股，筹资费用为 100 万元，预计下一年每股股利为 0.4 元，以后每年增长 5%；向银行借款 1 000 万元，年利率为 10%，期限为 3 年，手续费为 0.2%；按面值发行 3 年期债券 1 500 万元，年利率为 12%，发行费用为 50 万元。所得税税率为 25%。

要求：计算该公司的综合资本成本。

4. 某企业集团准备对外投资，现有三家公司可供选择，分别为甲公司、乙公司和丙公司，这三家公司预期收益及其概率的资料如下表所示。

投资资料

市场状况	概率	年预期收益（万元）		
		甲公司	乙公司	丙公司
良好	0.3	40	50	80
一般	0.5	20	20	−20
较差	0.2	5	−5	−30

要求：假定你是该企业集团的稳健型决策者，请你依据风险与收益原理做出选择。

第 7 章 财务状况综合分析

[学习目标]

学习本章,你应该掌握:

1. 综合分析的意义;
2. 杜邦分析体系的内容和思路;
3. 沃尔评分法的基本步骤以及沃尔评分法在我国的应用;
4. 经济增加值(EVA)的分析思路以及经济增加值与传统分析方法的不同;
5. 平衡计分卡(BSC)的分析思路和理念。

[素养目标]

关注上市公司财务现实问题,具备经世济民的社会责任感、遵纪守法的契约精神、预判风险的职业敏感度、诚实守信的职业素养和促进企业可持续发展的职业理想。

[引导案例]

顺丰速运是国内一流的快递物流综合服务商,总部位于深圳,凭借自身多年的发展已初步建立为客户提供一体化综合物流解决方案的能力,在提供配送端物流服务的同时,还延伸至价值链前端的产、供、销、配等环节,以数据为牵引,利用大数据和云计算,为客户提供仓储管理、销售预测、大数据分析等一揽子解决方案。

顺丰速运运用平衡计分卡,建立了四个维度的综合绩效评价指标体系:①财务占24%,包括收入(占10%)、利润(占14%);②运营管理占26%,其中出错率占20%,运作时效性占6%,包括中转时效和运作效率;③客户占20%,包括客户满意度(占4%)、客户投诉率(占8%)、月结客户增长率(占4%)和月结客户营业金额增长率(占4%);④基础建设占30%,包括人力资源与团队建设(占15%)和制度执行、反馈情况(占15%)。

实施平衡计分卡后的2015—2019年,顺丰速运净资产收益率、营业净利率和总资产周转率都有显著提升。其中,净资产收益率由3.55%提升至13.66%,营业净利率由3.76%提升至5.01%,总资产周转率由0.72次提升至1.37次。

企业的各个方面并不是孤立的,而是相互联系的。例如,企业的营运能力如资产周转状况对企业的流动性、偿债能力和盈利能力都有着重要的影响,企业的盈利水平又直接关系着企业的偿债能力,等等。我们在进行财务分析时,不能仅局限于某一个方面。虽然不同的分析主体在分析时有不同的目的,因而会有不同的侧重,但如果脱离企业的整体,仅仅关注企业的某个方面,是不可能得出全面、正确的认识的。因此,在掌握了对企业各个方面的分析技能之后,我们还必须学会对它们进行综合,以了解企业的整体状况。所谓综合分析,就是对企业的各个方面进行系统、全面的分析,从而对企业的财务状况和经营成果做出整体的评价与判断。

7.1 杜邦分析法

杜邦分析法是利用相关财务比率的内在联系构建一个综合的指标体系,来考察企业整体财务状况和经营成果的一种分析方法。这种方法由美国杜邦(Dupont)公司在20世纪20年代率先采用,故称杜邦分析法。

7.1.1 杜邦分析体系

杜邦分析体系主要反映了以下几种财务比率的关系:

$$股东权益报酬率 = \frac{净利润}{平均股东权益}$$

$$= \frac{净利润}{平均资产总额} \times \frac{平均资产总额}{平均股东权益}$$

$$= 总资产报酬率 \times 平均权益乘数 \quad ①$$

$$总资产报酬率 = \frac{净利润}{平均资产总额}$$

$$= \frac{净利润}{营业收入} \times \frac{营业收入}{平均资产总额}$$

$$= 营业净利率 \times 总资产周转率 \quad ②$$

由①、②可得:

$$股东权益报酬率 = 营业净利率 \times 总资产周转率 \times 平均权益乘数 \quad ③$$

在揭示出这几组重要的关系后,还可以进一步往下层层分解,将企业的诸多方面都包含进去,形成一个综合的分析体系,称为杜邦分析体系。

2019年,汇川技术的杜邦分析体系如图7-1所示。

复习与思考 杜邦分析体系包括哪些内容?

7.1.2 杜邦分析思路

对杜邦分析体系可以按照如下思路进行分析,了解到企业的如下信息:

1. 股东权益报酬率

股东权益报酬率是一个综合性很强的指标,它是杜邦分析体系的源头和核心。股东权益报酬率反映了企业股东投入资金的报酬高低。而增加股东财富是企业管理的重要目标之一。因此,不论是企业的股东还是管理者都会十分关注这一指标。

股东权益报酬率的高低取决于企业的总资产报酬率和平均权益乘数,而总资产报酬率又取决于营业净利率和总资产周转率。因此,股东权益报酬率的高低取决于反映盈利能力的总资产报酬率和营业净利率、反映营运能力的总资产周转率,以及反映资本结构和偿债能力的平均权益乘数。透过这样的关系,我们可以找到股东权益报酬率高低的形成原因以及发生升降的具体环节,从而提供了比一个单一指标丰富得多的信息。

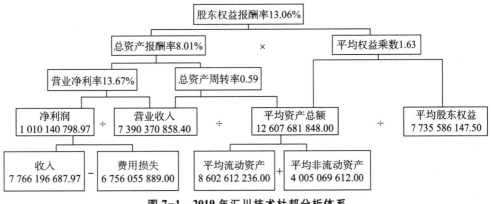

图7-1 2019年汇川技术杜邦分析体系

2. 总资产报酬率

总资产报酬率的综合性也很强,它反映了企业所有资产的报酬水平。企业运用全部资产获取报酬的能力对企业的发展至关重要,对企业的股东、债权人等利益相关者也意义重大。

总资产报酬率的高低取决于营业净利率和总资产周转率。这说明企业营业活动的获利能力和企业所有资产的运用效率决定着企业全部资产的报酬水平。因此,对总资产报酬率的分析,可以进一步深入到营业活动和资产管理两个方面。

3. 营业净利率

营业净利率是反映企业盈利能力的重要指标。由于营业收入是企业净利润的重要源泉,因此提高营业收入的盈利水平对提升整个企业的盈利能力至关重要。

营业净利率受到净利润和营业收入两个因素的影响,而净利润又取决于企业各项收入和费用的水平。因此,对营业净利率的分析,可以进一步深入到各项收入和费用中去,深入挖掘影响企业盈利能力的具体原因,对症下药。

4. 总资产周转率

总资产周转率是反映企业营运能力的重要指标。同样的资产周转得越快、利用效率越高,在一定期间内就能为企业带来更多的收益,并提升企业整体的流动性。因此,总资产周转率是企业资产管理水平的重要体现,提升它对提升企业的盈利水平和企业整体的流动性非常重要。

总资产周转率受到营业收入和平均资产总额两个因素的影响。因此,要提高总资产周转率,一方面需要开拓市场,增加营业收入;另一方面需要控制资产占用资金的数额并合理安排资产的结构。另外,对总资产周转率的分析还应结合对流动资产周转率、固定资产周转率、存货周转率、应收账款周转率等的分析进行。只有这样才能进一步查找企业资产周转快慢的关键所在。

5. 平均权益乘数

平均权益乘数是反映企业资本结构、财务杠杆程度及偿债能力的重要指标。在第3章的分析中我们已知道,权益乘数与资产负债率同方向变动。因此,权益乘数越高,说明企业资本结构中的负债比例越高,财务杠杆越高,偿债能力相对越弱。因此,保持适当的权益乘数,是企业债务安全的重要保障,也是保持企业收益与风险均衡的重要保障。

平均权益乘数受到平均资产总额与平均股东权益两个因素的影响。而平均资产总额等于平均负债与平均股东权益之和。因此,平均权益乘数是资产、负债和股东权益三者关系的体现。要保持适当的平均权益乘数,必须合理地安排资产、负债和股东权益三者的关系,即合理地安排企业的资本结构。

6. 企业收入与费用

如前所述,企业的各项收入与费用决定企业最终的净利润,进而影响企业的营业净利率、总资产报酬率和股东权益报酬率。另外,营业收入还与总资产周转率密切相关。因此,对企业各项收入与费用的分析对洞悉企业深层次的盈利能力和营运能力非常关键。

增加企业收入是提高企业盈利水平的重要途径。企业各项收入的结构是否合理直接影响着企业收入的稳定性和可持续性。其中,营业收入是所有收入中最重要的部分。努力开拓市场、不断开发新产品、加强产品质量控制等,是增加企业营业收入的重要举措。

降低成本费用是提高企业盈利水平的另一条重要途径。企业各项成本费用的结构是否合理、控制是否严格,直接影响着企业成本费用水平的高低。企业要想在激烈的市场竞争中立于不败之地,必须不断挖掘降低成本费用的潜力。如果企业营业成本过高,则必须进一步分析企业的生产流程是否合理,采购和生产过程的监控是否有效等;如果企业财务费用过高,则必须进一步分析企业负债比例是否过高,负债期限是否合理等;如果企业管理费用过高,则必须进一步分析企业行政机构是否过于臃肿,是否存在铺张浪费等。

7. 企业资产、负债和股东权益

企业的资产、负债和股东权益状况影响着企业的资产效率、负债安全以及自有资本实力等。因此,对企业资产、负债和股东权益状况进行深入分析有利于进一步了解企业的营运能力、偿债能力和盈利能力等。

企业资产的规模是否适当、结构是否合理,关系着企业整体的流动性和盈利性。资产规模过大,可能存在闲置或低效现象;资产规模过小,则可能影响企业营业活动的拓展。流动资产比例过高,可能影响企业的盈利水平;流动资产比例过低,则可能影响企业的流动性,进而影响企业的短期偿债能力。流动资产内部货币资金、应收账款、存货等的比重是否合理,对资产的效率与效益也有着重要的影响。

企业负债的规模是否适当、结构是否合理,关系着企业负债的安全性以及与资产的匹配程度。负债规模过大,则企业风险太高;负债规模过小,又会影响财务杠杆作用的发挥。流动负债比例过高,则还款压力过大;长期负债比例过高,又会增加企业的利息成本。因此,如第4章中所述,对流动负债与长期负债的比例分析,应结合流动资产与长期资产的比例分析进行,使权益与资产的期限相互匹配。

企业的股东权益规模代表了企业的自有资本实力,它影响着企业的偿债能力和筹资能力。股东权益规模过大,说明企业安全有余,但财务杠杆程度不足;股东权益规模过小,则说明企业的风险太高,稳定性不够。股东权益的结构分析也有着重要的意义。实收资本和资本公积的比重越大,说明企业的资本实力越强;盈余公积和未分配利润的比重越大,说明企业的积累程度越高。

综上所述,杜邦分析体系将企业盈利能力、营运能力、风险与偿债能力等都联系在一起,触及企业营业规模与成本费用水平,资产、负债和股东权益规模与结构等方方面面,全面、系统地反映出企业整体的财务状况和经营成果,并揭示出系统中各个因素之间的相互关联。

进行杜邦分析时,也可以进行横向和纵向的比较。通过与同行业平均水平或竞争对手的比较,可以洞悉企业的综合财务状况在整个行业中的水平,以及与竞争对手相比的强弱。通过与企业以往各期的比较,可以看出企业综合财务状况的变动态势。并且,对杜邦分析体系进行比较比对单个财务数据或单项财务比率进行比较更有意义,不仅可以找出差异,还可以步步深入,分析差异的原因。

复习与思考 杜邦分析的基本思路如何?能够反映企业哪些方面的状况?

7.1.3 杜邦分析案例——汇川技术与 SCZH 的杜邦分析及比较

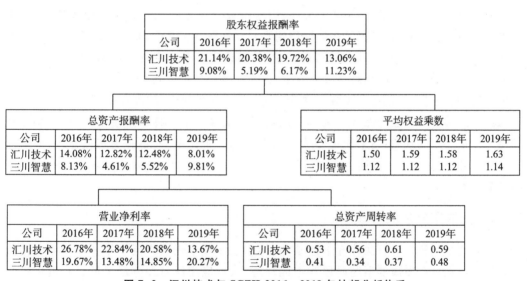

图 7-2 汇川技术与 SCZH 2016—2019 年杜邦分析体系

由图 7-2 可见,2016—2019 年,汇川技术与 SCZH 的股东权益报酬率、总资产报酬率和营业净利率这三个反映投资报酬及盈利能力的比率的变动趋势刚好相反。

2016—2019 年,汇川技术的平均权益乘数略有上升但总体稳定,而 SCZH 的平均权益乘数则基本保持不变,这说明汇川技术的财务杠杆程度少有增加,而 SCZH 则基本稳定。2016—2019 年,汇川技术与 SCZH 总资产周转率的变动趋势有些许相似,总体上看均呈上升趋势,不同之处在于汇川技术是逐年上升,而 SCZH 则是先下降后上升,并且最终略微超过了 2016 年的水平。

对图7-2由下往上看,2016—2019年,汇川技术的营业净利率均高于SCZH,且汇川技术的总资产周转率始终高于SCZH,使得汇川技术在总资产报酬率方面具有更大的优势。以2018年为例,汇川技术的营业净利率(20.58%)与SCZH的营业净利率(14.85%)相比差距并不算大,但当年汇川技术的总资产报酬率(12.48%)比SCZH(5.52%)高出一倍以上,可见较高的资产利用效率和管理水平有助于放大企业的获利能力。

由于汇川技术的平均权益乘数始终高于SCZH,因此汇川技术总资产的报酬能力以更大的倍数反映在股东权益的报酬能力上。以2019年为例,汇川技术的总资产报酬率(8.01%)虽然低于SCZH(9.81%),但其股东权益报酬率(13.06%)超过了SCZH(11.23%),体现了汇川技术的财务杠杆效果。

7.2 沃尔评分法

沃尔评分法又叫综合评分法,它通过对选定的多项财务比率进行评分,然后计算综合得分,并据此评价企业的综合财务状况。由于其综合性特点,因此沃尔评分法也经常被用作竞争能力评价。

7.2.1 沃尔评分法的雏形

亚历山大·沃尔在20世纪初出版的《财务报表比率分析》和《信用晴雨表研究》中提出信用能力指数的概念,以评价企业的信用水平。他选择了7个财务比率,分别给定各个比率在100分的总分中所占的分数,即权重,然后确定各个比率的标准值,并用比率的实际值与标准值相除得到的相对值乘以权重,计算出各个比率的得分,最后将7个比率的得分加总得到总分,即信用能力指数。这就是沃尔评分法的雏形,如表6-6所示。

原始的沃尔评分法为综合评价企业的财务状况提供了一种非常重要的思路,但它在理论上存在一定的缺陷:它未能说明为什么选择这7个比率,而不是更多或更少,或者选择其他财务比率;它未能证明各个财务比率所占权重的合理性;它也未能说明比率的标准值是如何确定的。

7.2.2 沃尔评分法的步骤

尽管原始的沃尔评分法存在上述缺陷,但它在实践中仍被广泛应用并得到不断的改进和发展。在社会发展的不同阶段和不同环境,人们应用沃尔评分法时所选择的财务比率在不断变化,各个比率的权重在不断修正,各个比率的标准值在不断调整,评分方法在不断改进,但是沃尔评分法的基本思路始终没有改变,其应用的基本步骤也没有发生大的变化。沃尔评分法的基本步骤如下:

1. 选择财务比率

不同的分析者所选择的财务比率可能不尽相同,但在选择财务比率时应注意以下几点原则:①所选择的比率要具有全面性,反映偿债能力、营运能力、盈利能力等的比率都应包括在内,只有这样才能反映企业的综合财务状况;②所选择的比率要具有代表性,即在每个方面的众多财务比率中要选择那些典型的、重要的比率;③所选择的比率最好具有变化方向的一致性,即当财务比率增大时表示财务状况的改善,当财务比率减小时表示财务状况的恶化。例如,在选择反映偿债能力的比率时,就最好选择股权比率而不选择资产负债率,因为通常认为在一定的范围内,股权比率高说明企业的偿债能力强,而资产负债率高则说明企业的负债安全程度低。

假设我们现选定 10 个财务比率来评价汇川技术与 SCZH 2019 年的综合财务状况。这些比率如表 7-1 和表 7-2 中最左边一栏所示。

表 7-1 汇川技术 2019 年财务状况综合评价

财务比率	权重 (1)	标准值 (2)	实际值 (3)	相对值 (4) = (3) ÷ (2)	得分 (5) = (1) × (4)
偿债能力:					
流动比率	8	1.86	1.81	0.97	7.76
速动比率	8	1.40	1.48	1.06	8.48
股权比率	10	80.84%	60.03%	0.74	7.40
营运能力:					
存货周转率	8	2.85	3.10	1.09	8.72
固定资产周转率	8	3.59	6.83	1.90	15.20
总资产周转率	10	0.61	0.59	0.97	9.70
盈利能力:					
股东权益报酬率	12	14.55%	13.06%	0.90	10.80
总资产报酬率	12	5.77%	8.01%	1.39	16.68
营业净利率	12	12.30%	13.67%	1.11	13.20
每股现金流量	12	1.58	0.79	0.50	6.00
合计	100	—	—	—	103.94

表 7-2 SCZH 2019 年财务状况综合评价

财务比率	权重 (1)	标准值 (2)	实际值 (3)	相对值 (4) = (3) ÷ (2)	得分 (5) = (1) × (4)
偿债能力:					
流动比率	8	1.86	5.05	2.72	21.76
速动比率	8	1.40	4.18	2.99	23.92
股权比率	10	80.84%	85.55%	1.06	10.60
营运能力:					
存货周转率	8	2.85	2.96	1.04	8.32
固定资产周转率	8	3.59	3.77	1.05	8.40

（续表）

财务比率	权重 (1)	标准值 (2)	实际值 (3)	相对值 (4)=(3)÷(2)	得分 (5)=(1)×(4)
总资产周转率	10	0.61	0.48	0.79	7.90
盈利能力：					
股东权益报酬率	12	14.55%	11.23%	0.77	9.24
总资产报酬率	12	5.77%	9.81%	1.70	20.40
营业净利率	12	12.30%	20.27%	1.65	19.80
每股现金流量	12	1.03	0.02	0.02	0.24
合计	100	—	—	—	130.58

2. 确定各个财务比率的权重

如何将100分的总分合理地分配给所选择的各个财务比率,是沃尔评分法中的一个非常重要的环节。分配的标准是依据各个比率的重要程度,对越重要的比率分配的权重越大。对各个比率重要程度的判断,应结合企业的经营状况、管理要求、发展趋势及分析目的等具体情况而定。

汇川技术与SCZH 2019年的财务状况综合分析中,各财务比率的权重如表7-1和表7-2中第二栏也即标号为(1)的列所示。

3. 确定各个财务比率的标准值

财务比率的标准值也就是判断财务比率高低的比较标准。只有有了标准,我们才能判断企业的某个财务比率是偏高还是偏低。这个比较的标准可以是企业的历史水平,也可以是竞争企业的水平,还可以是同行业的平均水平,等等。其中,最常见的是选择同行业的平均水平作为财务比率的标准值。

汇川技术与SCZH 2019年的财务状况综合分析中,各财务比率的标准值如表7-1和表7-2中第三栏也即标号为(2)的列所示。

4. 计算各个财务比率的实际值

利用相关的财务数据计算企业各个财务比率的实际值。

汇川技术与SCZH 2019年各财务比率的实际值如表7-1和表7-2中第四栏也即标号为(3)的列所示。

5. 计算各个财务比率的得分

通过各个财务比率实际值与标准值的比较,得出对各个财务比率状况好坏的判断,再结合各个财务比率的权重即所分配的分数,计算各个财务比率的得分。计算得分的方法有很多,其中最常见的是用比率的实际值除以标准值得到一个相对值,再用这个相对值乘以比率的权重得到该比率的得分。

汇川技术与SCZH 2019年各财务比率的相对值及得分如表7-1和表7-2中第五栏、第六栏也即标号为(4)、(5)的列所示。

为了避免个别比率异常对总分造成不合理的影响,还可以为每个比率的得分确定一个上限和下限,即每个比率的得分最高不能超过其上限,最低不能低于其下限。例如,我们可以确定每个比率的得分最高不能超过其权重分数的 1.5 倍,最低不能低于其权重分数的 1/2。

我们知道,有的财务比率并不是越高越好,例如存货周转率太高可能意味着企业的存货管理存在一定的问题,股权比率太高说明企业未能充分地利用财务杠杆,等等。对于这类比率的计分方法应当进行一定的修正。例如,某行业股权比率的平均值为 60%,但通常认为该行业的股权比率超过 80% 就太高了,那么如果某企业股权比率的实际值超过了 80%,就不再采用实际值除以标准值再乘以权重分数的方法来计算其得分,而改用 80% 或标准值 60% 除以实际值再乘以权重分数来计算其得分。

6. 计算综合得分

将各个财务比率的实际得分加总,即得到企业的综合得分。如果企业的综合得分接近 100 分,则说明企业的综合财务状况接近行业的平均水平。如果企业的综合得分明显超过 100 分,则说明企业的综合财务状况优于行业的平均水平。相反,如果企业的综合得分大大低于 100 分,则说明企业的综合财务状况较差,应当积极采取措施加以改善。

汇川技术与 SCZH 2019 年的综合得分如表 7-1 和表 7-2 中第六栏即标号为 (5) 的列中最后一行所示。汇川技术公司得分为 103.94 分,SCZH 得分为 130.58 分。

在沃尔评分法的各个步骤中,最为关键也最为困难的是第二步和第三步,即各个财务比率权重和标准值的确定。要给各个财务比率分配合理的权重,并且为各个财务比率确定恰当的标准值,需要综合考虑多方面的因素,并且在长期的分析实践中不断修正。

需要说明的是,上面对汇川技术与 SCZH 的综合评分,只是为了说明沃尔评分法运用的基本步骤,未必恰当地反映了两家公司的综合财务状况。这主要是因为对财务比率的选择、各财务比率权重的赋予以及各财务比率标准值的确定都是比较主观的,并没有经过细致的推敲、考察和验证。

复习与思考　沃尔评分法的基本步骤如何?这些步骤中的难点何在?

7.2.3　沃尔评分法的应用

沃尔评分法在实践中有着非常广泛的应用。以我国为例,20 世纪 90 年代以来,各部委颁布了一系列的综合评价体系。虽然这些综合评价体系的财务比率不断创新,标准不断变化,结构不断调整,计分方法不断修正,考虑的因素也越来越周全,但始终没有脱离沃尔评分法的基本思想。

1992 年,国家计委、国务院生产办、国家统计局联合下发了《关于改进工业生产评价考核指标的报告》,包括 6 项指标,重点考核评价我国工业生产的运行效益。

1993 年颁布的"两则"(《企业会计准则》和《企业财务通则》)、"两制"(13 个行业会计制度和 10 个行业财务制度)中,规定了 8 项财务评价指标,分别从偿债能力、营运能力和盈利能力三个方面来评价企业财务状况及经营成果。

1995 年,财政部发布了《企业经济效益评价指标体系(试行)》,包括 10 项指标,从投资者、债权人和社会贡献三个方面评价企业。

1997年,国家经贸委、国家计委、国家统计局进一步修改了原来的工业生产评价考核指标,由6项调整为7项,重点从盈利能力、偿债能力、营运能力和发展能力等方面评价考核工业生产的整体运行状况。

1999年6月1日,财政部、国家经贸委、人事部、国家计委联合印发了《国有资本金绩效评价规则》及《国有资本金效绩评价操作细则》,对国有企业效绩评价进行了重新规范,这标志着企业评价制度在我国初步建立。这个评价体系分为工商企业和金融企业两类,工商企业又分为竞争性企业和非竞争性企业两类。其中,工商类竞争性企业效绩评价指标体系包括财务效益状况、资产运营状况、偿债能力状况和发展能力状况等内容,由基本指标、修正指标和专家评议指标3个层次共计32项指标构成,初步形成了财务指标与非财务指标相结合的效绩评价指标体系,具体如表7-3所示。

表7-3 工商类竞争性企业效绩评价指标体系

内容	权重	基本指标	权重	修正指标	权重	评议指标	权重
财务效益状况	42	净资产收益率	30	资本保值增值率	16	领导班子基本素质	20
		总资产报酬率	12	销售利润率	14	产品市场占有率	18
				成本费用利润率	12	基础管理比较水平	20
资产运营状况	18	总资产周转率	9	存货周转率	4	在岗员工素质状况	12
		流动资产周转率	9	应收账款周转率	4	技术装备更新能力	10
				不良资产比率	6	行业区域影响力	5
				资产损失比率	4	行业经营发展策略	5
偿债能力状况	22	资产负债率	12	流动比率	6	长期发展能力预测	10
		已获利息倍数	10	速动比率	4		
				现金流动负债率	4		
				长期资产适合率	5		
				经营亏损挂账率	3		
发展能力状况	18	销售增长率	9	总资产增长率	7		
		资本积累率	9	固定资产更新率	5		
				三年利润平均增长率	3		
				三年资本平均增长率	3		
合计	100		100		100		100

资料来源:《国有资本金效绩评价规则》。

2002年2月22日,财政部等五部委联合印发了《企业效绩评价操作细则(修订)》。修订后的评价内容与修订前的大致相同。修订后的指标体系对第2层次的修正指标进行了一定的增减,而且对评议指标及各指标权重进行了修正。提高了对企业偿债能力和发展能力的评价,使该评价指标体系更为客观公正,更具有可操作性。但这套效绩评价指标体系是以投资报酬为核心,以工商类竞争性企业为评价对象设计的,不免具有一定的局限性。

2006年9月12日,为规范开展中央企业综合绩效评价工作,有效发挥综合绩效评价工作的评判、引导和诊断作用,推动企业提高经营管理水平,根据《中央企业综合绩效评价管理暂行办法》(国资委令第14号),国务院国有资产监督管理委员会印发了《中央企业综合绩效评价实施细则》。细则规定的企业综合绩效评价指标由22个财务绩效定量评价指标和8个管理绩效定性评价指标组成,具体如表7-4所示。

表7-4 中央企业综合绩效评价指标体系

评价内容与权重		财务绩效(70%)				管理绩效(30%)	
		基本指标	权重	修正指标	权重	评议指标	权重
盈利能力状况	34	净资产收益率	20	销售(营业)利润率	10	战略管理	18
		总资产报酬率	14	盈余现金保障倍数	9	发展创新	15
				成本费用利润率	8	经营决策	16
				资本收益率	7	风险控制	13
资产质量状况	22	总资产周转率	10	不良资产比率	9	基础管理	14
		应收账款周转率	12	流动资产周转率	7	人力资源	8
				资产现金回收率	6	行业影响	8
债务风险状况	22	资产负债率	12	速动比率	6	社会贡献	8
		已获利息倍数	10	现金流动负债比率	6		
				带息负债比率	5		
				或有负债比率	5		
经营增长状况	22	销售(营业)增长率	12	销售(营业)利润增长率	10		
		资本保值增值率	10	总资产增长率	7		
				技术投入比率	5		

评价标准。在实际评价过程中,财务绩效定量评价指标和管理绩效定性评价指标的权重均按百分制设定,分别计算分项指标的分值,然后按70∶30折算。财务绩效定量评价标准划分为优秀(A)、良好(B)、平均(C)、较低(D)、较差(E)五个档次,管理绩效定性评价标准分为优(A)、良(B)、中(C)、低(D)、差(E)五个档次。对应五档评价标准的标准系数分别为1.0、0.8、0.6、0.4、0.2,差(E)以下为0。标准系数是评价标准的水平参数,反映了评价指标对应评价标准所达到的水平档次。企业财务绩效定量评价标准值的选用,一般根据企业的主营业务领域对照企业综合绩效评价行业基本分类,自下而上逐层遴选被评价企业适用的行业标准值。管理绩效定性评价标准具有行业普遍性和一般性,在进行评价时,应当根据不同行业的经营特点,灵活把握个别指标的标准尺度。对于定性评价标准没有列示,但对被评价企业经营绩效产生重要影响的因素,在评价时也应予以考虑。

评价计分。企业综合绩效评价计分方法采取功效系数法和综合分析判断法,其中功效系数法用于财务绩效定量评价指标的计分,综合分析判断法用于管理绩效定性评价指标的计分。财务绩效定量评价基本指标计分是按照功效系数法计分原理,将基本指标实

际值对照行业评价标准值,按照规定的计分公式计算各项基本指标得分。计算公式为:

基本指标总得分 = $\sum$ 单项基本指标得分

单项基本指标得分 = 本档基础分 + 调整分

本档基础分 = 指标权重 × 本档标准系数

调整分 = 功效系数 ×(上档基础分 − 本档基础分)

上档基础分 = 指标权重 × 上档标准系数

功效系数 =(实际值 − 本档标准值)/(上档标准值 − 本档标准值)

本档标准值是指上下两档标准值居于较低等级一档。

财务绩效定量评价修正指标的计分是在基本指标计分结果的基础上,按照功效系数法原理,分别计算盈利能力、资产质量、债务风险和经营增长四个部分的综合修正系数,再据此计算出修正后的分数。计算公式为:

修正后总得分 = $\sum$ 各部分修正后得分

各部分修正后得分 = 各部分基本指标分数 × 该部分综合修正系数

某部分综合修正系数 = $\sum$ 该部分各修正指标加权修正系数

某指标加权修正系数 =(修正指标权重/该部分权重)× 该指标单项修正系数

某指标单项修正系数 = 1.0 +(本档标准系数 + 功效系数 × 0.2 − 该部分基本指标分析系数)

单项修正系数控制修正幅度为 0.7—1.3。

某部分基本指标分析系数 = 该部分基本指标得分/该部分权重

管理绩效定性评价指标的计分一般通过专家评议打分形式完成,聘请的专家应不少于7名;评议专家应当在充分了解企业管理绩效状况的基础上,对照评价参考标准,采取综合分析判断法,对企业管理绩效定性评价指标做出分析评议,评判各项指标所处的水平档次,并直接给出评价分数。计算公式为:

管理绩效定性评价指标分数 = $\sum$ 单项指标分数

单项指标分数 =($\sum$ 每位专家给定的单项指标分数)/ 专家人数

在得出财务绩效定量评价分数和管理绩效定性评价分数后,应当按照规定的权重,耦合形成综合绩效评价分数。计算公式为:

企业综合绩效评价分数 = 财务绩效定量评价分数 × 70% +
管理绩效定性评价分数 × 30%

在得出评价分数以后,应当计算年度之间的绩效改进度,以反映企业年度之间经营绩效的变化状况。计算公式为:

绩效改进度 = 本期绩效评价分数 / 基期绩效评价分数

绩效改进度大于1,说明经营绩效上升;绩效改进度小于1,说明经营绩效下滑。国资委认定后,可作为客观因素调整评价基础数据。

评价结果与评价报告。企业综合绩效评价结果以评价得分、评价类型和评价级别表示。评价类型是根据评价得分对企业综合绩效所划分的水平档次,用文字和字母表示,分为优(A)、良(B)、中(C)、低(D)、差(E)五种类型。评价级别是对每种类型再划分级次,以体现同一评价类型的不同差异,采用在字母后标注"+、-"号的方式表示。企业综合绩效评价结果以85分、70分、50分、40分为类型判定的分数线。评价得分达到85分以上(含85分)的评价类型为优(A),在此基础上划分为三个级别,分别为:A++≥95分;95分>A+≥90分;90分>A≥85分。评价得分达到70分以上(含70分)不足85分的评价类型为良(B),在此基础上划分为三个级别,分别为:85分>B+≥80分;80分>B≥75分;75分>B-≥70分。评价得分达到50分以上(含50分)不足70分的评价类型为中(C),在此基础上划分为两个级别,分别为:70分>C≥60分;60分>C-≥50分。评价得分在40分以上(含40分)不足50分的评价类型为低(D)。评价得分在40分以下的评价类型为差(E)。

企业综合绩效评价报告是根据评价结果编制、反映被评价企业综合绩效状况的文本文件,由报告正文和附件构成。企业综合绩效评价报告正文应当包括评价目的、评价依据与评价方法、评价过程、评价结果及评价结论、重要事项说明等内容。企业综合绩效评价报告的正文应当文字简洁、重点突出、层次清晰、易于理解。企业综合绩效评价报告附件应当包括企业经营绩效分析报告、评价结果计分表、问卷调查结果分析、专家咨询报告、评价基础数据及调整情况,其中企业经营绩效分析报告是根据综合绩效评价结果对企业经营绩效状况进行深入分析的文件,应当包括评价对象概述、评价结果与主要绩效、存在的问题与不足、有关管理建议等。

7.3 经济增加值分析

经济增加值(Economic Value Added,EVA)是指税后净营业利润扣除全部资本成本后的剩余收益。EVA的基本理念是:资本获得的收益至少要能补偿投资者承担的风险,也就是说,股东必须赚取至少等于资本市场上类似风险投资回报的收益率。

7.3.1 经济增加值的分析思路

$$EVA = 税后净营业利润 - 平均资本占用 \times 加权平均资本成本$$

其中,税后净营业利润衡量的是企业的经营盈利情况,税后净营业利润等于会计上的税后净利润加上利息支出等会计调整项目;平均资本占用反映的是企业持续投入的各种债务资本和股权资本,债务资本包括融资活动产生的各类有息负债,不包括经营活动产生的无息流动负债,股权资本中包括少数股东权益;加权平均资本成本反映的是企业各种资本的平均成本率。

EVA为正,说明经营者创造了价值;EVA为负,说明经营者毁损了企业价值。按照EVA标准,资本收益率高低并非投资和企业经营状况好坏的评估标准,关键在于收益率是否超过资本成本。

$$资本增值:资本收益率 > 资本成本$$
$$资本保值:资本收益率 = 资本成本$$
$$资本贬值:资本收益率 < 资本成本$$

只有在资本收益率大于资本成本时,企业的经济价值才会增加,投资者包括股东或债权人的权益价值才会相应增加。因此,EVA反映的实际上是企业一定时期的经济学利润。

复习与思考 经济增加值的分析思路是什么?

7.3.2 经济增加值的特点

1. 考虑了股权资本成本

现代管理学之父彼得·德鲁克(Peter Drucker)在《哈佛商业评论》上的文章解释道:我们称之为利润的东西,也就是企业为股东留下的金钱,通常根本不是利润。只要有一家企业的利润低于资本成本,企业就是处于亏损状态,尽管企业仍要缴纳所得税,好像真的盈利一样。相对于消耗来说,企业对国民经济的贡献太少,在创造财富之前,企业一直在消耗财富。

EVA由于考虑了股权资本成本,所以弥补了传统的以利润为核心的业绩评价系统的不足。理论上人们虽然承认资本成本的存在,但在会计核算工作中只能对股权资本的取得成本(如股票的发行费用等)加以计量,因而股权资本成本在会计核算中很低。甚至很多企业认为股权资本是"无本生意",把发行股票当成了"圈钱"的手段。事实上,股权资本成本要高于观察起来更加直观的债务资本成本,因为购买股票的风险高于购买其他有价证券的风险,按照风险与报酬的权衡原则,股东的期望报酬率会高于其他有价证券的利率。在这种情况下,如果股东得不到预期报酬,就会转向其他投资,在有效的资本市场中,这可以看作股东"用脚投票"。所以,股权资本成本实质上等于转向其他投资的机会成本,虽然这个成本无法直接观察,但确实是客观存在的。由于传统的会计核算不能确认机会成本,因而低估了当期成本而高估了当期利润。当会计利润小于所投入的全部资本成本时,实质上没有利润,甚至一个较高的利润数字也可能隐藏着对投资者投入资本的侵蚀。EVA与传统会计核算方法的区别在于对股权资本成本的确认与计量,也就是说,EVA考虑了经营的全部成本,因此,EVA能够作为独特的绝对指标对企业业绩进行评价与考核,而会计利润和基于会计利润构造的多种利润率指标则无法胜任。

2. EVA是对企业真实经济利润的判断

不同于会计利润,EVA对企业会计准则下的数据进行了多项调整,如将研发、广告和营销费用资本化,以消除谨慎性原则对会计数据真实性的影响。在计算EVA的过程中,思腾思特公司(Stern Stewart & Co.)站在经济学的角度对会计数据进行了一系列调整(最多可达160多项)。会计调整的潜在可能性有很多,因而无法一一详述。但是,各种各样的调整都包括对以下项目的处理:确认支出和营业收入的时间,对可转让证券的消极投资,证券化资产和其他表外融资项目,重组费用,通货膨胀,外币折算,存货估价,各项减值准备,坏账确认,无形资产,税收,年金,退休后支出,营销费用,商誉和其他收购问题,以及战略性投资。有些调整是为了避免把经营决策和融资决策混同起来;有些调整是为了提供一个长期视角;有些调整是为了避免把存量和流量相混淆;有些调整是将企业会计准则的权责发生制项目转换为收付实现制项目,而其他调整则把企业会计准则的现金流量项目转换为资本的加项;还有一些调整(如管理费用分摊和转移定价问题)改变了内部会计处理,以便解决造成决策扭曲的组织层面上的问题。

7.3.3 经济增加值产生的背景及在中国的发展

1964年,约尔·M. 思腾恩(Joel M. Stern)从芝加哥商学院毕业后,进入大通曼哈顿银行,通过实际考察和不懈思考,思腾恩深感当时流行的会计准则和会计收益、每股收益等在衡量企业市场价值方面存在严重缺陷,于是提出EVA方法;1982年,思腾恩离开大通曼哈顿银行,与G. 贝内特·斯图尔特(G. Bennett Stewart)合伙成立思腾思特公司,专门从事EVA应用咨询,并将EVA注册为商标;1988年,思腾恩创办 Journal of Applied Corporate Finance,介绍和推广EVA。思腾思特公司每年计算全美1 000家上市公司的EVA和市场增加值(MVA),并将其刊登在《财富》杂志上。由于EVA结果与常规的销售收入、会计利润或股票市值等指标排序结果大相径庭,因而产生了较大的反响。例如,英特尔、可口可乐、微软等公司资本收益率远远超过资本成本,EVA>0,被视为价值创造能力强的公司;而通用汽车、AT&T、IBM等公司资本收益率低于资本成本,EVA<0,被认为股东价值遭受侵蚀。美国不少投资分析家认为,用未来预期EVA解释公司股票价格比目前流行的每股收益或净资产收益率要好。高盛、第一波士顿等投资银行以及麦肯锡、毕马威等管理、会计咨询公司都尝试用EVA指标替代每股收益进行投资价值分析和管理咨询。而机构投资者则逐渐以EVA来评价企业为股东创造价值的能力。

2000年,思腾思特公司进驻中国并首次推出了《中国上市公司财富创造和毁灭排行榜》,公布了中国上市公司EVA的排名,引起了社会各界的巨大反响;并在2001年和2002年相继推出了新的EVA排名情况,这在中国尚在发展和成熟过程中的资本市场的背景下,无疑是一个大胆但十分必要的尝试,尽管这只是一个不尽完善的开始。2002年,思腾思特公司就中国上市公司整体价值情况的调查显示,1998—2002年,按照EVA评价标准,中国上市公司不仅没有为股东创造财富,反而在毁灭股东财富(见图7-3)。

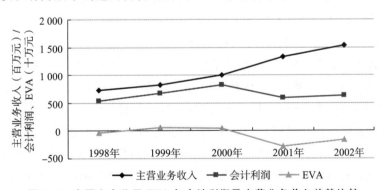

图7-3 中国上市公司EVA与会计利润及主营业务收入趋势比较

由于中国股市的特殊性以及计算EVA时所涉及的大量会计调整项目,EVA在中国的推广困难重重。2003年,思腾思特公司退出了中国市场。引用中国证监会的一句话,"中国企业必须采用更好的方法进行经营管理和提高资本效率。思腾思特公司所展示的管理技术给中国迅速成长的企业带来了先进的理念和方法,具有十分广阔的前景"。

国务院国资委 2009 年 12 月 28 日第二次修订的《中央企业负责人经营业绩考核暂行办法》正式将 EVA 纳入中央企业负责人年度经营业绩考核体系，自 2010 年 1 月 1 日起施行。此后，《中央企业负责人经营业绩考核暂行办法》又在 2012 年、2016 年和 2018 年经历三次修订，2019 年 4 月 1 日起，《中央企业负责人经营业绩考核办法》正式施行，进一步强化了 EVA 在考核体系中的重要性，指出要突出分类考核和差异化考核，结合企业实际，确定不同的 EVA 考核权重，提出差异化的资本回报要求。中央企业资本成本原则上定为 5.5%；承担国家政策性任务较重且资产通用性较差的企业，资本成本定为 4.1%；资产负债率在 75% 以上的工业企业和 80% 以上的非工业企业，资本成本上浮 0.5 个百分点。并且，资本成本确定后，3 年保持不变。虽然不同的企业由于行业规模、行业情况不同，应该选择与之相对应的资本成本，但是考虑到国资委所指定的资本成本有其合理性，采用统一的资本成本也有助于企业之间业绩的横向比较。

复习与思考 经济增加值与传统财务分析方法的不同在哪里？

7.3.4 经济增加值的计量

EVA 是企业经过调整的税后净营业利润减去该企业现有资产经济价值的机会成本后的余额，EVA 的计算结果取决于三个基本变量，即税后净营业利润、资本总额和加权平均资本成本。简化后 EVA 的计算公式如下：

$$EVA = 税后净营业利润 - 调整后资本 \times 加权平均资本成本$$

$$税后净营业利润 = 净利润 + (利息支出 + 研究开发费用调整项 - 非经常性收益调整项 \times 50\%) \times (1 - 25\%)$$

调整后资本 = 平均所有者权益 + 平均负债合计 - 平均无息流动负债 - 平均在建工程

这些调整加回了有利于企业长期发展的成本费用项目，减去了与企业经营业务无关的项目，目的是让企业的经营者深耕主业，提高企业的经营能力。

具体来说，简化后的 EVA 指标计算有以下特点：

第一，考虑了企业的实际情况，体现了成本效益原则。EVA 指标只调整影响决策判断和鼓励长期发展的重要因素，对会计利润中的利息费用、当期形成无形资产的研发支出、当期未形成无形资产而在管理费用中列支的研发费用、投资收益中变卖主业优质资产收益、非投资类企业集团转让股权（产权）收益、营业外收入中与主业无关的资产置换收益、与经营活动无关的补贴收入等七项进行调整，简单易行，便于理解，可操作性强。

第二，体现股东财富最大化这一财务管理目标。将研发费用视为利润的一部分，目的是鼓励企业管理者积极开展研发活动，提升企业长期可持续发展的竞争力。同时，对符合主业发展的在建工程占用资本进行扣除，可以有效克服企业经营的短期行为，体现企业的长远发展目标。

汇川技术与 SCZH 2015—2019 年的 EVA 值如表 7-5 所示，可以看出汇川技术的 EVA 为正值，说明公司价值创造能力较强。

表 7-5　汇川技术与 SCZH 的 EVA 值　　　　　　　　　　　　　单位:百万元

公司	2015 年	2016 年	2017 年	2018 年	2019 年
汇川技术	492.10	572.06	779.55	848.66	561.07
SCZH	39.85	33.12	−18.19	11.13	100.75

EVA 考虑了全部资本的成本,实现了企业利益、经营者利益和员工利益的统一,但该指标也存在不足,主要体现为:一方面,EVA 依然是基于会计数据构建的财务指标,在综合评价方面存在一定的局限性;另一方面,EVA 的计算涉及一些会计调整,可能对可比性带来一些影响。

7.4　平衡计分卡分析

罗伯特·S. 卡普兰(Robert S. Kaplan)是哈佛商学院教授,戴维·P. 诺顿(David P. Norton)是复兴全球战略集团总裁。两人发表在《哈佛商业评论》1992 年 1/2 月号的《平衡计分卡:良好绩效的测评体系》、1993 年 9/10 月号的《平衡计分卡的实际应用》、1996 年 1/2 月号的《把平衡计分卡作为战略管理体系的基石》构成了著名的平衡计分卡(Balanced Score Card, BSC)方法,并成为业绩评价研究新的里程碑。

7.4.1　平衡计分卡的分析思路

当企业管理进入战略管理阶段后,管理一家企业的高度复杂性要求经理们能同时从几个方面来考察业绩。孤立地从某一方面研究业绩评价系统是毫无意义的。平衡计分卡是一套能使高层经理快速而全面地考察企业业绩的评价系统。卡普兰和诺顿将平衡计分卡比作"飞机驾驶舱",在这个驾驶舱的仪表盘上显示了与企业战略相关的各种信息。平衡计分卡包含财务指标,它们说明了已采取的行动所产生的结果。同时,平衡计分卡通过对客户满意度、内部业务流程及组织的学习与成长活动进行测评的业务指标,来补充财务指标。业务指标是未来财务业绩的推进器。平衡计分卡并不是取代财务指标,而是对其加以补充。平衡计分卡能从财务、客户、内部业务流程、学习与成长四个方面来观察企业,如图 7-4 所示。

1. 财务角度

财务指标显示了企业的战略及其执行是否有助于利润的增加。典型的财务指标有营业收入增长率、资本回报率、现金流量和 EVA 等。

2. 客户角度

客户所关心的事情有四类,即时间、质量、性能和服务、成本。平衡计分卡要求经理们把自己为客户服务的承诺转化为具体的测评指标,这些指标应能真正反映与客户有关的因素。典型的客户指标包括客户满意程度、客户保持程度、新客户的获得、客户盈利能力、市场占有率、重要客户的购买份额等。

3. 内部业务流程角度

战略管理以客户为导向,优异的客户绩效与组织的研发、生产、售后服务密不可分,经

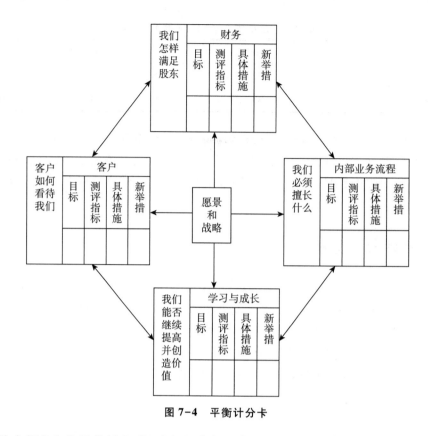

图 7-4 平衡计分卡

理必须从内部业务流程分析入手,对企业内部进行考察。典型的内部业务流程指标包括影响新产品引入、周转期、质量、雇员技能和生产率的各种因素。

4. 学习与成长角度

企业学习与成长的能力是与企业的价值直接相连的。也就是说,只有通过持续不断地开发新产品,为客户提供更多价值并提高经营效率,企业才能打入新市场,增加收入和利润,才能发展壮大,从而增加股东价值。典型的学习与成长指标包括开发新产品所需时间、产品成熟过程所需时间、销售比重较大的产品所占的百分比、新产品上市时间等。

复习与思考 平衡计分卡体现了什么样的分析思路?

7.4.2 平衡计分卡指标的平衡关系

基于战略管理的业绩评价指标体系应体现多方面的平衡性,本部分将着重探讨这些平衡关系。

1. 结果指标与动因指标的平衡

典型的平衡计分卡有四个方面,每个方面有 4—7 个单独的指标。因此,一个平衡计分卡大约有 25 个指标。但是,企业有可能专注于 25 个单独的事情吗?如果一个业绩评价指标体系包含太多的指标,而这些指标又被用于反映不同的决策目标,那么这种复杂的反映多目标的指标体系能行得通吗?显然,答案是行不通的。

一个由多个指标组成的指标体系应被视为一个做单一决策的工具,即企业要用一个具有因果关系的指标体系来阐述和传达它的战略。在平衡计分卡中,财务方面的指标是企业追求的结果,其他三个方面的指标是取得这种结果的动因。比如,投资回报率作为财务方面的计量指标,客户方面的客户忠诚对投资回报率有极大的影响。但如何保持客户忠诚呢?分析表明,按时交货对客户有很大作用。因此,改善按时交货可以产生较高的客户忠诚,同时也将产生较好的财务结果。因此,客户忠诚和按时交货在平衡计分卡的客户方面被结合在一起。为了做到按时交货,企业可能要求在经营过程中缩短周转时间并提高产品质量,于是这两项内容被纳入内部业务流程方面。那么企业如何改善产品质量并缩短内部经营的周转时间呢?答案是培训员工以提高他们的技术,这就成为学习与成长方面的一项内容。通过上述分析,平衡计分卡的四个方面形成了一条清晰的因果关系链,如图7-5所示。

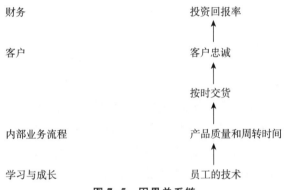

图7-5 因果关系链

2. 常规指标与战略指标的平衡

切斯特·I.巴纳德(Chester I. Barnard)在目的和环境的关系方面认为,有了目的,才能识别环境中限制或促进目的实现的因素和中立的因素。另外,只有认识了环境以后,才能确定目的。如果对环境的认识很模糊,那就只能确定较为笼统的目的。有了一般的目的,才能对环境做较具体的分析。如果对环境的认识比较具体,就能确定较为具体的目的,然后再从具体目的出发,对环境进行更具体的分析。如果对环境的认识进一步具体化,则可以确定更具体的特定目的。最后,详细的具体目的就可以转化为实现目的的行动。目的的具体化是通过依次渐进的决策使目的和环境相互反应的过程,如图7-6所示。

图7-6 目的的具体化

巴纳德认为,组织的决策包括两个因素:心理因素和事实因素。心理因素是指在决定组织目标时必须考虑的道德因素,即以"好"或"不好"这种价值判断为基础的指导思想。至于决策的事实因素就是在一定的目的和一定的环境下必须进行决策的客观存在。合理决策的客观存在本质上是通过分析过程即上述目的和环境相互反应、依次渐进的决策过程体现的。巴纳德以决策的客观性为依据，提出了战略因素的概念。所谓战略因素，就是实现某种目的所必需而当时又不存在的制约因素。例如，汽车在行驶中由于汽油用完而抛锚，汽油就成为战略因素。在另外一种情况下，如果是汽车轮胎坏了，那么轮胎就成为战略因素，而其他因素（汽油、合格的司机）则成为补充因素。所以，战略因素（制约因素）和补充因素是会变化的。制约因素若被控制，就变成补充因素，而其他因素可能成为战略因素。根据一定的时刻实现一定的目的来决定什么是战略因素，就确定了为了实现目的而需要采取什么样的行动。

巴纳德在《经理人员的职能》一书中指出，经理人员的任务就是从企业内部和外部环境中探索"战略因素"，以便做出恰当的决策。所谓"战略因素"，就是当时当地情况下起决定性作用的因素。在适当的时间、地点，以适当的方式控制可变的战略因素，就可以做出有效率的决策。

能够用于业绩评价的指标是多种多样的，但哪些指标能够纳入基于战略管理的业绩评价系统呢？根据企业战略管理的需要，评价指标可分为常规指标和战略指标两类。常规指标是用来监督经营是否保持在正常范围内，并且当例外事件发生时，能否及时进行反映的指标，是一种诊断指标。战略指标是为使竞争能力增强和战略成功而制定的指标。犹如一个人的体温必须保持在37℃一样，将常规指标保持在正常范围内是绝对重要的；但正如体温和血压等指标保持正常不是决定一个人事业成功的关键因素一样，常规指标的正常不是企业竞争能力增强和战略成功的关键指标。当然，常规指标如果达不到正常标准，那么将会妨碍企业实现目标，甚至不得不修改目标，因此必须对这类指标进行监督和诊断。战略指标不是对常规指标的取代，它是在对企业所处环境和自身条件进行综合分析的基础上，选择那些管理者和员工等利益相关者直接关注的因素而制定的指标。这些指标的良好表现将直接导致企业竞争能力的突破和战略的成功。

对于不同的企业以及同一企业的不同时期，常规指标和战略指标是不同的，并且二者是可以相互转化的。例如，20世纪80年代许多西方公司的产品质量远远无法与日本竞争对手相比，这些公司不得不把提高产品质量作为优先发展的目标。从这一点来看，产品质量是决定战略成功的关键，必须作为公司的战略指标。经过多年奋斗，这些西方公司的产品质量已完全可与其竞争对手相媲美。公司必须继续保持现有的产品质量并不断提高，但产品质量可能不再是制定未来决策的最重要因素。在这种环境下，质量指标就被作为常规指标。公司需要找到其他能使竞争能力突破的因素，如企业对客户需求的快速反应能力，进而企业将周转次数（周转期）指标作为其战略指标。

从战略管理要求来看，战略管理强调根据不同的发展战略确定不同的关键业绩评价指标及其延伸指标。因而，评价指标是否具有战略性主要体现在该指标能否对该企业成功的关键因素进行计量、指标体系的结构、每一指标的评价标准和权重等方面。

3. 利益相关者之间的平衡

市场经济条件下，各利益相关者之间的关系是"合作伙伴"关系，强调的是"双赢"。企业无论制定何种财务政策,都必须合理兼顾企业所有者的利益与其他主体的利益,绝不能厚此薄彼,更不能顾此失彼。只有这样,才能正确处理好各种经济关系,使财务政策保持动态平衡,获得各利益相关者的信任与支持,保证企业生产经营的正常进行,并实现持续稳定发展。现代企业作为一个各种契约的集合体,使我们认识了两个重要的现实问题:① 有着不同目标的各个利益相关者必须在一种合作互惠的关系下共同帮助企业实现企业的目标;② 目标的实现过程是一个"投入和获取"(Give and Take)的过程,每个利益相关者之所以愿意为企业做出贡献,是因为他期望在与企业的合作中获得回报。

明确的契约清晰地界定了每个利益相关者群体应贡献什么。不明确的契约是建立在长期合作形成的信任基础上的未成文的或口头的约定。无论契约是明确的还是不明确的,企业都必须建立业绩评价系统去评价这种契约关系。一般情况下,当产品或服务能被清楚地定义或容易计量时(如企业产品的优等品率),明确的契约是有用的。当产品或服务是无形的且源于特殊技能或知识的发展和应用时(如一个供应商同意利用其专长去设计和提供一种复杂的零部件),不明确的契约是有用的。

企业的利益相关者在"投入和获取"的过程中,从不同方面影响企业主要目标和次要目标的实现。表7-6描述了这种"投入和获取"行为。

表7-6 利益相关者的投入和获取

利益相关者	投入	获取
股东	资本	与风险相适应的投资回报
客户	采购忠诚度	服务、质量和价值
公众	允许企业运作或不积极反对企业的经营活动	遵守法律,良好的企业形象,恰当地履行社会责任
员工	努力工作、技能、愿望、承担义务	有竞争力的工资和福利,良好的工作环境,收入稳定,待遇公平
供应商	积极履行订货合约	与其投入的时间和技能相应的收益,合乎道德的对待

从表7-6中我们可以看出,利益相关者的"获取"是至关重要的,因为他们为企业做出了贡献(投入),所以他们需要一定的回报。如果某个利益相关者感到他从企业获取的回报不足以弥补他对企业的贡献,那么他将收回他对企业的贡献。比如,如果股东不满,那么他将转移或撤出他的投资;如果客户不满,那么他将不再购买企业的产品;如果公众不满,那么他将诉诸法律或抵制企业的产品;如果员工不满,则他要么停止工作,要么消极怠工;如果供应商不满,那么他将停止服务或降低对企业的承诺水准。

为了有效保持和利益相关者的关系,企业必须清楚地知道它期望从每个利益相关者那里获得什么以实现其基本目标,以及每个利益相关者期望的回报。这是达成契约的本质。企业与每个利益相关者的契约创造了付出与回报。要想成功地实现企业的目标,企业必须监控契约双方的交易。

企业业绩评价系统的一个最基本和最重要的作用就是监控契约双方的交易。这将使企业评价契约双方的期望是否得到了满足,找出问题所在及改进方法。恰当的业绩评价指标能够预测或带动企业在基本目标方面的业绩。因此,这为企业管理其基本目标方面的业绩提供了一种方式。

利用基本目标业绩评价指标和次要目标业绩评价指标进行管理是有差异的。为了说明这种差异,假设你作为一位高层管理者,在管理中你会选择下列两种报告中的哪一种?

第一种报告只有基本目标业绩评价指标。它包括一张比较利润表,这张比较利润表通过收入和成本的变化说明企业的利润下降了。

第二种报告包括基本目标业绩评价指标和次要目标业绩评价指标。它在指出利润下降的同时也指出了其他问题,具体包括:因为产品质量差,客户满意度下降;目前的管理模式造成员工满意度下降;企业在开发新产品时与供应商所签订的契约没有长期激励措施,造成供应商不满;因为企业没有为洪灾捐款,所以公众认为企业没有同情心;企业的许多业务流程(如物流和制造系统)在成本及周转期方面达不到预期的标准。

很明显,第二种报告为评价、解释和改进第一种报告中的利润下降问题提供了一个依据。这个例子说明了恰当地选择次要目标业绩评价指标的作用。

传统的管理理论认为,只要对组织内部的情况进行分析就够了。巴纳德创造性地提出一个组织必须包括内部平衡和外部适应的思想。他反对那种认为组织是由有限的成员组成的一个有界限的孤立系统的传统看法。他认为组织的概念中应包含投资者、供应商、客户和其他虽然没有包括在企业本身的"成员"之中但对企业做出贡献的各种人。

除上述三种平衡关系之外,一个指标体系还要体现出现实与未来的平衡、内部与外部的平衡等诸多平衡关系。至于哪些指标能够进入指标体系,则取决于战略管理的需要。

7.4.3 用平衡计分卡支撑战略

一些勇于创新的企业已经对平衡计分卡架构进行了扩展和运用,它们将平衡计分卡作为企业的战略管理工具来成功实施企业战略,帮助企业取得了巨大的成功。所以,平衡计分卡在企业内的应用已越来越广泛。

平衡计分卡引入了四个新的管理程序,如图7-7所示。这四个程序既可单独又可共同为把长期战略目标与短期行动联系起来发挥作用。

1. 说明愿景

说明愿景就是将企业的愿景转化为一套为所有高级管理者所认可的业绩评价指标的过程。这个过程一般包括如下环节:根据愿景确定企业的使命;通过内部条件和外部环境分析确定企业战略目标;明确实现战略目标的关键成功因素(KSF);设计出计量这些关键成功因素的关键业绩指标(KPI);形成业绩评价指标体系。

2. 沟通与联系

沟通与联系是指管理者将战略目标上下沟通,使各个部门及个人都能理解企业的战略目标,并使部门及个人目标与之保持一致。在这个过程中,激励机制与业绩评价指标之

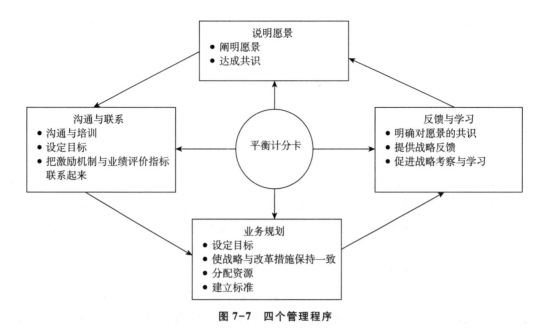

图 7-7 四个管理程序

间建立了联系。传统上,激励机制都与短期财务目标和指标相联系,容易造成各部门过度关注本部门目标而忽视企业战略目标的情况。因为非财务指标能够反映出那些关系到企业长远发展的关键成功因素,易于被各个部门及个人理解,所以它弥补了财务指标的不足,使沟通与联系过程更为容易。

3. 业务规划

业务规划使企业能够实现业务计划与财务计划的一体化。每个部门都有其关键业绩指标和改革措施,通过平衡计分卡,管理者将所有关键业绩指标放在一起考虑,从而使增强企业核心竞争力的不同改革措施同时出现在一份管理报告中。管理者就会针对各种关键业绩指标制定业绩评价标准,作为确定资源分配优先顺序的依据。因为战略管理的核心是竞争战略,因此业绩评价标准为竞争标准(如标杆法)。评价标准的建立有助于企业采取那些能够推动长期战略目标实现的改革措施,并注意各种改革措施之间的协调。

4. 反馈与学习

反馈与学习赋予企业一项战略性学习的能力。现有的反馈和考察都注重企业及其各部门、员工是否实现了预期的财务目标。当管理体系以平衡计分卡为核心时,企业就能从非财务角度控制业务流程、监督短期结果,并根据业绩评价结果为管理者提供决策信息,评价战略目标的实现情况。因此,平衡计分卡能使企业及时修改战略,以随时反映学习心得。

复习与思考 平衡计分卡与企业战略有什么关系?

7.4.4 建立平衡计分卡的步骤

1. 确定平衡计分卡项目的目标

设计人员就制定平衡计分卡与企业高层达成共识并获得企业高层的支持。企业高层应明确平衡计分卡的主要意图并在认识上取得一致。企业高层应确定一个能够担当起平衡计分卡总体设计重任的人选。

2. 选择适当的业务部门

设计人员必须确定适宜实行最高级别的平衡计分卡的业务部门。最好从一个具有战略意义的业务部门开始，这个业务部门的活动最好贯穿企业的整个业务流程——创新、运营、营销、销售和服务。

3. 就该部门的战略目标达成共识

设计人员通过对部门的全面了解，帮助部门管理人员理解企业的战略目标，并了解他们对平衡计分卡评估手段的建议，解答他们提出的问题。在充分交流的基础上，确定企业的战略目标。确定战略目标是一个重复的过程，通常需要经过反复的讨论才能最终确定。

4. 选择和设计评估手段

该阶段主要包括以下要点：对每个目标，设计能够最佳实现目标和传达这种目标意图的评估手段；对每一种评估手段，找到必要的信息源并为获得这种信息而采取必要的行动；对每一目标的评价体系之间的相互影响进行评估。

5. 制订实施计划

成立实施小组，各实施小组确定平衡计分卡的目标并制订实施计划。该计划包括如何把评估手段同数据库和信息体联系起来，负责在企业内部传播平衡计分卡，并帮助下级部门制订实施计划，直至建立一个全新的执行信息制度。

6. 通过最终的实施计划，把平衡计分卡融入企业的管理制度并发挥作用

制定平衡计分卡一般需要持续 3 个月的时间。在制定过程之中，主管人员可以有充分的时间考虑平衡计分卡与战略、信息制度以及最重要的管理过程之间的关系。制定平衡计分卡的过程，也就是企业目标在组织中进行传播的过程。如果能够让企业的各级员工参与到平衡计分卡的制定上来，那么将有助于战略目标的推广和得到员工的认同。

7.4.5 平衡计分卡系统分析

平衡计分卡以相关者利益最大化为目标导向，追求各利益相关者多元目标的平衡。对其产生直接影响的理论有利益相关者理论、战略管理理论，等等。

平衡计分卡的评价指标根源于组织的战略目标和竞争需要，它通过客户（如客户满意度和市场占有率）、内部业务流程（如产品质量和交货时间）、学习与成长（如员工技能）方面的业绩评价指标来补充传统的财务指标。而且，平衡计分卡要求管理者从四种角度选择数量有限的关键业绩指标，因而有助于管理者把注意力集中到战略愿景上来。

平衡计分卡建立了财务指标与非财务指标相结合的业绩评价指标体系，强调企业从整体上来考虑营销、生产、研发、财务、人力资源等部门之间的协调统一，而不再将它们割裂开来；以实现企业的整体目标为导向，强调整体最优而非局部最优；全面地考虑了各利益相关者；强调企业从长期和短期、结果和过程等多个角度思考问题。

平衡计分卡认为使用财务指标设计激励机制将导致企业行为短视化,追求局部利益最优而忽视企业整体利益最优。因而,平衡计分卡在激励机制设计中,一方面强调非财务指标对短期行为的纠正,另一方面强调评价标准对资源分配、企业目标实现的作用。但是,平衡计分卡没有给出业绩评价指标与激励机制之间的明确联系。

平衡计分卡引入了非财务指标,这些指标有的来自企业内部,有的来自企业外部,因而在使用时增加了数据获取的难度。非财务指标不仅超出了会计信息系统的"势力"范围,尤其是市场占有率、客户满意度等外部数据的获取更对企业的会计信息系统提出了挑战。但这只是一种理论的推断,并不能成为许多企业采用平衡计分卡的障碍。平衡计分卡一般要使用十几个或更多的评价指标,对指标权重的确定问题无法回避。从理论上讲,确定权重的方法有多种,并且还很复杂。但是,从本质上讲,权重反映了对目标的重视程度,因而在实务中许多企业采用了简便易行的定性方法来确定指标权重,如德尔菲法。因为平衡计分卡没有给出确切的计分方法,从而不能产生一个业绩评价的结果,这似乎有点儿名不副实。

平衡计分卡以相关者利益最大化为目标,因而设计了多种类别的评价指标。基于这种设计思路,在实际应用时可根据组织类型的不同灵活地调整指标类别。平衡计分卡的应用范围已经超越营利组织,在政府机构、医疗机构、教育机构等非营利组织也得到广泛应用。

复习与思考 建立平衡计分卡有哪些步骤?

案例分析

上海特思克汽车的平衡计分卡应用

一、背景

上海特思克汽车科技有限公司(以下简称"上海特思克汽车")是一家成立于2003年的汽车技术研发企业,其主要经营范围为汽车零部件及相关技术的研发、生产,自有技术成果的转让,并提供相关的技术咨询和技术服务。公司在全球有11个分公司,遍布在德国、巴西、墨西哥等国家和地区,具有丰富的客户资源,其中包括大众、宝马、雷诺等汽车生产厂商。公司的总体战略是致力于提供世界级的具有创新性的产品,以满足客户不断增长的需求,战略目标是改进服务满足客户的要求,为客户提供物超所值的艺术性产品,提高市场占有率。为了实现自身的战略目标,公司决定实施平衡计分卡。

二、主要做法

(一)化战略为行动

公司的战略目标被分解为财务维度、客户维度、内部业务流程维度和学习与成长维度这四个方面的指标体系,具体如表1所示。

表 1　上海特思克汽车的平衡计分卡

	指标	比重(%)	目标业绩水平
财务		39.46	从所有者利益出发,以全面衡量经营活动的经营成果
1	销售增长率	3.98	
2	净资产收益率	8.9	
3	成本费用利润率	26.58	
客户		16.22	为目标客户与目标市场提供满意的产品和服务
4	市场占有率	1.03	
5	客户保留度	5.81	
6	客户获取率	2.95	
7	客户满意度	6.43	
内部业务流程		33.57	找出企业内部必须做好和需要提高竞争优势的方面,制定相应的指标,以督促这些方面的完善
8	开发周期	5.27	
9	开发费用与营业利润比率	8.37	
10	退货率	19.93	
学习与成长		10.75	培养和维持组织中的人员竞争力,为企业的长远发展营造积极、健康的工作环境和企业文化
11	员工培训比率	1.77	
12	培训合格率	3.06	
13	员工离职率	1.13	
14	员工满意度	4.79	

(二)结合公司实际情况灵活调整指标体系

上海特思克汽车的 11 个分公司保持了相同的评价指标体系。无论是在服务质量、服务效率还是在财务方面,各分公司拥有共同的语言。量化的评价指标可以让它们很清楚地知道自己在所有分公司中所处的水平。同时,公司总部根据不同区域的地理、人文和经济发展水平的特点并结合预算的编制设置评价指标标准值,与各分公司的激励机制相结合,充分调动员工的积极性,使管理更有效率。

(三)将评价结果与激励挂钩

激励机制最重要的就是透明,让员工知道哪方面做得好,收获是什么,公平、透明才能使员工激发出最大的创造力。上海特思克汽车以平衡计分卡为基础建立了一张非常详细的奖金方案表,员工看着这张表格,就可以根据自己完成工作的情况得到评价的结果,从而方便地计算出自己的工资和奖金。其主要有三个特点:①以绩效奖励制度支持公司战略;②由公司业绩决定公司薪酬级别,包括工资和奖金;③由个人业绩决定个人薪酬级别,包括工资和奖金。

三、启示

(一) 清晰的战略目标是成功的前提

平衡计分卡的实施以清晰的战略目标为前提。没有目标就犹如汪洋中的游泳者,最终将被惊涛骇浪吞噬。尽管明确目标很重要,但是明确目标不仅仅是确定目标,还要分解、落实,形成可计量的评价指标。上海特思克汽车灵活运用平衡计分卡原理,将战略目标分解为四个方面的评价指标,为我们提供了有益的启示。

(二) 领导层的推动

平衡计分卡是一个战略执行工具,而决定执行的还是公司的最高层领导,其推动力和沟通力是他人无法完成的。上海特思克汽车由高层领导挂帅推动平衡计分卡的实施,取得了显著的效果。而目前一些企业在实施平衡计分卡时往往由企业的个别职能部门来推动,尤其是将平衡计分卡简单地理解为一个业绩评价工具由人力资源部门来推动,在推行过程中产生了许多部门之间、层级之间的沟通矛盾。

(三) 业绩评价是科学的激励机制的前提

业绩评价是科学的激励机制的前提,科学的激励机制是业绩评价的必然结果,二者共同促进企业战略目标的实现。因而,业绩评价系统的设计必须全面,否则,业绩评价系统忽略的业绩指标也将为经营者(或员工)所忽略或轻视。上海特思克汽车把平衡计分卡和浮动薪酬联系起来,员工将会更多地关注公司与部门的业绩,员工在平时无形的工作中逐步朝着正确的目标去发展,明白自己的努力将会帮助公司实现目标。

本章小结

综合分析就是对企业的各个方面进行系统、全面的分析,从而对企业的财务状况和经营成果做出整体的评价与判断。

杜邦分析法是利用相关财务比率的内在联系构建一个综合的指标体系,来考察企业整体财务状况和经营成果的一种分析方法;杜邦分析法主要反映了以下几种财务比率的关系,即股东权益报酬率 = 营业利润率 × 总资产周转率 × 平均权益乘数。

沃尔评分法又叫综合评分法,它通过对选定的多项财务比率进行评分,然后计算综合得分,并据此评价企业的综合财务状况。

经济增加值(EVA)是一定时期企业所有成本被扣除后的剩余收入,等于税后净营业利润减去资本成本;EVA 的基本理念是:资本获得的收益至少要能补偿投资者承担的风险,也就是说,股东必须赚取至少等于资本市场上类似风险投资回报的收益率。

EVA 的计算结果取决于三个基本变量,即税后净营业利润、资本总额和加权平均资本成本。

平衡计分卡能从财务、客户、内部业务流程、学习与成长四个方面来观察企业。其中,财务方面的指标是企业追求的结果,其他三个方面的指标是取得这种结果的动因。

重要名词

杜邦分析体系(DuPont Analysis System)
经济增加值(Economic Value Added)
战略性投资(Strategic Investment)
股权资本成本(Cost of Stock)
财务角度(Financial Perspective)
内部业务流程角度(Business Process Perspective)
学习与成长角度(Learning and Growth Perspective)
沃尔评分法(Wall Marking Way)
债务资本成本(Cost of Debt)
平衡计分卡(Balanced Score Card)
客户角度(Customer Perspective)

思考题

1. 杜邦分析体系的前三层反映了哪些比率之间的关系?
2. 杜邦分析能够反映企业哪些方面的状况?
3. 杜邦分析的综合性体现在何处?
4. 应用沃尔评分法的难点是什么?
5. 沃尔评分法的综合性如何得以体现?
6. 经济增加值的分析和平衡计分卡有哪些优点?

练习题

1. 某公司2022年的销售额为62 500万元,比上年提高28%,有关的财务比率如下表所示。

有关财务比率

财务比率	2021年同业平均	2021年本公司	2022年本公司
应收账款回收期(天)	35	36	36
存货周转率	2.50	2.59	2.11
销售毛利率	38.00%	40.00%	40.00%
销售利润率(息税前)	10.00%	9.60%	10.63%
销售利息率	3.73%	2.40%	3.82%
营业净利率	6.27%	7.20%	6.81%
总资产周转率	1.14	1.11	1.07
固定资产周转率	1.40	2.02	1.82
资产负债率	58.00%	50.00%	61.30%
利息保障倍数	2.68	4.00	2.78

注:该公司处于免税期。

要求:

(1) 运用杜邦分析原理,比较2021年公司与同业平均的净资产收益率,定性分析其差

异的原因;

(2) 运用杜邦分析原理,比较公司 2022 年与 2021 年的净资产收益率,定性分析其差异的原因。

2. 已知某公司 2022 年财务报表的有关资料如下表所示。

2022 年财务报表有关资料　　　　　　　　　　　　单位:万元

资产负债表项目	年初数	年末数
资产	8 000	10 000
负债	4 500	6 000
所有者权益	3 500	4 000
利润表项目	上年数	本年数
销售收入	(略)	20 000
净利润	(略)	500

要求:

(1) 计算杜邦分析体系中的下列指标(凡计算指标涉及资产负债表项目数据均按平均数计算):

① 净资产收益率;

② 总资产报酬率(保留三位小数);

③ 营业净利率;

④ 总资产周转率(保留三位小数);

⑤ 权益乘数。

(2) 用文字列出净资产收益率和上述其他各项指标之间的关系式,并用数据加以验证。

(3) 若 2021 年的情况为净资产收益率 = 营业净利率 × 总资产周转率 × 权益乘数 = 2% × 2.333 × 2.6 = 12.13%,采用因素分析法依次分析净资产收益率变动所受的影响。

第 8 章 财务分析与价值评估

[学习目标]

学习本章,你应该掌握:

1. 企业价值评估的思路以及价值评估的基本方法;
2. 现金流量定价模型的种类及应用;
3. 股利定价模型的思路和模型适用范围;
4. 市盈率定价模型的应用。

[素养目标]

具备经世济民的社会责任感、促进企业可持续发展的职业理想。

[引导案例]

韦尔股份(603501)成立于2007年,其经营范围涵盖集成电路、计算机软硬件的设计、开发、销售,以及商务信息咨询。其主营业务为半导体分立器件和电源管理芯片等半导体产品的研发设计,以及被动件(包括电阻、电容、电感等)、结构器件、分立器件和电源管理芯片等半导体产品的分销业务。

北京豪威前身为美国豪威,主要经营实体为其下属公司美国豪威及下属企业。美国豪威成立于1995年,主营业务为图像传感器芯片制造。据介绍,美国豪威与日本索尼、韩国三星并称为全球领先的三大主要图像传感器供应商,主要产品包括CMOS(互补金属氧化物半导体)图像传感器、特定用途集成电路产品、微型影像模组封装技术和硅基液晶投影显示芯片,并广泛应用于消费电子和工业应用领域,包括智能手机、平板电脑、笔记本电脑、网络摄像头、安全监控设备、数码相机、汽车和医疗成像等。

2018年12月,韦尔股份宣布并购计划,拟以发行股份的方式购买25名股东持有的北京豪威85.53%的股权。根据韦尔股份2018年年报,其2018年营业收入为39.64亿元,归属于母公司的净利润为1.39亿元,归属于上市公司股东的净资产为16.35亿元。而按照收益法来评估,截至2018年7月31日,北京豪威合并财务报表归属于母公司的所有者权益为95.72亿元,评估值为141.31亿元。从2018年会计数据来看,北京豪威与韦尔股份相比几乎各个方面都占优势。从资产负债表项目来看,北京豪威总资产为146.88亿元,是韦尔股份近46亿元的3.19倍;北京豪威所有者权益为97.00亿元,是韦尔股份16.35亿元的近6倍。从利润表项目来看,北京豪威总收入为87.10亿元,是韦尔股份39.64亿元的2.20倍。从现金流量表项目来看,北京豪威的经营现金流量为91.31亿元,是韦尔股份44.11亿元的2.07倍。

为什么一个在各个会计项目上都远远好于韦尔股份的北京豪威,反而被韦尔股份收购了呢?答案就是韦尔股份虽然在经营业绩上差,但在股票市场上表现好,而它恰恰利用了自己高昂的股价和庞大的市值收购了北京豪威。

企业价值评估(Business Valuation)是指在一个既定的时点,对一个经济实体(公司或企业)或业务的整体价值做出判断及评价。企业价值评估可以指企业整体的价值评估,也可以指股权资本的价值评估。在当今的经济环境下,价值最大化越来越成为企业管理的首要目标。企业的各利益相关者都需要企业价值的有关信息:投资者和债权人需要了解企业的价值以作为投资的依据;经营管理者需要了解企业的价值以及企业价值是如何决定的,以便更好地了解企业的优势和劣势,做出有利于价值增值的决策。

企业价值评估的途径主要有收益途径、市场途径和成本途径。本章主要介绍的是收益途径的现金流量定价模型和股利定价模型以及市场途径的市盈率定价模型。

8.1 现金流量定价模型

8.1.1 基本原理与模型

企业价值的概念早在20世纪50年代中期就有人提出,并在近几十年进行了广泛的研究,研究成果主要集中在企业资本结构理论、风险收益和资产定价理论、企业并购理论、企业价值评估理论和企业战略理论等方面。在现代金融学和公司财务领域,折现现金流量企业价值观是西方广泛认同和接受的主流企业价值观,而且被西方研究者和著名的咨询公司麦肯锡的研究成果证实。这一模型在资本市场发达的国家被广泛应用于投资分析和投资组合管理、企业并购及公司财务等领域。

折现现金流量企业价值观认为,企业价值等于企业未来现金流量的折现值,即选定恰当的折现率,将企业未来的自由现金流量折算到现在的价值之和作为企业当前的估算价值。该方法的基本原理是,一项资产的价值等于该资产预期在未来所产生的全部现金流量的现值之和,其折现率是反映企业风险的资本成本。其计算公式为:

$$企业价值 = \frac{未来现金流量}{资本成本}$$

$$= \sum_{t=1}^{n} \frac{FCF_t}{(1+R)^t}$$

其中,FCF_t表示未来现金流量,R表示折现率,t表示期限。

折现现金流量企业价值观认为,决定企业价值的关键因素是企业的盈利状况和成长性——未来现金流量以及风险因素——资本成本。因此,确定企业价值需要的变量主要是企业未来现金流量、资本成本以及企业未来成长性。而按照企业未来现金流量含义的不同,现金流量定价模型主要包括两种:公司自由现金流量定价模型和股权自由现金流量定价模型,两种模型的区别如表8-1所示。

表 8-1 现金流量定价模型的类型

类型	FCF	R	企业价值
公司自由现金流量定价模型	公司自由现金流量（FCFF）	加权平均资本成本（WACC）	$\sum_{t=1}^{\infty}\dfrac{\text{FCFF}_t}{(1+\text{WACC})^t}$
股权自由现金流量定价模型	股权自由现金流量（FCFE）	股权资本成本（R_e）	$\sum_{t=1}^{\infty}\dfrac{\text{FCFE}_t}{(1+R_e)^t}$

复习与思考 什么是企业价值？如何理解现金流量定价模型？

8.1.2 公司自由现金流量定价模型

公司自由现金流量定价模型就是将未来公司自由现金流量按照加权平均资本成本进行折现作为公司价值的估算方法，模型如下：

$$\text{公司价值} = \sum_{t=1}^{\infty}\dfrac{\text{FCFF}_t}{(1+\text{WACC})^t}$$

1. 估计公司自由现金流量

公司的全部价值属于公司各种权利要求者，这些权利要求者包括股权资本投资者、债权持有者。因此，公司自由现金流量是所有这些权利要求者现金流量的总和。一般来说，公司自由现金流量就是在支付了经营费用和所得税之后，向公司权利要求者支付现金之前的全部现金流量。其计算方法有两种：一种是把公司不同的权利要求者的现金流量加总在一起，如表 8-2 所示。

表 8-2 公司自由现金流量的计算

权利要求者	权利要求者的现金流量	贴现率
股权资本投资者	股权自由现金流量	股权资本成本
债权人	利息费用×(1-所得税税率)+偿还本金-新发行债务	税后债务成本
公司 = 股权资本投资者 + 债权人	公司自由现金流量 = 股权自由现金流量 + 利息费用×(1-所得税税率)+偿还本金-新发行债务	加权平均资本成本

另一种是从息税前利润（EBIT）开始计算，但得到的结果与第一种方法相同，具体计算过程如下：

公司自由现金流量 = 息税前利润 × (1 - 所得税税率) + 折旧 -
资本性支出 - 营运资本净增加额
= 经营性现金净流量 - 资本性支出 - 营运资本净增加额

这种方法是比较常用的用来估计公司自由现金流量的方法，本章以下关于公司自由现金流量的描述是以此方法进行的。

（1）公司自由现金流量和净利润的区别

① 折旧和摊销。尽管在利润表中折旧和摊销是作为税前费用处理的，但它们和其他

费用不同,折旧和摊销是非现金费用,也就是说,它们并不造成相关的现金流出。它们给公司带来的好处是减少了公司的应税收入,从而减少了纳税额。纳税额减少的数额取决于公司的所得税税率:

$$折旧带来的税收利益 = 折旧额 \times 公司的所得税税率$$

对于那些折旧额较大的资本密集型公司而言,经营性现金净流量将远高于净利润。

② 资本性支出。公司的权利要求者通常不能将来自公司经营活动的现金流量全部提取,因为这些现金流量的一部分或全部将用于再投资,以维持公司现有资产的运行并创造新的资产来保证未来的增长。由于未来增长给公司带来的利益通常在预测现金流量时已经加以考虑,因此在估计现金流量时应考虑产生增长的成本。例如,对于制造业公司而言,在现金流增长率很高的情况下,很少会出现没有或只有少量资本性支出的现象。折旧和资本性支出之间的关系比较复杂,而且因公司所处的行业和增长阶段的不同而各异。通常,处于高速增长阶段的公司的资本性支出要高于折旧,而处于稳定增长阶段的公司的资本性支出和折旧则比较接近。

③ 营运资本追加。公司的营运资本是其流动资产与流动负债的差额。因为营运资本所占用的资金不能被公司用于其他用途,所以营运资本的变化会影响公司的现金流量。营运资本增加意味着现金流出,营运资本减少则意味着现金流入。在估计公司自由现金流量时,应考虑公司营运资本追加因素。

【例 8-1】 Y 公司主营业务是设计、改进与制造多种用于工作站、主板和个人计算机的集成电路,2021 年净利润为 3 420 万元,2022 年为 300 万元。表 8-3 估计了该公司 2021—2022 年的公司自由现金流量。

表 8-3 Y 公司自由现金流量估计   单位:百万元

项目	2021 年	2022 年
净利润	34.2	3.0
+折旧	41.5	45.0
=经营性现金净流量	75.7	48.0
-资本性支出	64.1	36.5
-营运资本净增加额	12.5	-6.3
=公司自由现金流量	-0.9	17.8

从表 8-3 中可以看出,公司自由现金流量显示了与净利润不同的情况,与 2021 年相比,2022 年的净利润虽然下降了,但由于资本性支出和营运资本减少,公司自由现金流量反而增加了。

(2) 公司自由现金流量、财务杠杆和价值

由于公司自由现金流量是偿还债务之前的现金流量,所以它不受负债比率(财务杠杆)的影响。但这并不意味着用加权平均资本成本作为贴现率计算得出的公司价值不受财务杠杆的影响。当公司的负债增加时,其加权平均资本成本也将发生变化,从而导致公司价值发生变化。如果公司加权平均资本成本降低,则在现金流量不变的情况下公司价值会上升。

2. 预测增长率

（1）增长率的预测方法

一家公司的价值最终不是取决于公司当前的现金流量，而是公司预期的未来现金流量，因此，估计收益和现金流增长率是公司合理估值的关键。预测增长率在价值评估中扮演着重要的角色。有三种预测增长率的方法：第一种是使用历史增长率数据；第二种是使用专业分析人员的预测；第三种是把增长率与公司的基本情况联系起来。每一种方法都具有信息价值，三种方法的预测结果可以综合到最后的分析之中，并依据所提供的信息量赋予恰当的权重。下面对前两种进行简要介绍。

第一种，使用历史增长率数据。

公司的历史增长率和预期未来增长率之间是存在联系的，用历史增长率的平均值预测未来增长率是常用的方法。对历史增长率是使用算术平均还是几何平均，结果是不一样的。算术平均值是历史增长率的中值，而几何平均值则考虑了复利计算的影响。显然后者更加准确地反映了历史收益和现金流的真实增长，尤其是当增长是无规律的时候，下面用一个简单的例子进行说明。

【例 8-2】 某公司 2014—2019 年每股收益如表 8-4 所示，运用算术平均值或几何平均值计算每股收益增长率。

表 8-4 某公司 2014—2019 年每股收益（假设股本不变）

年份	每股收益（元）	增长率（%）
2014	0.66	
2015	0.90	36.36
2016	0.91	1.11
2017	1.27	39.56
2018	1.13	-11.02
2019	1.27	12.39

算术平均值 = (36.36% + 1.11% + 39.56% - 11.02% + 12.39%)/5 = 15.68%

几何平均值 = $(1.27/0.66)^{1/5} - 1$ = 13.99%

几何平均值小于算术平均值，并且这一差值将随着收益水平波动幅度（方差）的增加而增大。一种替代使用简单算术平均值的方法是使用加权平均值，即对较近年份的增长率赋予较大的权重，而对较远年份的增长率赋予较小的权重。

在预测未来增长率时，历史增长率的价值是由许多因素决定的，它们包括：

① 增长率的波动性。历史增长率对未来增长率预测的有用性，与增长率的波动性成反比关系。分析人员在使用历史增长率数据预测未来增长率时，如果历史增长率的波动性很大，则应持小心谨慎的态度。

② 公司的规模。因为公司的增长率是以百分数表示的，所以公司规模在分析中有很大的影响。一家年收入 1 000 万元的公司比一家年收入 5 亿元的公司更容易保持相同的增长率。由于公司规模越大，越难保持较高的增长率，因此对于规模和利润都已经有惊人

增长的公司而言,是很难保持较高的历史增长率的。

③ 经济周期性。预测取样时段的经济处于周期中的哪一阶段,对具有周期性的公司的历史增长率会有很大的影响。对于周期性公司而言,如果使用萧条时期的历史增长率进行预测,则未来增长率很可能为负;如果使用经济高峰时期的历史增长率进行预测,则会得出相反的结论。因此,在预测周期性公司的未来增长率时,这些增长率的价值不大,而跨越两个或更多经济周期的历史增长率将更有意义。

④ 基本因素的改变。我们观察到的历史增长率是公司在业务组合、项目选择、资本结构和股利政策等基本方面决策的结果。如果公司在某一方面或所有方面的决策发生改变,则历史增长率对未来增长率的预测就可能不再可靠。例如,公司重组通常会改变它的资本结构,使历史增长率在未来增长率的预测中不再具有多大意义。

使用历史增长率数据的另一个问题是公司所处的行业发生变化。行业变化可能是市场压力的结果,也可能是政府规定的结果。行业基本情况的改变可能导致该行业所有公司增长率的上升或下降,这些在预测时是必须考虑的因素。

第二种,使用专业分析人员的预测。

专业分析人员的预测优于使用历史增长率数据的机械式模型的一个简单原因就是,专业分析人员除使用历史数据之外,还能利用对预测未来增长率有价值的其他信息,具体包括:

① 在最近的盈利报告之后已公开的公司特定的信息。分析人员能够利用最近的盈利报告之后所公布的有关公司的信息,来对未来增长率进行预测。这些信息有时可能导致对公司预期现金流量的重新估计。

② 影响未来增长率的宏观经济信息。所有公司的预期未来增长率都会受 GNP(国民生产总值)增长率、利率和通货膨胀率等经济信息的影响。当有关宏观经济形势和财政货币政策改变的新的信息出现时,分析人员能够及时更新他们对公司未来增长率的预测。例如,当经济增长比预期要快的信息公布后,分析人员将提高他们对周期性公司未来增长率的预测值。

③ 竞争对手披露的有关未来前景的信息。分析人员能够依据竞争对手在定价政策和未来增长方面所透露的信息,对公司的未来增长率预测做出修正。

④ 公司未公开信息。分析人员有时能够接触到他所关注公司未公开的信息,这些信息可能与未来增长率的预测有关。

(2) 增长率的决定因素

虽然公司的增长率可以由历史增长率数据或专业分析人员的预测来衡量,但它最终是由公司在产品线、边际利润、财务杠杆比率和股利政策等方面所做的决策决定的。

① 留存比率和净资产收益率。计算增长率最简单的方法是使用留存比率(公司留存收益占总收益的百分比)和项目的净资产收益率(ROE)进行计算。假设净资产收益率保持不变,即

$$ROE_t = ROE_{t-1} = ROE$$

则:

$$盈利增长率 = 留存比率 \times 净资产收益率$$

即
$$g_t = b \times \text{ROE}$$

式中,g_t 表示 t 年的盈利增长率,b 表示留存比率。

在这一公式中,盈利增长率与留存比率和净资产收益率成正比关系。如果净资产收益率随时间而改变,则 t 年的增长率可以表示为:

盈利增长率 = 净资产收益率增长率 + 留存比率 × 净资产收益率

即
$$g_t = (\text{ROE}_t - \text{ROE}_{t-1})/\text{ROE}_{t-1} + b \times \text{ROE}_t$$

公式右边第一项反映了在已有股权资本的基础上,净资产收益率的改变对盈利增长率 g_t 的影响,ROE 的提高(或降低)将导致股权资本具有更高(或更低)的盈利能力,进而导致一个更高(或更低)的增长率。

② 净资产收益率和财务杠杆比率。公司财务杠杆比率影响净资产收益率,进而影响盈利增长率。如果项目(资产)的息前税后收益率超过债务的税后利率,则提高财务杠杆比率将导致更高的净资产收益率。计算净资产收益率的公式可以表示为:

$$\text{ROE} = \text{ROA} + D/E[\text{ROA} - I(1-t)]$$

其中:

$\text{ROA} = [\text{净收益} + \text{利息} \times (1 - \text{所得税税率})]/\text{总资产账面值}$

$D/E = \text{债务账面值}/\text{股权资本账面值}$

$I = \text{债务利息支出}/\text{债务账面值}$

$t = \text{所得税税率}$

注意:总资产账面值 = 债务账面值 + 股权资本账面值。

使用 ROE 的这一扩展形式,盈利增长率可以写为:

$$g = b \times \{\text{ROA} + D/E[\text{ROA} - I(1-t)]\}$$

这一公式的优点是它清楚地展示了财务杠杆比率的变化对盈利增长率的影响。它是分析企业财务重组对盈利增长率和企业价值影响的一种有效方法。

③ 总资产报酬率、息前税后利润率和资产周转率。如果总资产报酬率和利润率、销售收入有关,则对它的分析可以再进一步:

$$\text{ROA} = \text{EBIT}(1-t)/\text{总资产账面值}$$

$$= \frac{\text{EBIT}(1-t)}{\text{销售收入}} \times \frac{\text{销售收入}}{\text{总资产}}$$

$$= \text{息前税后利润率} \times \text{资产周转率}$$

总资产报酬率是息前税后利润率和资产周转率的正比例函数。然而这两个变量之间又存在有趣的关系,对这两个变量进行分析我们可以发现:提高息前税后利润率通常会降低资产周转率,而降低息前税后利润率将会提高资产周转率。变化的净影响将取决于产品的需求弹性。

【例 8-3】 某公司于 2022 年 4 月决定降低其产品——一次性尿布——的价格,以便更好地与低价大众品牌产品进行竞争。公司降价策略的结果是:息前税后利润率预计将由 7.43% 下降到 7.00%,而资产周转率将由 1.6851 提高到 1.8000,如表 8-5 所示。

表8-5 某公司执行降价策略后预期的息前税后利润率、资产周转率和盈利增长率

项目	2022年	执行降价策略后
销售收入(百万元)	29 362	31 036
息前税后利润率	7.43%	7.00%
总资产(百万元)	17 424	17 424
资产周转率(次)	1.6851	1.8000
总资产报酬率	12.52%	12.60%
留存比率	58.00%	58.00%
债务/所有者权益(账面值)	0.7108	0.7108
债务利率×(1-所得税税率)	4.27%	4.27%
盈利增长率	10.66%	10.71%

公司的降价策略将提高预期的盈利增长率。当然,它的条件是假设销售收入增加到足以使资产周转率提高到1.8000次的水平。

(3) 增长率估计中的一般问题

如前所述,常用的预测未来增长率的方法有三种:使用历史增长率数据,使用专业分析人员的预测,把增长率与公司的基本情况联系起来。从实际角度来看,这三种方法常常出现交叠。分析人员有时使用历史增长率数据估计未来增长率,有时也需要对公司的基本情况(如边际利润)进行估计并根据历史增长率数据构造许多增长率基本模型。但这并不意味着这些方法总是能够产生相似的结论;相反,它们常常给出不同的增长率预测值,使分析人员在估值时难以决定应使用哪一个增长率或者如何对这些增长率综合使用。

如果只使用三种增长率预测方法中的一种,则哪种方法最合适将取决于被分析的公司:如果被分析的公司正在进行一次复杂的重组,那么根据公司基本情况分析得到的增长率将是最好的,因为它是基于资产和负债重组后的情况做出的预测;如果公司的经营相对稳定,且大量的分析人员密切关注着该公司,则分析人员的预测可能比其他方法的预测更可靠;如果一家公司已经建立起一个稳定的历史增长模式,其行业经营没有改变,则基于历史增长率数据的时间序列模型将给出较精确的未来增长率预测。表8-6列出了一些在确定权重时应被考虑的因素。

表8-6 确定不同增长率预测方法的权重时应考虑的因素

增长率预测方法	需考虑的因素	分配的权重	
		更高	更低
历史数据模型	1. 可获得多少历史数据	多	少
	2. 过去收益的波动性	小	大
	3. 公司周期性的强弱	弱	强
	4. 公司的业务和财务杠杆比率有无重大改变	无	有
	5. 公司规模随时间变化大小	小	大

(续表)

增长率预测方法	需考虑的因素	分配的权重 更高	分配的权重 更低
专业分析人员预测	1. 自从公布最近盈利报告以来,有多少针对该公司的特定信息出现	少	多
	2. 有多少分析人员密切关注着该公司	多	少
	3. 在这些分析人员中有多少人的意见是一致的	多	少
	4. 分析人员的分析质量	高	低
考虑公司基本情况的预测	1. 公司的基本情况有多少改变	多	少
	2. 模型输入变量估计值的可靠性	高	低

3. 计算加权平均资本成本

公司资本一般可分为三大类,即债务资本、股权资本和混合类型资本,混合类型资本包括优先股、可转换债券和认股权证等。从投资者的角度来看,资本成本是投资者投资特定项目所要求的收益率,或称机会成本。从公司的角度来看,资本成本是公司吸引资本市场资金必须满足的投资收益率。资本成本是由资本市场决定的,是建立在资本市场价值的基础上的,而不是由公司自己设定或是基于账面价值。

债务和优先股属于固定收益证券,成本的估算较为容易。可转换债券和认股权证等混合类型证券由于内含期权,成本一般可分为两部分进行估算,其中内含期权的估算可用B-S期权定价模型和二项式定价模型进行。普通股成本的估算模型较多,具体有资本资产定价模型(CAPM)、套利定价模型(APM)、各种形式的扩展资本资产定价模型、风险因素加成法、Fama-French 三因子模型等。这些模型的共同点在于:①都建立在证券市场有效的前提下,存在无风险收益率和无套利定价机制;②基本原理都是股权资本成本=无风险收益+风险补偿,只是在风险补偿因素及估算上存在差异。本章普通股成本的估算采用资本资产定价模型进行。

加权平均资本成本的计算模型为:

$$WACC = \frac{E}{D+E} \times K_e + \frac{D}{D+E} \times K_d(1-T)$$

其中,WACC 表示加权平均资本成本,E 表示权益市场价值,D 表示付息债务市场价值,K_e 表示股权资本成本,K_d 表示债务资本成本,T 表示企业所得税税率,$D/(D+E)$ 表示目标资本结构。

资本资产定价模型是应用最为广泛的权益资本成本模型,传统的资本资产定价模型建立在资本市场有效,投资者理性、厌恶风险,并且投资组合分散程度充分和有效等假设基础之上,因此只考虑补偿系统风险因素,用单一的 β 系数来反映证券市场的系统风险程度。

资本资产定价模型用方差来度量风险,将风险与预期收益联系起来,任何资产不可分散的风险都可以用 β 值来描述,并相应地计算出预期收益率:

$$E(R) = R_f + \beta[E(R_m) - R_f]$$

其中,R_f 代表无风险收益率,$E(R_m)$ 代表市场的预期收益率。投资者所要求的收益率即为贴现率。

因此,从资本资产定价模型可以看出,要估算出贴现率,以下变量应是已知的:即期无风险收益率(R_f),市场的预期收益率[$E(R_m)$],资产的β值。

(1)估算无风险收益率

所谓无风险收益率,是指投资者可以任意借入或贷出资金的市场利率。通常对于A股,我们采用上海证券交易所交易的当年最长期限的国债年收益率来代替;对于B股、H股,则以财政部在境外发行的全球美元债券的名义收益率为无风险收益率。

(2)估算市场的预期收益率或风险溢价

资本资产定价模型中使用的风险溢价是在历史数据基础上计算得出的,风险溢价的定义是:在观测期内,股票的平均收益率与无风险证券平均收益率的差额,即[$E(R_m) - R_f$]。理论上,由于无风险收益率已知,只需要估算出市场的预期收益率即可。

决定风险溢价的因素有以下三点:① 宏观经济的波动程度。如果一个国家的宏观经济容易发生波动,那么证券市场的风险溢价就较高。新兴市场由于发展速度较快,经济系统风险较高,因此风险溢价高于发达国家的证券市场。② 政治风险。政治的不稳定会导致经济的不稳定,进而导致风险溢价较高。③ 市场结构。有些证券市场的风险溢价较低是因为这些市场上的上市公司规模较大,经营多样化,且相当稳定。一般来说,如果上市公司普遍规模较小且风险较大,则该证券市场的风险溢价会较高。

(3)估算β值

β值估算的一般方法是对股票收益率(R_i)与市场预期收益率(R_m)进行回归分析:

$$R_i = a + bR_m$$

其中,a代表回归曲线的截距,b代表回归曲线的斜率。

回归模型中得到的R^2是一个很有用的统计量。在统计意义上,R^2是衡量回归方程拟和程度的一个标准;在经济意义上,R^2表示市场风险在公司整个风险中所占的比例,($1-R^2$)表示公司特有风险在公司整个风险中所占的比例。

【例8-4】 某公司是一家世界著名的以生产个人电脑芯片为主的企业,2015年1月到2019年12月公司月收益率与标准普尔500的月收益率进行回归的结果如下:

① 回归曲线的斜率=1.39,这是公司的β值,是根据2015—2019年的历史数据计算得到的。使用不同的回归期,或者相同的回归期但时间间隔不同(以周或天为时间间隔)进行计算,会得出不同的β值。

② 回归方程的$R^2=22.90\%$,这表明公司整体风险的22.90%来自市场风险(如利率风险、通货膨胀风险等),77.10%来自公司特有风险。因为后者是可以通过分散投资消除的,所以在资本资产定价模型中没有反映出来。

在进行回归分析时,我们需要考虑以下三个问题:

第一个是回归期限的长度。观测期越长,可使用的数据越多,但是公司本身的风险特征可能已经随时间的推移而发生了改变。例如,我们使用1980—1992年的数据估计苹果计算机(Apple Computer)公司的β值,可使用的数据量较大,但是得出的β值估计值要比真实值高,因为苹果计算机公司在20世纪80年代初规模较小,风险较大。

第二个是回归分析所使用数据的时间间隔。我们可以使用年、月、星期、天甚至一天中的某一段时间作为收益率的时间单位。使用天或更小的时间单位作为收益率的时间单位进行回归分析可以增加观察值的数量,但是由于在短时间单位内公司股票的交易量可能为零,从而导致 β 值估算中出现严重误差。例如,如果使用每天的收益率来估算小型公司的 β 值,则可能会因小型公司在一天内无任何交易而使估算出的 β 值偏低。使用以星期或月为时间单位的收益率能够显著减少这种由于无交易量而导致的 β 值估算误差。

第三个是回归分析中市场收益率的选择。估算 β 值的一般方法是使用公司股票所在交易市场的收益率。因此,在估算沪市公司股票 β 值时采用沪市大盘指数收益率,在估算深市公司股票 β 值时采用深市大盘指数收益率,在估算日本公司股票的 β 值时采用日经指数(Nikkei)收益率,在估算美国公司股票的 β 值时使用纽约证约交易所(NYSE)指数收益率。

复习与思考 自由现金流量定价模型中,如何估计自由现金流量、预计增长率和加权平均资本成本?

4. 公司自由现金流量定价模型的应用

根据增长模式不同,公司自由现金流量定价模型有很多种形式,如稳定增长(一阶段)模型、两阶段模型、H 模型、三阶段模型和 N 阶段模型等,本章主要介绍公司自由现金流量稳定增长模型及公司自由现金流量定价模型的一般形式。

(1) 公司自由现金流量稳定增长模型

稳定增长企业的现金流量以固定的增长率增长,可以使用无限增长模型的变化形式进行估价:

$$
\begin{aligned}
公司价值 &= \frac{\text{FCFF}_0(1+g)}{(1+\text{WACC})^1} + \frac{\text{FCFF}_0(1+g)^2}{(1+\text{WACC})^2} + \cdots\cdots \frac{\text{FCFF}_0(1+g)^n}{(1+\text{WACC})^n} \\
&= \text{FCFF}_0 \left[\frac{(1+g)}{(1+\text{WACC})} + \frac{(1+g)^2}{(1+\text{WACC})^2} + \cdots\cdots \frac{(1+g)^n}{(1+\text{WACC})^n} \right] \\
&= \text{FCFF}_0 \times \frac{1+g}{\text{WACC}-g} = \frac{\text{FCFF}_1}{\text{WACC}-g}
\end{aligned}
$$

其中,FCFF_1 代表下一年预期的 FCFF,WACC 代表加权平均资本成本,g 代表 FCFF 的稳定增长率。

① 适用条件。使用该模型必须满足两个条件:第一,相对于经济的名义增长率,公司的增长率必须是合理的;第二,资本支出和折旧的关系必须满足稳定增长的假设。因为没有额外的增长,也无须追加资本投资,所以一个稳定增长企业的资本支出不应该显著大于折旧。

② 限制条件。与其他所有稳定增长模型一样,公司自由现金流量稳定增长模型对预期增长率非常敏感。而且,因为对于大多数公司而言,该模型使用的贴现率是加权平均资本成本,比股权资本成本低得多,所以该模型对预期增长率的敏感性更高。此外,公司自由现金流量稳定增长模型对资本支出和折旧的关系也十分敏感,减少(或增加)资本支出与折旧的相对值会导致公司自由现金流量的增加(或减少)。

(2) 公司自由现金流量定价模型的一般形式

只要可以获得充足的信息来预测公司自由现金流量,那么公司自由现金流量定价模型的一般形式就可以用来对任何公司进行估价。

在公司自由现金流量定价模型的一般形式中,公司价值可以表示为预期公司自由现金流量的现值:

$$公司价值 = \sum_{t=1}^{n} \frac{FCFF_t}{(1+WACC)^t}$$

其中,$FCFF_t$ 代表第 t 年的公司自由现金流量。

如果公司在 n 年后达到稳定增长状态,稳定增长率为 g,则该公司的价值可以表示为:

$$公司价值 = \sum_{t=1}^{n} \frac{FCFF_t}{(1+WACC)^t} + \frac{[FCFF_{n+1}/(WACC_n - g_n)]}{(1+WACC)^n}$$

其中,$WACC_n$ 代表稳定增长阶段的加权平均资本成本。

① 公司估价和股权估价。公司自由现金流量定价模型是对整个公司而不是股权进行估价。但是股权的价值可以用公司的价值减去发行在外债务的市场价值得到。因为该模型可以作为股权估价的一种替代方法,所以就出现了两个问题:为什么对公司整体而不是仅对股权进行估价?用公司估价模型间接计算出的股权价值是否与股权估价方法得出的结果相一致?因为公司自由现金流量是债务偿还前的现金流量,所以使用公司估价方法的好处是不需要明确考虑与债务相关的现金流量,而在估计股权自由现金流量时必须考虑这些与债务相关的现金流量。在财务杠杆预期将随时间发生重大变化的情况下,这个好处对于简化计算、节约时间非常有帮助。但是,公司估价方法也需要关于负债比率和利率等方面的信息来计算加权平均资本成本。

如果满足下列条件,则使用公司估价方法和股权估价方法计算出的股权价值是相等的:

第一,两种方法对公司未来增长情况的假设要一致,但这并不意味着两种方法所使用的增长率是相同的,而是要求根据财务杠杆比率对盈利增长率进行调整。这一点在计算期末价值时尤为突出,公司自由现金流量和股权自由现金流量应假设具有相同的稳定增长率。

第二,债务的定价正确。在公司估价方法中,股权价值是用整个公司的价值减去债务的市场价值得到的。如果公司的债务被高估,则使用公司估价方法得到的股权价值将比使用股权估价方法得到的股权价值低;相反,如果公司的债务被低估,则使用公司估价方法得到的股权价值较高。

② 模型的适用性。具有很高的财务杠杆比率或财务杠杆比率正在发生变化的公司尤其适合使用公司估价方法进行估价。因为偿还债务导致的波动性,计算这些公司的股权自由现金流量是相当困难的。而且,因为股权价值只是公司价值的一部分,所以股权价值对增长率和风险的假设更为敏感。使用股权估价方法的一个最大问题是股权自由现金流量经常出现负值,特别是那些具有周期性或很高财务杠杆比率的公司。由于公司自由现金流量是债务偿还前的现金流量,它不太可能是负值,从而最大限度地避免了估价中的尴尬局面。

5. 从公司自由现金流量定价模型看公司价值创造

公司价值是公司预期产生的自由现金流量按公司资本成本折现的净现值。所以,自由现金流量是公司的价值创造之源,公司的任何一项管理活动和决策必须满足以下四个条件中的一项或多项,才能为公司创造价值,具体如表 8-7 所示。

表 8-7 公司价值创造途径

公司价值构成	价值创造途径
$\sum_{t=1}^{n} \frac{FCFF_t}{(1+WACC)^t} +$ $\frac{[FCFF_{n+1}/(WACC_n - g_n)]}{(1+WACC)^n}$	增加现有资产的现金流量(FCFF)
	提高增长速度(g)
	延长公司高速增长期的长度(t)
	优化融资决策及资本结构管理(WACC)

(1) 通过增加现有资产的现金流量来增加公司价值

具体包括:

① 提高营运效率。公司营运效率影响其销售利润率。在其他条件相同的情况下,公司营运效率越高,则其销售利润率越高,所以提高营运效率能为公司创造额外价值。

② 降低公司税务负担。公司价值是其税后现金流量的折现值,因此当公司营业利润一定时,任何能够降低公司税负的行为都能提高公司价值。

③ 降低现有投资项目的净资本支出。净资本支出=资本支出-折旧。作为一项现金流出,它降低了公司的自由现金流量。净资本支出中一部分用于投资公司未来增长,一部分用于现有设备生产能力和使用寿命的维护,如果公司在不影响现有设备的生产能力和使用寿命的前提下压缩现有投资项目的净资本支出,则可以提高公司价值。

④ 降低非现金营运资本。非现金营运资本=非现金流动资产(主要为存货和应收账款)-流动负债(主要为应付账款,不包括本年到期的长期债务部分)。非现金营运资本的增加为一项现金流出,对于零售和服务公司来说,公司往往通过维持一定的库存水平,采用信用销售来增加销量,所以非现金营运资本造成的现金流出往往大于资本支出。公司可以通过加强信息管理水平降低库存和营运资本来增加公司现金流量,以提高公司价值。

(2) 通过提高增长速度来增加公司价值

公司权益的可持续增长速度是公司在不通过外部融资的正常经营条件下可以长期保持的增长速度,公司权益的可持续增长速度=利润再投资率×权益资本回报率(ROE)。在存在外部融资的条件下,公司的预期增长速度=资本再投资率×资本投资回报率(ROA)。如果公司的边际资本投资回报率大于边际资本成本,则增加资本投资能提高公司价值,此时应增加资本投资提高公司增长速度以提高公司价值。如果公司的边际资本投资回报率低于边际资本成本,则公司增长越快,价值损毁越多,此时应提高公司边际资本投资回报率或降低资本再投资率以提高公司价值。

(3) 通过延长公司高速增长期的长度来增加公司价值

任何公司经过一段时间的快速增长后,都会进入增长速度等于或小于经济平均增长速度的成熟期。当公司的资本投资回报率大于资本成本,即存在超额利润时,高速增长能提高公司价值;另外,某一领域的超额利润会吸引竞争者进入导致竞争加剧,最终导致高速增长期的结束。因此,要延长高速增长期的长度,公司必须建立并提高进入壁垒和竞争优势。

(4)通过优化融资决策及资本结构管理来增加公司价值

公司融资决策及资本结构管理需要按照自身的业务战略和竞争战略,从可持续发展和公司价值最大化的角度,使融资产品现金流出的期限结构与公司预期现金流入的期限结构相匹配;平衡当前融资与后续持续融资需求,维护合理的资信水平,保持财务灵活性和持续融资能力,并尽可能地降低融资成本以增加公司价值。

复习与思考 公司自由现金流量定价模型中,公司价值的决定因素是什么?

8.1.3 股权自由现金流量定价模型

股权自由现金流量定价模型是将公司股权自由现金流量按照股权资本成本折现的价值评估方法,基本模型如下:

$$公司价值 = \sum_{t=1}^{\infty} \frac{FCFE}{(1+R_e)^t}$$

1. 股权自由现金流量的估计

公司股权资本投资者拥有的是对该公司产生的现金流量的剩余要求权,即他们拥有公司在履行了包括偿还债务在内的所有财务义务和满足了再投资需求之后的全部剩余现金流量。所以,股权自由现金流量就是在除去经营费用、本息偿还和为保持预定现金流增长率所需的全部资本性支出之后的现金流量。计算如下:

股权自由现金流量 = 净利润 + 折旧 − 债务本金偿还 − 营运资本增加额 − 资本性支出 + 新发行债务 − 优先股股利

可以看出,股权自由现金流量与公司自由现金流量的区别在于债务本息的偿还以及新发行债务的处理。在公司不存在财务杠杆的情况下,股权自由现金流量与公司自由现金流量是一致的。

股权自由现金流量是满足了公司所有的财务需要之后的剩余现金流量,它可能为正,也可能为负。如果股权自由现金流量为负,则公司将不得不通过发行股票或认股权证来筹集新的股权资本。如果股权自由现金流量为正,则公司可能以现金股利的形式将剩余现金流量派发给股权资本投资者,但实际的情况往往不是这样。在考察股权资本投资者的利润时,更普遍使用的指标是净利润(又称税后利润)。

2. 股权资本成本的估计

股权资本成本的估计与公司自由现金流量定价模型里的估计是一致的。

3. 股权自由现金流量定价模型的应用

(1)稳定增长(一阶段)模型

如果公司一直处于稳定增长阶段,以一个不变的比率持续增长,那么该公司就可以使用稳定增长模型进行估价。

在稳定增长模型中,股权资本的价值是三个变量的函数,即下一年预期的股权自由现金流量、股权自由现金流量的稳定增长率和投资者的要求收益率:

$$公司价值 = FCFE_1/(r - g_n)$$

其中,$FCFE_1$ 代表下一年预期的股权自由现金流量,r 代表公司的股权资本成本(亦是投资者的要求收益率),g_n 代表股权自由现金流量的稳定增长率。

① 限制条件。模型中使用的增长率必须是合理的。它与公司所处宏观经济的发展速度有关。作为一种通用规则,公司的稳定增长率不会超过其所处宏观经济的增长率1—2个百分点以上。公司处于稳定增长状态的假设也说明了公司必须具备的其他维持稳定增长所需的条件。比如,不允许公司的资本性支出远远大于折旧额,公司的资产必须具有市场平均风险(如果应用资本资产定价模型,那么公司股权资本的 β 值应与1相差不大)。

② 模型的适用性。该模型非常适用于那些增长率等于或稍低于经济名义增长率的公司。当然,它相对于股利增长模型有了很大改进,因为那些稳定增长的公司有时会支付比股权自由现金流量大得多的股利,有时支付的股利远远小于股权自由现金流量。注意,如果公司处于稳定增长阶段,而且其支付的股利与股权自由现金流量始终保持一致,那么通过该模型得到的公司价值与戈登股利增长模型得到的结果是相同的。

(2)两阶段模型

两阶段模型适用于那些预计会在一段时间里快速增长,然后再进入稳定增长阶段的公司。股票价值由两部分组成:一是高速增长阶段每年股权自由现金流量的现值,二是高速增长阶段结束时期末价值的现值。

股票价值=高速增长阶段股权自由现金流量的现值+期末价值现值

$$= \sum_{t=1}^{n} \frac{FCFE_t}{(1+r)^t} + \frac{P_n}{(1+r)^n}$$

其中,$FCFE_t$ 代表第 t 年的股权自由现金流量,P_n 代表高速增长阶段期末股票价值,r 代表高速增长阶段内股权资本投资者的要求收益率。

期末股票价值 P_n 一般使用永续稳定增长模型来计算:

$$P_n = \frac{FCFE_{t+1}}{(r_n - g_n)}$$

其中,g_n 代表稳定增长阶段的增长率,r_n 代表稳定增长阶段内股权资本投资者的要求收益率。

(3)E 模型——三阶段模型

E 模型适用于那些要经历三个不同增长阶段的公司。三阶段一般是指起初的高速增长阶段、增长率下降的过渡阶段和增长率保持不变的稳定增长阶段。

E 模型计算了全部三个阶段预期股权自由现金流量的现值。

$$公司价值 = \sum_{t=1}^{n1} \frac{FCFE_t}{(1+r)^t} + \sum_{t=n1}^{n2} \frac{FCFE_t}{(1+r)^t} + \frac{P_{n2}}{(1+r)^n}$$

其中,$FCFE_t$ 代表第 t 年的股权自由现金流量,r 代表股权资本成本;P_{n2} 代表过渡阶段期末股票价值,$P_{n2} = \dfrac{FCFE_{n2+1}}{r - g_n}$;$n1$ 代表高速增长阶段的结束时间;$n2$ 代表过渡阶段的结束时间。

复习与思考 股权自由现金流量定价模型有几种?

8.2 股利定价模型

股利定价模型是股权自由现金流量定价模型的特例。股利定价模型和股权自由现金流量定价模型之间的最基本差别在于现金流量的定义:股利定价模型使用的股权现金流量定义是狭义的,即现金流量就是指股票的预期股利;而股权自由现金流量定价模型使用的股权现金流定义是广义的,即现金流量是指公司在履行了各种财务义务和满足了再投资需求之后的剩余现金流量。当公司的股权自由现金流量与股利不相同时,两种模型所得的估价结果就会不同。

8.2.1 一般模型

投资者购买股票,通常期望获得两种现金流:持有股票期间的股利和持有股票期末的预期价格。由于持有期期末股票的预期价格是由股票未来的股利决定的,因此股票当前价值应等于无限期股利的现值:

$$每股股票价值 = \sum_{t=1}^{\infty} DPS_t / (1 + r)^t$$

其中,DPS_t 代表每股预期股利,r 代表股票的要求收益率。

这一模型的理论基础是现值原理——任何资产的价值等于其预期未来全部现金流量的现值之和,计算现值的贴现率应与现金流量的风险相匹配。

该模型有两个基本输入变量:预期股利和投资者要求的股权资本收益率。为得到预期股利,我们可以对预期未来增长率和股利支付率做某些假设。而投资者要求的股权资本收益率是由现金流量的风险所决定的,不同模型度量风险的指标各有不同——在资本资产定价模型中是市场的 β 值,而在套利定价模型和多因素模型中是各个因素的 β 值。

8.2.2 戈登股利增长模型

戈登股利增长模型可用来估计处于"稳定状态"的公司的价值,这些公司的股利预计在很长一段时间内以某一稳定的速度增长。

1. 模型

戈登股利增长模型把股票的价值与下一年的预期股利、股票的要求收益率和预期股利增长率联系起来:

$$股票价值 = DPS_1 / (r - g)$$

其中，DPS_1 代表下一年的预期股利，r 代表股票的要求收益率，g 代表永续的股利增长率。

2. 稳定增长率的内涵

虽然戈登股利增长模型是用来估计股权资本价值的一种简单、有效的方法，但是它的运用只限于以一个稳定的增长率增长的公司。当我们估计一个"稳定"的增长率时，有两点值得关注：第一，因为公司预期的股利增长率是永久持续下去的，所以公司其他经营指标（包括净利润）也将预期以同一速度增长。因此，虽然模型只对股利的预期增长率提出了要求，但是如果公司真正处于稳定状态，那么用公司收益的预期增长率来替代股利的预期增长率，同样能够得到正确的结果。第二，什么样的增长率才是合理的"稳定"增长率？模型中增长率将永久持续的假设构成了对"合理性"的严格约束。公司不可能在长时间内以一个比公司所处宏观经济环境总体增长率高得多的速度增长。

3. 模型的限制条件

戈登股利增长模型是对股票进行估值的一种简单而快捷的方法，但是它对选用的增长率特别敏感，当模型选用的增长率收敛于贴现率时，计算出的价值会变得无穷大。

【例8-5】 考虑一只股票，预期它下一时期的每股股利为 2.50 元，贴现率为 15%，永续增长率为 8%，则股票价值为：

$$股票价值 = 2.50/(0.15 - 0.08) = 35.71(元)$$

如果预期永续增长率为 14%，则股票价值为 250 元。

4. 模型的适用范围

总之，戈登股利增长模型最适用于具有下列特征的公司：以一个与宏观经济名义增长率相当或稍低的速度增长；已制定好了股利支付政策，并且这一政策将持续到将来。

8.2.3 两阶段股利增长模型

两阶段股利增长模型考虑了增长的两个阶段：增长率较高的初始阶段和随后的稳定增长阶段。在稳定增长阶段中公司的增长率平稳，并预期长期保持不变。

1. 模型

该模型认为，公司具有持续 n 年的高速增长时期和随后的永续稳定增长时期：

$$股票价值 = 高速增长阶段股票股利的现值 + 期末股票价格的现值$$

$$= \sum_{t=1}^{n} \frac{DPS_t}{(1+r)^t} + \frac{P_n}{(1+r)^n}$$

其中，$P_n = DPS_{n+1}/(r_n - g_n)$，$DPS_t$ 代表第 t 年预期的每股股利，r 代表高速增长阶段股票的要求收益率（股权资本成本），P_n 代表第 n 年年末股票的价格，g 代表前 n 年的高速增长率，g_n 代表 n 年后的稳定增长率，r_n 代表稳定增长阶段股票的要求收益率。

2. 计算期末股票价格

在戈登股利增长模型中对增长率的约束条件同样适用于两阶段股利增长模型中的稳定增长率（g_n），即公司的稳定增长率和宏观经济名义增长率相当。另外，股利支付率必须与预期增长率相一致。如果预期在高速增长阶段结束后公司增长率大幅下降，则稳定增长阶段的股利支付率应比高速增长阶段高(一个稳定的公司比一个增长的公司可能将更多的盈利用于发放股利)。一种预测新股利支付率的方法是运用基本增长模型:

$$g = B\{ROA + D/E[ROA - I(1-t)]\}$$

其中,B = 留存比率 = 1 - 股利支付率,ROA = 资产收益率 = [净收益 + 利息费用 × (1 - t)] / 总资产,D/E = 负债/权益(账面值),I = 利息/负债(账面值),t = 所得税税率。

对这一方程进行变形,我们可以得到股利支付率与预期增长率的函数关系:

$$股利支付率 = 1 - B = 1 - g/\{ROA + D/E[ROA - I(1-t)]\}$$

这一公式的输入变量就是稳定增长阶段要求的输入变量。

【例8-6】 假设某公司在初始高速增长阶段和稳定增长阶段的变量如表8-8所示。公司的所得税税率为40%。

表8-8 初始高速增长阶段和稳定增长阶段变量

项目	初始高速增长阶段	稳定增长阶段
ROA	20%	16%
股利支付率	20%	?
D/E	1.00	1.00
I	10%	8%
g	?	8%

前5年的高速增长率 = (1 - 20%) × {20% + 1 × [20% - 10% × (1 - 40%)]} = 27.2%

$$5年后的股利支付率 = 1 - \frac{8\%}{16\% + 1 \times [16\% - 8\% \times (1 - 40\%)]} = 70.59\%$$

当公司进入稳定增长阶段,增长率下降时,公司的股利支付率从20%上升到70.59%。

稳定增长阶段公司的特点应与稳定性假设相一致。虽然在上面的例子中,股利支付率已对这一点予以强调,但是还存在其他要求的特征。例如,认为一家高速增长的公司具有很高的留存比率是合理的,但是认为公司进入稳定增长阶段后留存比率保持不变就不合理了。类似地,公司资产收益率在初始高速增长阶段可能会很高,但当公司进入稳定增长阶段后,它应降到与之相称的水平。公司进入稳定增长阶段后如果没有相应地调整这些输入变量,则可能导致估值的重大错误。

3. 模型的限制条件

两阶段股利增长模型存在以下三个问题:

第一个问题是如何确定高速增长阶段的长度。由于增长率在该阶段结束之后预期将降到稳定水平,因此延长这一阶段的长度会导致计算出的价值偏高。虽然从理论上讲,高速增长阶段持续的时间与产品生命周期和存在的项目机会有一定联系,但是把这些定性因素变成定量化的时间在实践中还是很困难的。

第二个问题是该模型假设初始高速增长阶段的增长率很高,而在此阶段结束时即变成较低的稳定增长率。虽然这种增长率的突然转变在实际中可能发生,但是如果认为从高速增长阶段到稳定增长阶段的增长率变化是随时间逐步发生的,则更符合现实。

第三个问题是由于利用两阶段股利增长模型计算出的价值的一个重要组成部分是高速增长阶段的期末股票价格,而它又是根据戈登股利增长模型计算得出的,因此最终价值对稳定增长阶段的增长率十分敏感。对此阶段增长率的过高或过低预测将可能导致估值结果产生严重的误差。

4. 模型的适用范围

两阶段股利增长模型基于清晰定义的两个增长阶段——高速增长阶段和稳定增长阶段,最适用于具有下列特征的公司:当前处于高速增长阶段,并预期在今后一段时间内仍将保持这一较高的增长率,在此之后,支持高增长率的因素消失。例如,模型适用的一种情形是:一家公司拥有一种在未来几年内能够产生出色盈利的产品专利权,在这段时间内,预期公司将实现高速增长;一旦专利到期,预期公司将无法保持较高的增长率,从而进入稳定增长阶段。另一种情形是:一家公司处于一个高速增长的行业,而这个行业之所以能够高速增长,是因为存在很高的进入壁垒(法律或必要的基础设施所导致的),并预期这一进入壁垒在今后几年内能够继续阻止新的进入者进入该行业。这时,对公司做两阶段增长的假设是合理的。

8.2.4 三阶段股利增长模型

三阶段股利增长模型将公司分为初始的高速增长阶段、增长率下降的过渡阶段和最后的稳定增长阶段。因为它没有对公司的股利支付率强加任何限制,所以它是最普遍使用的股利定价模型。

1. 模型

三阶段股利增长模型假设公司前后经历三个阶段,公司股票价值是高速增长阶段、过渡阶段预期股利的现值和最后稳定增长阶段开始时最终股票价格的现值之和:

$$P_0 = \sum_{t=1}^{n1} \text{EPS}_0(1+g_a) \times \frac{N_a}{(1+r)^t} + \sum_{t=n1}^{n2} \frac{\text{DPS}_t}{(1+r)^t} + \frac{\text{EPS}_{n2}(1+g_n) \times N_n}{(r_n - g_n)(1+r)^n}$$

其中,EPS_t 代表第 t 年的每股净收益,DPS_t 代表第 t 年的每股股利,g_a 代表高速增长阶段的增长率,g_n 代表稳定增长阶段的增长率,N_a 代表高速增长阶段的股利支付率,N_n 代表稳定增长阶段的股利支付率,r 代表高速增长阶段的股权资本要求收益率,r_n 代表稳定增长阶段的股权资本要求收益率,$n1$ 代表高速增长阶段的持续时间;$n2$ 代表过渡阶段持续的时间。

股利支付率通常在高速增长阶段很低,在过渡阶段逐步提高,而在稳定增长阶段很高。

2. 假设前提

该模型与其他类型股利定价模型不同,不存在许多人为强加的限制条件。但是作为代价,它需要数量较多的输入变量——特定年份的股利支付率、增长率和留存比率。

3. 模型的适用范围

三阶段股利增长模型的灵活性使它适用于任何一家增长率随时间改变的同时其他指标(尤其是股利支付政策和风险)也相应发生改变的公司。该模型最适用的公司是:当前正以超常的速度增长,并预期在今后一段时间内仍将保持这一增长率,之后公司拥有的竞争优势消失导致增长率逐渐降低,直到稳定增长阶段的水平。从实际的角度来讲,这一模型可能更适用于具有下列特征的公司:当前收益以很高的速度增长,并预期将保持一段时间,但当公司的规模越来越大并开始失去其竞争优势时,公司预期增长率开始下降,最后逐渐达到稳定增长阶段的水平。

复习与思考 不同的股利定价模型的适用范围是什么?

8.3 市盈率定价模型

市盈率定价模型是基于市场途径的价值评估方法,主要用于上市公司的价值评估。基于市场途径的价值评估方法是建立在替代原则的基础上的,即"人们不会为一项事物支付超过获得其替代物成本的价格"。因此,基于市场途径的价值评估方法认为,企业价值的决定基于相关市场对另一相似企业支付的价格。其中,对于什么企业是相似的,什么市场是相关的,需要专业判断。

8.3.1 市盈率定价模型的思路

基于市场途径的价值评估方法遵循如下评估思路:首先选择与待评估的标的公司相似的可比公司,然后以可比公司的一个(些)与其股票市场价值相关的乘数为标准,将乘数根据标的公司的具体情况进行调整后,进行标的公司的价值评估。举个例子,标的公司 A 为电子行业的一家上市公司,为评估其股权价值,我们选择与 A 公司在行业、主营业务或主导产品、资本结构、企业规模、市场环境及风险程度等方面相同或相近的若干家公司为可比公司,选取这些可比公司的某个财务指标作为标准,假设选取市盈率作为标准,将市盈率乘数根据 A 公司的具体情况进行调整后取值为 10,然后用 A 公司的当年每股收益 8.9 元乘以市盈率乘数 10,就得到 A 公司的股权价值为 89 元/股。这就是基于市场途径的价值评估方法的评估思路。实践中,经常被使用的乘数有市盈率、净资产倍数等,市盈率是最为常见的乘数,因此我们就把以市盈率为乘数的基于市场途径的价值评估方法称为市盈率定价模型。

使用市盈率定价模型,有以下两个要点:

第一,选取可比公司。可比公司的选取实际上是件比较困难的事情,或者换句话来说是件不容易做得很好的事情。理论上,可比公司与标的公司越相近或相似越好。实践中,一般应选取在行业、主营业务或主导产品、资本结构、企业规模、市场环境及风险程度等方面相同或相近的公司。

第二,适当调整。根据可比公司样本得到市盈率后,需要根据标的公司的具体情况进行适当的调整。

8.3.2 选择市盈率作为评估乘数的原因

市盈率在估值中得到广泛应用的原因有很多:首先,它是一个将股票价格与当前公司盈利状况联系在一起的一种直观的统计比率;其次,对于大多数股票来说,市盈率易于计算并很容易得到,这使得股票之间的比较变得十分简单;最后,它能作为公司一些其他特征(包括风险性与成长性)的代表。

使用市盈率的另一个原因是它更能反映市场中投资者对公司的看法。例如,如果投资者对零售业股票持乐观态度,那么该行业公司股票的市盈率将较高,以反映市场的这种乐观情绪。与此同时,这也可以被看作市盈率的一个弱点,特别是当市场对所有股票的定价出现系统误差时。如果投资者高估了零售业公司股票的价值,那么使用该行业公司股票的平均市盈率将会导致估值出现错误。

复习与思考 市盈率定价模型的基本思路是什么?

8.3.3 市盈率定价模型的应用

市盈率定价模型中,与标的公司各方面情况最为接近条件下的市盈率乘数如何确定,是模型的关键问题。

1. 平均值法

估计一家公司市盈率最普遍使用的方法是选择一组可比公司,计算这一组公司的平均市盈率,然后根据待估值公司与可比公司之间的差别对平均市盈率进行主观上的调整。

然而,这一方法是存在问题的。首先,可比公司的定义在本质上是主观的。利用同行业的其他公司作为参考通常并不是一种解决办法,因为同行业的公司可能在业务组合、风险程度和增长潜力等方面存在很大的差异。而且这种方法很可能存在许多潜在的偏见。其次,即使能够选择出一组合理的可比公司,待估值公司与这组公司在基本因素方面仍然是存在差异的。根据这些差异进行主观调整并不能很好地解决这个问题。

2. 回归分析法

公司的全部截面数据也可以用来预测市盈率,概括这些信息最简单的方法是进行多元回归分析,其中市盈率为被解释变量,而风险、增长率和股利支付率为解释变量。

【例 8-7】 使用连续 5 年深市和沪市全部公司每年的市盈率、股利支付率和盈利增长率数据以及 β 值,剔除所有收益为负的上市公司后,将公司市盈率和上述解释变量进行回归分析,可以得到以下结果,如表 8-9 所示。

表 8-9 回归分析法预测市盈率

年份	回归方程	R^2
第 × 年	$PE = 7.1839 + 13.05 R_p - 0.6259\beta + 6.5659 g$	0.93
第 × 年	$PE = 2.5818 + 29.91 R_p - 4.5157\beta + 19.9113 g$	0.92
第 × 年	$PE = 4.6122 + 59.71 R_p - 0.7546\beta + 9.0072 g$	0.56
第 × 年	$PE = 3.5955 + 10.88 R_p - 0.2801\beta + 5.54573 g$	0.32
第 × 年	$PE = 2.7711 + 22.89 R_p - 0.1326\beta + 13.8653 g$	0.32

其中,PE 代表年末的市盈率,R_p 代表年末的股利支付率,β 代表利用连续 5 年的收益计算出的 β 值,g 代表连续 5 年的盈利增长率。

回归分析是估计市盈率的一种简便途径,它将繁杂的数据浓缩于一个等式之中,从而获得市盈率和公司基本财务指标之间的关系。但它自身也是有缺陷的:首先,回归分析的前提假设是市盈率与公司基本财务指标之间存在线性关系,而这往往是不正确的,对回归方程的残差进行分析似乎证明这些解释变量的转换形式(平方或自然对数等形式)能更好地解释市盈率。其次,回归方程的解释变量具有相关性。如高增长率常常导致高风险。多重共线性将使回归系数变得很不可靠,并可能导致对回归系数做出错误的解释,引起各个时期回归系数的巨大变动。最后,市盈率与公司基本财务指标之间的关系是不稳定的。如果这一关系每年都发生变化,那么从模型得出的预测结果就是不可靠的。比如,表 8-9 中回归方程的 R^2 从第 1 年的 0.93 下降到第 5 年的 0.32。同时,回归系数也会随时间出现戏剧性的波动,其部分原因在于公司的盈利是不断波动的,而市盈率正好反映了这一盈利水平的波动。

【例 8-8】 爱家公司当前的收益是 3 720 万元,预计在今后 5 年收益的增长率为 15%。娱乐业上市公司的市盈率如表 8-10 所示。

表 8-10　娱乐业上市公司的市盈率

公司	β 值	负债/股东权益	市盈率	股利支付率	预期增长率
A 公司	1.35	66.73%	14.70	5.00%	6.00%
B 公司	1.60	349.87%	24.33	14.00%	20.00%
C 公司	1.35	29.75%	15.50	0	14.50%
S 公司	1.35	11.17%	25.40	0	16.50%
I 公司	1.25	3.54%	52.90	0	34.00%
J 公司	1.00	31.02%	22.30	58.00%	32.50%
M 公司	1.40	81.60%	30.40	0	17.50%
W 公司	1.10	90.54%	16.10	7.00%	32.00%
平均值	1.30	83.03%	25.20	10.50%	21.63%
爱家公司	1.19	50.00%	?	0	15.00%

(1) 平均值法

可比公司的平均市盈率 =

(14.70 + 24.33 + 15.50 + 25.40 + 52.90 + 22.30 + 30.40 + 16.10)/8 = 25.20

使用这一平均市盈率对爱家公司的股权资本进行估值:

爱家公司的股权资本价值 = 3 720 × 25.20 = 93 744(万元)。

利用可比公司的平均市盈率导致价值高估的一个可能原因是娱乐业上市公司的价值是被高估的,另一个可能的原因是选取的可比公司的预期增长率高于爱家公司的预期增长率。

(2) 回归分析法

使用娱乐业上市公司的数据对市盈率和公司基本因素进行回归分析:

市盈率 = −31.59 − 20.11 × 股利支付率 + 107.80 × 预期增长率 + 27.38 × β

代入爱家公司的数据得：

预测的市盈率 = −31.59 − 20.11 × 0 + 107.80 × 0.15 + 27.38 × 1.19 = 17.16(倍)

利用预测的市盈率可以计算出爱家公司的股权资本价值：

爱家公司的股权资本价值 = 3 720 × 17.16 = 63 835.20(万元)

复习与思考 影响企业价值的因素有哪些？为什么可以按价值驱动因素分析企业发展能力？

案例分析

北京兆易创新科技股份有限公司(以下简称"兆易创新")成立于2005年，是国内领先的半导体设计公司，于2016年在上海证券交易所上市。公司致力于开发先进的存储器技术和IC(集成电路)解决方案，2014年和2015年公司旗下GD32微控制器获得"最佳本土芯片"奖。2019年，公司完成对上海思立微电子科技有限公司(以下简称"思立微")的全资收购，进入传感器领域。随着业务的拓展，兆易创新已形成三大业务矩阵，分别为闪存芯片、微控制器、智能人机交互传感器芯片及整体解决方案。受益于全球半导体规模的增长，公司实现了快速扩张，预计在未来将保持领先的产品优势。

按照现金流量定价模型，以2020年12月31日为估值基准日，对兆易创新进行估值分析。

第一步，主营业务收入预测。结合公司主营业务收入历史增值率、主营业务所处的行业发展趋势、公司的战略定位，预测公司的主营业务收入增长率，从而预测公司的主营业务收入，如表1所示。

表1 兆易创新主营业务收入预测　　　　　　　金额单位：百万元

主营业务收入	年份				
	2019a	2020a	2021e	2022e	2023e
存储业务	2 555.60	3 282.70	6 300.00	8 350.00	10 200.00
-Flash 芯片	2 555.60	2 910.10	4 300.00	5 250.00	5 900.00
-DRAM	—	372.60	2 000.00	3 100.00	4 300.00
增长率		28%	92%	33%	22%
MCU 业务	443.70	754.90	2 480.00	3 500.00	4 500.00
增长率		70%	229%	41%	29%
传感器业务	203.00	450.00	600.00	680.00	750.00
增长率		122%	33%	13%	10%
合计	3 202.30	4 487.60	9 380.00	12 530.00	15 450.00

注：a 表示历史数据，e 表示预测数据。

存储业务方面,随着Flash行业景气度的上升,以及物联网、可穿戴设备、汽车电子等下游产业的蓬勃发展,预计兆易创新的市场占有率将不断提升,预测2021—2023年公司Flash芯片业务将实现43.0亿元、52.5亿元、59.0亿元的营业收入。兆易创新于2017年布局DRAM(动态随机存取内存),通过代加工、合作等方式打破了DRAM长期被国外垄断的局面。公司于2020年开始DRAM的自主研发,在贸易摩擦的影响下,预计DRAM业务将得到长足发展,预测2021—2023年公司DRAM业务将实现20.0亿元、31.0亿元、43.0亿元的营业收入。在MCU(微控制单元)领域,受新兴技术迅猛发展的影响,全球MCU市场规模迅速扩大,同时公司最新的MCU车规产品将在2021年6—7月开始试生产,预计收入将翻倍增长,预测2021—2023年公司MCU业务将实现24.8亿元、35.0亿元、45.0亿元的营业收入。公司通过收购思立微,进入传感器领域,预测2021—2023年公司传感器业务将实现6.0亿元、6.8亿元、7.5亿元的营业收入。

第二步,主营业务成本预测。2017—2020年,兆易创新毛利率维持在37%—40%的区间。受上游成本增加的影响,预计公司毛利率将有所下降,假设2021年公司毛利率为37%,此后年度保持在35%的水平。兆易创新主营业务成本预测如表2所示。

表2 兆易创新主营业务成本预测　　　　　　　　金额单位:百万元

主营业务成本	年份				
	2019a	2020a	2021e	2022e	2023e
存储业务	1 561.44	2 133.62	2 077.95	4 118.31	5 419.15
MCU业务	242.34	395.47	1 569.84	2 287.95	2 920.50
传感器业务	100.98	283.51	379.80	444.52	486.75
合计	1 904.76	2 812.60	4 027.59	6 850.78	8 826.40
毛利率	41%	37%	37%	35%	35%

注:a表示历史数据,e表示预测数据。

第三步,费用预测。随着产品的更新换代,兆易创新的研发费用不断增加,研发费用率基本保持在11%左右,销售费用率、管理费用率分别稳定于4%、5%。表3列示了兆易创新费用预测的情况。

表3 兆易创新费用预测　　　　　　　　金额单位:百万元

费用	年份				
	2019a	2020a	2021e	2022e	2023e
税金及附加	21.96	18.5	51.50	68.79	84.82
占收入比	0.7%	0.4%	0.5%	0.5%	0.5%
销售费用	124.80	194.08	375.20	501.20	618.00
占收入比	4%	4%	4%	4%	4%
管理费用	170.84	214.51	469.00	626.50	772.50
占收入比	5%	5%	5%	5%	5%

(金额单位：百万元) （续表）

费用	年份				
	2019a	2020a	2021e	2022e	2023e
研发费用	363.33	497.90	1 031.80	1 378.30	1 699.50
占收入比	11%	11%	11%	11%	11%
合计	680.93	924.99	1 927.50	2 574.79	3 174.82

注：a 表示历史数据，e 表示预测数据。

第四步，确定折现率。以加权平均资本成本为折现率，股权资本成本采用资本资产定价模型进行测算，无风险利率为中国政府发行的人民币长期债券截至估值基准日的到期收益率，杠杆化 β 根据截至估值基准日可比公司在过去 5 年内每周可观察到的平均 β 系数估算得出，股权风险溢价为美国市场股权风险溢价加上中国国家风险溢价得出，税前债务资本成本参考中国人民银行发布的适用于估值基准日的 5 年以上人民币贷款基准利率，债务、股权比例基于可比公司的负债权益比率计算得出。计算过程如表 4 所示。

表 4　兆易创新加权平均资本成本计算

无风险利率	3.59%
杠杆化 β	1.17
股权风险溢价	7.36%
股权资本成本	**12.20%**
税前债务资本成本	4.65%
税率	25.00%
税后债务资本成本	**3.49%**
债务比例	2.18%
股权比例	97.82%
加权平均资本成本	**12.01%**

资料来源：Capital IQ 数据库。

第五步，基于公司自由现金流量进行估值。高速增长期后假定为永续增长期，假设兆易创新在 2023 年之后进入稳定发展阶段，考虑宏观经济的增长率及科技公司的特性，增长率设为 6%。估值过程如表 5 所示。

表 5　兆易创新 2020 年 12 月 31 日价值评估（公司自由现金流量模型）

金额单位：百万元

项目	2020 年实际	2021 年预测	2022 年预测	2023 年预测	永续期
主营业务收入		9 380.00	12 530.00	15 450.00	
减：主营业务成本		4 027.59	6 850.78	8 826.40	
毛利润		5 352.41	5 679.22	6 623.60	
减：税金及附加		51.50	68.79	84.82	

(金额单位:百万元)　（续表）

项目	2020年实际	2021年预测	2022年预测	2023年预测	永续期
减:销售费用		375.20	501.20	618.00	
减:管理费用		469.00	626.50	772.50	
减:研发费用		1 031.80	1 378.30	1 699.50	
EBIT		3 424.91	3 104.43	3 448.78	
减:所得税		23.97	21.73	24.14	
加:折旧与摊销		197.77	214.16	236.34	
减:营运资金的变动		2 446.20	1 575.00	1 460.00	
减:资本性支出		469.00	626.50	772.50	
公司自由现金流量		683.51	1 095.36	1 428.48	1 514.19
折现率	12.01%				
折现系数		0.8928	0.7970	0.7116	
预测期现金流量现值	2 499.75	610.24	873.00	1 016.51	
永续期价值	17 923.81			25 189.25	
企业价值	20 423.56				

综上,按照公司自由现金流量定价模型,兆易创新于2020年12月31日的企业价值为204.24亿元。

资料来源:根据公开资料整理。

本章小结

企业价值评估是指在一个既定的时点,对一个经济实体(公司或企业)或业务的整体价值做出判断及评价。企业价值评估可以指企业整体的价值评估,也可以指股权资本的价值评估。

企业价值评估的收益途径法主要有现金流量定价模型和股利定价模型。

现金流量定价模型按照现金流量含义的不同又可以分为公司自由现金流量定价模型和股权自由现金流量定价模型。公司自由现金流量定价模型中的现金流量是指公司在履行了各种财务义务和满足了再投资需求之后的剩余现金流量,其结果是公司的整体价值。股权自由现金流量定价模型的现金流量是指股票的预期股利,其结果是公司股权资本的价值。股利定价模型是股权自由现金流量定价模型的特例。

企业价值评估的市场途径法主要是市盈率定价模型,主要用于上市公司的价值评估。标的公司的市盈率可以通过计算可比公司市盈率的平均值来确定,也可以通过可比公司历史数据的回归分析来取得。

重要名词

企业价值评估(Business Valuation)　　公司自由现金流量(Free Cash Flow of Firm, FCFF)
贴现(Discount)　　股权自由现金流量(Free Cash Flow of Equity, FCFE)

思考题

1. 企业价值评估的方法有哪些？各种方法的主要区别是什么？
2. 现金流量定价模型的两种形式最主要的区别是什么？评估的结果有什么关系？
3. 公司的增长率受到哪些因素的影响？
4. 为什么说股利定价模型是股权自由现金流量定价模型的特例？
5. 不同的企业价值评估模型的适用范围有何区别？
6. 假如你是一位战略投资者，你现在准备并购一家高科技行业的 A 企业，你需要估计 A 企业的价值以做出是否并购以及并购价格的决策。你认为做出并购以及并购价格的决策时，需要考虑企业的哪些因素？

练习题

甲公司准备收购与其经营相似的乙公司，乙公司目前每年的税后现金流入为 200 万美元，根据其经营状况及其产品的市场状况，预计乙公司被收购后的未来五年内，每年的现金流入将以 15% 的速度增长；每年的现金流出为 100 万美元。为了维持这一增长速度，甲公司资本结构保持不变，其股本与长期负债的比值为 6∶4，市场的无风险收益率为 9%，风险收益率为 4%，β 值为 1.5，长期负债的利率为 10%；预测乙公司的价值将达到 1 500 万美元。

要求：用现金流量定价模型为甲公司估算可以接受的最高收购价格。

第 9 章　财务分析与信用评级

[学习目标]

学习本章,你应该掌握:
1. 信用评估的发展渊源、国内外现状及其作用;
2. 信用要素与信用评估指标体系的构建和选择;
3. 财务预警的规范理论;
4. 财务预警分析的单边量和多变量模型;
5. 运用财务预警分析系统进行企业破产预测。

[素养目标]

具备经世济民的社会责任感、预判风险的职业敏感度、促进企业可持续发展的职业理想。

[引导案例]

华晨集团控股有限公司(以下简称"华晨集团")是一个集整车、发动机、核心零部件研发、设计、制造、销售以及资本运作于一体的大型企业集团。企业近来因债务危机而备受关注,其主体信用及旗下债券评级已多次被调低,大公国际和东方金诚把其信用等级从最初的 AAA 级一路调低至 CCC 级。华晨集团 2020 年半年报显示,集团总负债为 1 328.44 亿元,扣除商誉和无形资产后,资产负债率为 71.4%;期末现金及现金等价物余额为 326.77 亿元。Wind 数据显示,国内汽车企业的资产负债率大多在 60% 以下。

2020 年 11 月 18 日,信用评级机构大公国际公告称,决定将华晨集团主体信用等级调整为 CCC 级,评级展望维持负面,"17 华汽 01""18 华汽债 01/18 华汽 01"和"18 华汽债 02/18 华汽 02"信用等级调整为 CCC 级。大公国际表示,华晨集团经营风险持续上升,持有的上市子公司股份质押或涉诉比例很高,再融资能力大幅下降,存在失去对子公司控制权的风险;截至本公告出具日,华晨集团未能清偿部分到期债务,其中"17 华汽 05"于 2020 年 10 月 23 日到期的本金尚未偿还,且目前仍未有明确偿债安排,偿债不确定性很大;华晨集团被债权人提请重整,重整申请受理情况及后续进展存在重大不确定性。综合来看,华晨集团经营风险进一步上升,债务偿还能力持续恶化。

所谓信用(Credit),是指一种建立在授信人对受信人偿付承诺的信任的基础上,使后者无须付现即可获取商品、服务或货币的能力。由于现代市场经济中大部分交易都是以信用为中介的交易,因此信用是现代市场交易中一个必须具备的要素。信用评估旨在解决信用信息问题,即通过信用评估来满足市场主体对客观、公正、真实的信用信息的需求。在企业信用评级中,财务要素是基本要素,因为企业信用水平是一个企业综合能力的体现,财务分析指标可以从企业不同方面、不同层次,定量、客观地表现出企业的各种能力,从而成为评价企业信用的很重要的方面。本章重点介绍企业信用评估的发展与财务分析在信用评估方法中的应用,并对当前流行的财务预警模型进行介绍。

9.1 信用评估概述

信用评估是对信用市场上的借款人按期足额支付债务本息的能力与意愿的相对风险的判断,并将这种对风险判断的结果按风险相对大小分为若干类,每一类分别用一个符号表示。对信用评估的理解包括几个关键点[①]:首先,信用评估是对借款人或借贷双方签订的合同能否完整履行的评价,因此合同或其他表现形式的契约是评估的依据,没有双方的约定,就不存在信用关系,也就没有评估的必要。信用评估强调的是对合同或约定的完整履行,任何对合同或约定的单方面违背都将视为违约,这包括对债务本金的单方拖欠、对本息的不足额支付等。其次,信用评估是对偿还债务本息能力与意愿的评价,因此它不考虑除债务以外的其他投资风险,例如利息下降、外汇变动等给投资者带来的投资损失。再次,信用评估是对信用风险的判断,因而它是一种主观意见,不是对债务到期是否确实会违约的准确结论。最后,信用评估对市场具有价值,因为这是专业人士提供的意见,是独立而不受商业因素支配的意见。

9.1.1 信用评级的渊源

信用评级又称资信评级或信誉评级,其基本方法是运用概率理论,准确判断出一种金融资产或某个经济主体的违约概率,并以专门的符号来标明其可靠程度。现代信用评级的前身是商业信用评级,它最早出现在美国。路易斯·塔班(Louis Taban)于1837年在纽约建立了以企业为评级对象的最早的信用评级机构,并于1849年发表了最早的评级理论及方法——信用评级指南。20世纪初,信用评级有了新的发展,其标志是1902年约翰·穆迪(John Moody)开始为美国铁路债券评级,使信用评级增加了另一类对象——金融工具。随着金融市场的发展和投资方式的增多,社会对信用评级的需求不断增加,信用评级所涉及的领域也不断扩展。目前的信用评级按评级对象不同可以分为对法人的评级和对各种金融工具的评级。本章主要介绍以公司为对象的信用评级问题。

信用评级之所以能够延续至今,发挥的作用越来越大,首先是因为信用评级的结果是客观、公正和准确的。从历史情况来看,信用等级低的,其违约率显然较高。美国相关统计资料显示,在5年的持有期中,Aaa级证券的平均违约率为0.1%,而B级证券的平均违约率为28%,违约率与其信用等级有十分密切的相关性。由于其简明可靠,因此投资者广泛使用信用评级结果,筹资者也请信用评级机构对其信用状况进行评定。

随着信用评级的普及,它在金融交易中发挥的作用越来越大,信用评级的结果实际上

---

① 见惠誉国际(Fitch Rating)对信用评估所做的定义。

已成为筹资者进入金融市场的入场券,成为决定有价证券价格的重要因素。一个筹资者无论是向银行借款,还是在市场上发行有价证券,其自身及其发行的有价证券都必须经过信用评级,否则就难以得到投资者的认可,从而难以筹集到资金,或者必须以更高的代价才能筹集到资金。这样,信用评级就成为帮助筹资者拓宽筹资渠道、降低筹资费用的不可缺少的工具。从这种意义上说,信用评级是促使各经济主体增强守信意识和履约能力的有效机制。

9.1.2 国内外信用评级体系简介

1. 国外信用评级体系

现代信用评估起源于美国。1909年,约翰·穆迪将当时美国债务市场上最主要的借款人——铁路公司——的经营和财务信息收集起来汇编成册,并予以出版,其本意是通过发行而取得利润。为了增大该书的销量,穆迪对收集到的资料进行了统计、分析,并用AAA到C这样的符号来表示不同公司的信用质量,这就是最早的信用评级。后来,随着金融市场的发展壮大,投资方式的增多,社会对信用评级的需求不断增加,信用评级所涉及的领域也不断扩张,评级对象不仅包括有价证券,如主权债、公司债、优先股、资产抵押证券、商业票据、银行定期存单等,还包括各种机构和公司,如国家、工商企业、银行、证券公司、保险公司、共同基金等。

美国是发达的信用国家。由于既有完善、健全的管理体制,又有一批运作市场化、独立、公正的信用服务主体,使得信用交易成为整个市场经济运行的主要交易手段,在这一信用交易运转体系中,信用评级机构发挥了独特的作用。美国提供信用评级服务的机构高度集中,主要有三大类:一是资本市场上的信用评级机构,它们对国家、银行、证券公司、基金、债券及上市公司进行信用评级,截至2022年这类机构美国只有三家,即穆迪(Moody's)、标准普尔(Standard & Poor's)和惠誉国际;二是商业市场上的信用评级机构,它们在商业企业进行交易或者企业向银行申请贷款时提供信用调查和评估,这类机构首推邓白氏公司(Dun & Bradstreet);三是消费者信用评级机构,它们专门提供消费者个人信用调查情况,如环联公司(Trans Union)、艾可飞公司(Equifax)和益博睿公司(Experian)。

穆迪的创始人是约翰·穆迪,他在1909年出版的《铁路投资分析》一书中发表了债券信用评级的观点,使信用评级首次进入证券市场。他开创了利用简单的信用评级符号来分辨250家公司发行的90种债券的做法,正是这种做法才将信用评级机构与普通的统计机构区分开来,因此后人普遍认为信用评级最早始于穆迪的铁道债券信用评级。1913年,穆迪将信用评级扩展到公用事业和工业债券上,并创立了利用公共资料进行第三方独立信用评级或无经授权的信用评级方式。穆迪评级与研究的对象不仅包括公司和政府债券、机构融资证券及商业票据,还包括证券发行主体、保险公司债务、银行贷款、衍生产品、银行存款和其他银行债以及管理基金等。穆迪是纽约证券交易所上市公司,2018年收入为44亿美元,全球员工约10 900人,在44个国家/地区设有办事处。标准普尔由普尔出版公司和标准统计公司于1941年合并而成。普尔出版公司的历史可追溯到1860年,当时其创始人亨利·V. 普尔(Henry V. Poor)出版了《铁路历史》及《美国运河》,率先开始提供金融信息服务和债券评级。1966年,标准普尔被麦格劳-希尔公司(McGraw-Hill)收购。公司主要对外提供关于股票、债券、共同基金和其他投资工具的独立分析报告,为世界各地超过22万多家证券及基金进行信用评级。2018年6月,标普信用评级(中国)有限公司成立,获准在国内债券市场开展信用评级业务。惠誉国际于1913年由约翰·K.惠誉(John K. Fitch)创办,起初是一家出版公司,惠誉早在1924年就开始使用AAA到D级的评级系统对工业证券进行评级。近年来,惠誉国际进行了多次重组和并购,规模不断扩大。1997年公司并购了另一家评级机构IBCA,2000年并购了Duff & Phelps,随后又买下了Thomson Bankwatch,2018年7月,惠誉国际在中国成立全资子公司惠誉博华信用评级有限公司,开展金融机构及结构融资评级业务。2020年5月,经中国人民银行批准,惠誉国际获准进入中国信用评级市场。

2. 我国信用评级体系[①]

自20世纪80年代后期以来,我国信用评级行业在监管需求和市场需求的双重推动下,经历了行业初创、快速发展和对外开放三大发展阶段,在监管培育和监管的不断规范、不断强化中逐步壮大,有序迈向高质量发展。

第一,行业初创和监管培育阶段(1987—2004年)。改革开放后,1981年财政部启动发行国债,标志着我国债券市场开始起步;20世纪80年代中后期,随着我国经济和金融体制的改革,企业债券逐步出现;1987年国务院发布《企业债券管理暂行条例》,开始将债券纳入统一管理。之后,国务院为规范企业债券的发行及管理,分别于1992年12月、1993年8月出台《关于进一步加强证券市场宏观管理的通知》和《企业债券管理条例》,强化债券发行的行政审批,并明确债券信用评级工作应作为债券发行审批的必要程序之一,奠定了国内信用评级行业发展的基础。为适应债券市场发展的需求,20世纪80年代后期和90年代早期,我国第一批独立的信用评级机构相继创立。特别是2003年后,中国证监会、原保监会和原银监会相继将评级机构纳入业务监管范围,出台了多部规章制度对评级机构和评级业务进行监管,监管内容主要涉及评级机构的资质认可、评级要求与评级使用,进一步确认了信用评级机构的市场地位。

第二,快速发展和强化监管阶段(2005—2015年)。这一时期,我国信用评级业务规模随着债券市场的快速发展而显著增长,业务品种进一步多样化。2005年银行间债券市场推出短期融资券、2007年交易所市场推出公司债券,标志着我国债券市场进入快速发展阶段。此后,银行间债券市场先后推出了中期票据、中小企业集合票据、超短期融资券、资产支持票据等品种,交易所市场推出了中小企业私募债券、资产证券化等品种,加之已有的企业债、金融债、次级债、同业存单等品种,债券品种进一步丰富,债券发展规模不断扩大。为规范评级机构行为,评级监管和自律管理的广度与深度不断扩展。2006年11月,中国人民银行发布了《信贷市场和银行间债券市场信用评级规范》,包含评级主体、评级业务和评级业务管理三个标准。随后,中国证监会、国家发展改革委、原保监会和财政部均在各自职责范围内出台了相关监管法规。中国银行间市场交易商协会、中国证券业协会等行

[①] 资料来源:姚可.中国信用评级的30年与高质量发展之路[C]//中国证券业协会.创新与发展:中国证券业2020年论文集.北京:中国财政经济出版社,2021:299-305.

业自律组织也在上述监管部门搭建的监管框架下,针对评级行业出台了自律规则。

第三,对外开放和走向统一监管阶段(2016年至今)。随着我国对外开放水平的提升,信用评级行业的对外开放迎来实质性进展。2017年7月,中国人民银行发布《中国人民银行公告〔2017〕第7号》,对符合条件的境内外信用评级机构进入银行间债券市场开展信用评级业务予以规范,标志着境外信用评级机构可以独资进入中国市场。2018年,国际三大信用评级机构在北京成立分支机构并向中国银行间市场交易商协会提交了注册申请;2019年1月28日,标准普尔获准正式进入我国信用评级市场开展业务。在我国信用评级行业对外开放水平提高的同时,评级监管水平也进一步提升。2019年11月,中国人民银行、国家发展改革委、财政部、中国证监会四部委联合签发《信用评级业管理暂行办法》,确立了"行业主管部门—业务管理部门—自律组织"的信用评级行业监管框架,为国内信用评级行业从多方监管走向统一监管奠定了基础。

2020年3月1日,修订后的《中华人民共和国证券法》全面推行证券发行注册制、完善投资者保护制度、强化信息披露义务、压实中介机构的责任等,符合国际资本市场发展趋势,有利于我国资本市场与债券市场规范度和透明度的提升,对促进国内信用评级行业的高质量发展具有积极作用。

经过40年的发展,我国信用评级行业初步形成了较为稳定的行业格局。根据《信用评级业管理暂行办法》,中国人民银行作为信用评级行业主管部门,对全国所有从事信用评级业务的评级机构实行备案管理。截至2020年10月末,已有57家评级机构完成了备案,其中在中国证监会完成首次备案的评级机构有9家,在中国银行间市场交易商协会完成注册的评级机构有10家。目前在我国债券市场具有全部评级资质的评级机构共计7家,分别为大公国际、新世纪评级、中诚信国际、联合资信、东方金诚、中证鹏元和标普信评,其中标普信评为外资信用评级机构。

9.1.3 信用评估的作用

信用评估是市场经济的产物,是社会信用体系建设的重要组成部分,也是融资机制不可缺少的重要条件,还是企业打开市场大门的钥匙。我国市场经济的发展和深化需要更多的人了解它并运用它。

1. 信用评估有利于保护投资者的利益

在现代市场经济中,企业融资和各种金融工具日益增多。当存在多种具有违约风险的投资时,在投资风险与预期报酬率不相称的情况下,投资者必须就其投资风险进行调查,判断何种程度的风险属于可允许的范围,据此选择投资对象。但即使是有能力的大机构耗费成本亲自对每项投资的风险进行调查分析后,也仍然认为参考第三方的评级报告更为合理谨慎;而中小机构以及个人投资者往往不具有亲身调查分析的能力,他们几乎完全依靠公开的信息做决策。所以,投资者需要信用评估来对风险做事先的预测。信用评估以专业化、客观公正的评估结果为投资者服务,可以降低社会信息成本,为投资者提供更趋准确的风险情报,以避免盲目投资,降低投资风险,从而保护投资者的利益。

2. 信用评估有利于维护市场经济秩序

信用评估是一项公证性事业,它以自身的自律机制及职能发挥着"扶优限劣"的作用,并通过社会信用体系形成"除恶扬善"的机制。

3. 信用评估有利于资金的合理定价

信用等级与风险等级成反比关系,在利率市场化的情况下,信用等级较高的企业可以较低的成本获得所需资金;反之,信用等级较低的企业其资金筹措成本较高甚至无法筹措到资金。所以,信用等估是利率市场化的定价工具。投资者可以根据评级信息,了解风险状况,并以此确定报酬率的高低。

4. 信用评估有利于政府加强监管

信用评估作为揭示市场风险的有效工具和社会监管力量的一部分,能够为政府提供失信信息、发现失信者,有利于政府实施有效监管,为促进市场经济秩序的正常化服务。从国际经验来看,信用评估行业实际上已成为政府监管体系的一个重要补充。

复习与思考 信用评估的作用表现在哪些方面?

9.2 信用评估程序

信用评估从最原始的数据采集开始,通过信息收集、指标计算、系统汇总,最后得出信用等级和风险等级。主要的信用评估程序如图 9-1 所示。

图 9-1 信用评估程序

9.2.1 前期准备

1. 接受客户信用评估申请

确定客户申请评估的标的,是经济主体评估还是债券评估或其他评估种类;了解客户的经营范围,确定归属行业;明确双方在评估过程中的权利和义务,拟订《信用评估协议书》;根据客户所处的行业,向客户发出《评估资料文本》《填报说明》和评估所需的其他基本资料清单,并指导客户按要求收集和填写相关资料。

2. 准备资料

客户按清单要求准备评估所需的各种信息和数据。其中,不可缺少的是企业概要和财务数据。企业概要一般记述企业的沿革、股东背景、经营者、组织机构、经营状况、经营目标、市场销售、财务政策、发展战略等情况,以及投资企业、关联企业及其经营状况等。财务数据则记载企业在过去 1—3 年的实际财务状况,以及今后 1—3 年的财务预测。

3. 制订评估方案

信用评估机构根据评估标的的规模、工作复杂性等情况,指派评估小组。评估小组一般由 3 人组成,其成员应是熟悉客户所属行业情况和评估标的业务的专业人士,小组负责人由具有项目经理以上职务或分析师以上职称的人员担任。评估小组应对客户提供的资料进行初步审查分析,拟订评估方案,其中包括调查重点和需要补充的资料清单。

9.2.2 客户资信调研与分析

评估小组根据第一阶段初步审查分析中的要点、问题和疑点,深入企业与相关领导、部门负责人和员工访谈,听取和讨论管理层对评估资料的解释,直接掌握管理层的经营态度和决策能力。评估小组必须按评估要素所包含的内容尽可能地核实情况,审核财务数据的真实性及财务核算的合规性和准确性,做好所关心问题的现场调查记录并经访谈者确认。如需补充资料的,则需列出清单,并进行二次现场调查,直至把情况弄清楚、评估资料完整齐备。

调研人员首先是对客户的财务报告及公开发布的数据进行仔细分析,同时确定需要的其他资料,并草拟一份详细的调研提纲备用。调研内容一般包括客户的财务状况、收入状况、营运状况、竞争地位、未来发展趋势、经济环境及其他与评估相关的方面。客户资信调研一般按如下四个步骤进行:

第一步,信用评估部门根据客户的交易价值、客户的大小、是否新客户以及客户多选用的信用模型,认真确定调研的目标及范围。

第二步,制订一个收集所需资料的最有效的计划,确定资料来源、调研方法、调研工具、接触方法,同时估算成本。

第三步,收集信息。评估小组既需要第一手资料,又需要第二手资料。评估小组可以采取实地调查、走访客户的方式获取第一手资料。第二手资料可以通过两种途径获取:一是通过大众传播媒介,如互联网、报纸、杂志、广播、电视等;二是通过公共管理机构,如工商部门、统计部门、法院、税务部门、行业管理部门、企业数据库等。主要包括的信息内容有以下几个方面:①宏观和相关行业信息。根据客户所处的行业,收集与客户相关的宏观经济、政策以及行业的信息,以便结合客户的实际情况分析评价。为定性分析服务的信息收集要有的放矢,在保证信息准确的同时还要注意信息对评估标的适用性。②客户经济活动相关的记录。根据需要,评估小组要自行查询和收集或向其主管部门、银行、税务等部门以及主要交易者了解与核实客户的信用记录情况。③重大事件信息。根据需要,评估小组要收集与评估标的有关的国际、国内重大政治、经济等事件,以及评估标的的重大投资、重大资产重组、重大法律诉讼等信息,以便分析重大事件对评估标的的影响。

第四步,信用信息的整合与分析。信用信息的整合与分析是信息收集工作完成以后必须做的工作。在这一过程中,评估小组要把在前一步骤中收集到的零碎的信息汇总到一起并进行整理分析,信息的整理可以利用信息分析表进行。

9.2.3 建立指标体系

1. 信用要素分析

建立企业信用评估指标体系,首先要明确评估的具体内容包括哪些方面。

国际上对信用要素的定义有很多种学说,主要有 5C、3F、6A、5P 等。

(1) 5C

5C 方法认为企业信用的基本形式由 Character(品格)、Capacity(能力)、Capital(资本)、Collateral(担保品)和 Condition(环境状况)构成。由于这五个英文单词都以 C 打头,故称"5C"。企业的品格是指企业及其经营者在经营活动中的行为和作风,是企业形象最为本质的反映。企业的品格如同人的品质一样,决定着企业信用的好坏。对于别人给予的信用,不论遭遇何种困难和打击,都以最大的努力偿还债务,保持良好的作风,这样的企业和经营者可以说品格优良,是授信的优良对象。能力是仅次于品格的信用要素。能力包括企业能力(如运营、获利和偿债等)和经营者能力(如管理、资金运营和信用调度等)。考察企业的能力,必须从这两方面入手,舍弃其一都会有失偏颇。资本主要是考查企业的财务状况。一个企业的财务状况基本能够反映该企业的信用特征。如果企业资本来源有限,或者资本结构比例失调,大量依赖外部资本,则会直接危及企业的健康。一般而言,受信企业的资本结构、资本安全性、流动性、获利能力等财务状况是考察的主要方面。许多信用交易都是在有担保品作为信用媒介的情况下顺利完成的,担保品成为这些交易的首要考虑因素。当然,毋庸置疑的是,虽然担保品可以降低受信企业的潜在风险,但并不能改善受信企业的信用状况。因此,担保品的作用仅是促使授信,而绝不是授信的必要条件。环境状况又称经济要素,大到政治、经济、环境、市场变化、季节更替等因素,小到行业趋势、工作方法、竞争等因素,诸如此类可能影响企业经营活动的因素都归为环境状况。它有别于以上四个要素,是企业外部因素造成的企业内部变化,不是企业自身能力所能控制和操纵的。

在 5C 方法的基础上,后来又有人加入了 Coverage Insurance(保险)这一因素,形成了 6C 系统,但目前国际上一般的信用评估都是按照 5C 要素展开的。

(2) 3F

3F 方法是美国人米尔顿·德雷克(Milton Drake)在 6C 方法的基础上提出的。他将 6C 要素重新分类归纳,把品格和能力归纳为管理要素(Management Factor),把资本和担保品归纳为财务要素(Financial Factor),把环境状况和保险归纳为经济要素(Economic Factor)。

(3) 6A

6A 方法是国际复兴开发银行提出的。它将影响企业信用的要素归纳为经济因素(Economic Aspects)、技术因素(Technical Aspects)、管理因素(Managerial Aspects)、组织因素(Organizational Aspects)、商业因素(Commercial Aspects)和财务因素(Financial Aspects)。经济因素主要考察市场经济大环境是否有利于受信企业的经营和发展;技术因素主要考察受信企业在技术先进程度、生产能力上是否有利于还款;管理因素主要考察受信企业内部各项管理措施是否完善,管理者经营作风和信誉状况的优劣;组织因素主要考察受信企业内部组织、结构是否健全;商业因素主要考察受信企业原材料、动力、劳动力、设备是否充分,产品销售市场和价格竞争力等方面是否占有优势;财务因素主要从财务角度考察受信企业资金运营、资金结构、偿债能力、流动性、获利能力等水平。

(4) 5P

5P 方法从不同角度将信用要素重新分类,条理上更加易于理解。它包括人的因素

(Personal Factor)、目的因素(Purpose Factor)、还款因素(Payment Factor)、保障因素(Protection Factor)和展望因素(Perspective Factor)。人的因素,这里的人是企业和经营者的统称。分析人的因素需从企业经营者的能力和企业的能力两方面来考虑。目的因素,即受信企业申请信用的目的。探求目的因素可以从几个方面入手,如受信企业申请信用的目的是否确属业务需要,信用资金计划用途是否妥当,信用额度是否合适,等等。如果授信企业没有经过调查就盲目授信,则信用资金的风险极大。还款因素,排除其他因素,受信企业能否按期还款,取决于信用额度到期时受信企业即时的财产状况。因此,认真分析受信企业的还款来源是很有必要的。短期授信的还款资金应来自受信企业短期的经营活动;中长期授信常被用于固定资产的购置,其还款资金应来自受信企业长期的利润积累和追加投资。保障因素一般分为内部保障和外部保障。内部保障类似于担保品,内部保障需要分析担保品的合法性、可靠性、市场价格、销售难易度等;外部保障是第三人承担债务人信用责任的保障形式,采用方式有保证、背书、第三人提供担保品等。在授信时,授信企业应认真考察第三人提供担保品的合法性,再分析第三人与受信企业的关系。展望因素,不论是短期授信还是中长期授信,授信时都要分析受信企业的短期还款能力和中长期获利能力,这就是授信展望。授信展望主要从受信企业在受信期间的还款目的、支付能力和安全性上分析,辅以受信资金用途的收益分析。

(5) 五性分析

这是国内信用评估较为常用的方法。五性包括安全性、收益性、成长性、流动性和生产性。通过五性分析,就能对企业信用状况做出客观的评价。

(6) LAPP 指标体系

LAPP 是指 Liquidity(流动性)、Activity(活动性)、Profitability(盈利性)和 Potentiality(潜力)。

以上各种信用要素观点虽然不尽相同,但其实都是以 5C 和 3F 为基础,辅以其他要素。因此,我们在进行企业信用要素分析时,最好从 5C 和 3F 入手,再根据具体行业和企业的特征,设计最适合的要素分析模型。

2006 年中国人民银行发布的《中国人民银行信用评级管理指导意见》(银发〔2006〕95号)中指出,信用评级机构对企业进行信用评级应主要考察以下方面内容:①企业素质。包括法人代表素质、员工素质、管理素质、发展潜力等。②经营能力。包括销售收入增长率、流动资产周转次数、应收账款周转率、存货周转率等。③获利能力。包括资本金利润率、成本费用利润率、销售利润率、总资产利润率等。④偿债能力。包括资产负债率、流动比率、速动比率、现金流等。⑤履约情况。包括贷款到期偿还率、贷款利息偿还率等。⑥发展前景。包括宏观经济形势、行业产业政策对企业的影响;行业特征、市场需求对企业的影响;企业成长性和抗风险能力等。

2. 信用评估指标的选取

信用评级机构可以根据企业不同的目的,以要素指标体系为基础,再根据各行业企业的不同特质,选择几个方面最适合评估企业的指标体系来进行评价。

（1）信用评估指标的选取原则

企业信用评估指标的选取应遵循以下原则：

① 层次性原则。指标的选取应尽可能地从不同层次、不同方位涵盖企业信用评估的要素，以全面、真实地反映企业的信用能力。

② 集约性原则。所选择指标应有充分的信息综合能力，指标过多会失于烦琐，指标太少又易失真或失效。

③ 可比性原则。企业信用评估指标应具有普遍的统计意义。指标设置既要考虑到纵向可比，动态地反映企业信用能力的发展过程和内在变化规律；又要考虑到横向对比，以实现企业的信用能力与行业、地区和国家间的对比。

④ 实用性原则。应根植于我国现行统计、会计及其业务核算的实际情况设置指标，选取的指标要有比较容易取得的信息来源，力求使指标设置科学完善和简单易行。

（2）企业信用评估指标体系的构建

根据企业的信用要素和选取原则建立的评估指标体系分为两部分：一为财务指标，二为非财务指标。作为理性的经济人，企业应具有守信的品质和动力，其信用评估应主要取决于其财务状况，也就是说，企业财务状况是企业信用的前提和基础。企业财务状况良好，现金流量管理良好，资金运转正常，则企业恪守信用、保持良好的信用评级记录是顺理成章的；反之，企业财务状况不佳，缺乏足够的现金流量，资金运转失灵，即陷入财务困境，此时企业徒有良好的守信愿望，也会心有余而力不足，势必使企业信用成为空中楼阁。把分析企业财务状况与评估企业信用结合起来，为的是本、标同时着手，既透过现象看本质，又根据本质去推测现象，从而提高信用评估的准确性。信用评估的财务指标体系一般包括以下四个方面的内容：

第一，盈利能力。企业是否能够盈利，企业的营业利润是否构成偿还债务的主要资金来源。

第二，长期偿债能力。企业是否借款过多，能否按时足额偿还债务的本金和利息。

第三，短期偿债能力。债务到期时，企业手中是否有充足的现金来偿还债务。

第四，营运能力。企业是否能够有效地运用营运资本，或者是否过多地投资股票；相对年销售额而言，企业提供的信用是否过多。

上述财务指标在前面的章节中已经阐述，这里不再赘述。

参照美国主要信用评级机构——惠誉国际——的信用评估指标体系，我们发现美国主要信用评级机构一般均以"现金流量对债务的保障程度"为分析和预测的核心，对相关风险进行定量分析和定性判断，并注重不同行业或同行业内受评企业信用风险的相互比较。评估指标根据受评企业所处行业的不同而不同，各评级机构所使用的评估指标也有所差异。

① 定量指标。定量指标主要对受评企业运营的财务风险进行评估，考察会计质量，主要包括：

• 资产负债结构。分析受评企业负债水平与债务结构，了解管理层理财观念和对财务杠杆的运用策略，如债务到期安排是否合理、企业偿付能力如何等。如果到期债务过于集中,则到期不能偿付的风险会明显加大,而过分依赖短期借款,有可能加剧再筹资风险。此外,企业的融资租赁、未决诉讼中如果有负债项目,则也会加大受评企业的债务负担,从而增加对企业现金流量的需要量,影响评估结果。

- 盈利能力。较强的盈利能力及其稳定性是企业获得充足现金以偿还到期债务的关键因素。盈利能力可以通过销售利润率、股东权益报酬率、总资产报酬率等指标进行衡量,同时分析人员要对盈利的来源和构成进行深入分析,并在此基础上对影响企业未来盈利能力的主要因素及其变化趋势做出判断。

- 现金流量充足性。现金流量是衡量受评企业偿债能力的核心指标,其中分析人员尤其要关心的是企业经营活动产生的净现金流量。净现金流量、留存现金流量和自由现金流量与到期总债务的比率,基本可以反映受评企业营运现金对债务的保障程度。一般不同行业现金流量充足性的标准是不同的,分析人员通常会将受评企业与同类企业相对照,以对受评企业现金流量的充足性做出客观、公正的判断。

- 资产流动性。也就是资产的变现能力,这主要考察企业流动资产与长期资产的比例结构。同时,分析人员还通过存货周转率、应收账款周转率等指标来反映流动资产转化为现金的速度,以评估受评企业的偿债能力。

② 定性指标。定性指标主要分为两大内容:

一是行业风险评估,即评估受评企业所在行业现状及发展趋势,宏观经济景气周期,国家产业政策,行业和产品市场所受的季节性、周期性影响以及行业进入门槛,技术更新速度等。通过这些指标评估受评企业未来经营的稳定性、资产质量、盈利能力和现金流量等。一般来说,垄断程度较高的行业比自由竞争的行业盈利更有保障、风险相对较低。

二是业务风险评估,即分析受评企业的市场竞争地位,如市场占有率、专利、研究与开发实力、业务多元化程度等,具体包括:

- 基本经营和竞争地位。受评企业的经营历史、经营范围、主导产品和产品的多样化程度,特别是主营业务在企业整体收入和盈利中所占的比重及其变化情况,可以反映企业收入来源是否过于集中,从而使其盈利能力易受市场波动、原材料供应和技术进步等因素的影响。此外,受评企业营销网络与手段、对主要客户和供应商的依赖程度等因素也是必须考虑的分析要点。

- 管理水平。分析人员还要考察受评企业管理层素质的高低及稳定性,企业发展战略和经营理念是否明确、稳健,企业的治理结构是否合理等。

- 关联交易、担保和其他还款保障。如果有实力较强的企业为受评企业提供还款担保,则可以提高受评企业的信用等级,但分析人员要对该担保实现的可能性和担保实力做出评估。此外,政府补贴、母公司对子公司(受评企业)的支持协议等也可以在某种程度上提高对受评企业的评估结果。

(3) 权重设置

对信用评估指标赋予不同的权重,体现了各要素对信用评估结果的影响程度和重要程度。指标权重应根据评估的目的来设置。目前关于权重的确定方法有数十种之多,根据计算权重时原始数据的来源不同,这些方法大致可分为两大类:一类为主观赋权法,其原始数据主要由专家根据经验主观判断得到,如古林法、层次分析法、专家调查法等;另一类为客观赋权法,其原始数据由各指标在受评企业中的实际数据处理后形成,如均方差法、主成分分析法、离差最大化法、熵值法、代表计数法、组合赋权法等。这两类方法各有其优点和缺点:主观赋权法客观性较差,但解释性强;客观赋权法确定的权重在大多数情况下精度较高,但有时会与实际情况相悖,而且对所得结果难以给予明确的解释。基于上述原因,有些学者提出了综合主、客观赋权法的第三类方法,即组合赋权法。

复习与思考 信用评估的主要财务指标有哪些?

9.2.4 初步评估

评估小组根据之前阶段的调研资料和数据,运用信用分析技术和方法,对信用要素进行分析,预测和判断相关因素对企业产生的影响和未来发展变化的趋势,并做出初步评估。评估观点的确立要有分析依据,风险控制的要点要明确,形成小组的统一意见,并提出初评结果。常用的信用评估方法大致可以分为以下三类:

定性评估法,即评估人员根据其自身的知识、经验和综合分析判断能力,在对受评企业进行深入调查、了解的基础上,对照信用评估参考标准,对各项信用评估指标的内容进行分析判断,形成定性评估结论。这种方法的评估结果依赖于评估人员的经验和能力,主观性较强,结果的客观、公正性难以保证。

定量评估法,也称评估模型法,即以反映企业经营活动的实际数据为分析基础,通过数学模型来测定信用风险的大小。这种方法使用简便、成本低,曾一度被美国各商业银行广泛用于对客户的信用风险评级。但是,评估模型法的预测效果随时间的长短而不同,时间越短,准确率越高,反之越低。而且这种方法的可靠性在很大程度上依赖于企业财务数据的真实性,在将其用于评估财务管理相对较为混乱的企业时,就无法保证其准确性。

综合评估法,产生于20世纪80年代。此前单纯以财务数据预测信用风险的方法已越来越不能适应市场变化的无常性,这迫切要求加强对企业经营风险的定性经验判断。综合评估法以定性分析为主、定量分析为辅,要求对受评企业做出全局性、整体性的评估。综合评估法的评估步骤是:首先确定评估对象系统,明确评估内容和方式;其次建立合适的评估指标体系和评估模型;最后根据对评估内容所做的系统分析,并在信用评估模型的基础上对企业的未来经营业绩变化做出趋势的推测和量的判断,这种预期能够更好地反映企业未来信用风险的大小。因此,该方法现已为世界各大信用评级机构所采用,它代表了当今信用评估方法发展的主流方向。

复习与思考 信用评估方法有哪几种?

9.2.5 确定信用等级与风险等级

评估小组在形成初评意见后,要向专家委员会提交信用评估分析报告,并召开专家评审会议。专家委员会听取评估小组的工作情况汇报,审议评估分析和评估依据,质询评估观点的支持依据并提出修改意见,最后以打分的形式确定信用等级。

我国企业信用等级的划分一般采用国际通用等级符号标记,实行四等十级制,具体如表 9-1 所示。

表 9-1 企业信用等级划分

信用等级	信用状况	含义
AAA 级	信用极好	表示企业信用程度高,资金实力雄厚,资产质量优良,各项经济指标先进,经济效益明显,清偿与支付能力强,企业陷入财务困境的可能性极小
AA 级	信用优良	表示企业信用程度较高,资金实力较强,资产质量较好,各项经济指标先进,经营管理状况良好,经济效益稳定,有较强的清偿与支付能力
A 级	信用较好	表示企业信用程度良好,资金实力、资产质量一般,有一定实力,各项经济指标处于中上等水平,经济效益不够稳定,清偿与支付能力尚可,受外部经济条件影响,偿债能力产生波动,但无大的风险
BBB 级	信用一般	企业信用程度一般,资产质量和财务状况一般,各项经济指标处于中等水平,可能受到不确定性因素影响,有一定风险
BB 级	信用欠佳	企业信用程度较差,资产质量和财务状况差,各项经济指标处于较低水平,清偿与支付能力不佳,容易受到不确定性因素影响,有风险。该类企业具有较多不良信用记录,未来发展前景不明朗,含有投机性因素
B 级	信用较差	企业信用程度差,偿债能力较弱,表示企业一旦处于较为恶劣的经济环境下,就有可能发生倒债,但目前尚有能力还本付息
CCC 级	信用很差	企业信用程度很差,盈利能力和偿债能力很弱,对投资者而言投资安全保障较小,存在重大风险和不稳定性,该类企业几乎没有偿债能力
CC 级	信用极差	企业信用程度极差,已处于亏损状态,对投资者而言投资具有高度的投机性,该类企业没有偿债能力
C 级	没有信用	企业无信用,基本无力偿还债务本息,亏损严重,接近破产
D 级	没有信用	企业已濒临破产

穆迪、标准普尔和惠誉国际的债券等级划分如表 9-2 所示。

表 9-2 债券等级划分

种类	穆迪	标准普尔	惠誉国际	说明
高级	AAA	AAA	Aaa	最高级品质,具有很强的还本付息能力
	AA	AA	Aa	高级品质,还本付息的可能性虽高,但稍弱于上一等级
	A	A	A	中高级品质,还本付息的可能性虽高,但未来可能出现某些因素,影响本息安全

(续表)

种类	穆迪	标准普尔	惠誉国际	说明
中级	BAA	BBB	Baa	中级品质,有充分支付本息的能力,但缺乏可靠的保障,以致在不利经济状态下会引起支付能力的削弱
	BA	BB	Ba	中下品质,对本息的保障条件属中等,未来经济远景不管是好是坏,约定的条件都不足以充分保障本息的安全
	B	B	B	具有投机性而缺乏投资性,对未来本息缺乏适当的保障
违约	CAA	CCC	Caa	投机性证券,有违约风险
	CA	CC	Ca	投机性较强,经常性违约或有明显的缺点
	C	C	C	投机性很强,不能支付利息,公司可能破产
		D		违约证券,已无法还本付息或企业破产

9.3 信用分析与破产预警

信用分析模型可以分为两大类,即预测性模型和管理模型。预测性模型用于预测客户前景,衡量客户破产以及发生财务危机的可能性,A 计分模型、巴萨利模型、Z 计分模型、Y 计分模型属于这类模型。管理模型不具有预测性,而偏重于均衡地解释客户信息,从中衡量客户实力。预测性模型可以进行企业事前信用危机的预测,而管理模型侧重于企业事中信用状况的评估。本章将重点介绍信用分析的预测性模型——财务预警模型。

财务预警是预测和分析企业是否发生财务危机的财务分析系统,它可以通过事前财务指标的分析来预测企业发生财务危机的可能性,从而预防企业陷入财务危机。财务预警是财务报表分析的一种延伸,首先财务预警建立在常规财务报表分析的基础之上,因为企业财务异常状况最终会体现在各种财务指标上;但是财务预警不局限于财务指标,因为企业财务危机的爆发会体现在各个方面,所以需要使用统计方法对财务指标进行综合,从而对企业整体的财务状况做出判断。

9.3.1 财务预警的概念与意义

1. 财务预警的概念

财务预警是指以企业财务报表为依据,利用各种财务比率或数学模型,预测和分析企业发生财务危机的可能性及原因,以提前做好防范措施的财务分析系统。

财务预警是由财务危机和预警两个词组组成的。从经济学的角度出发,企业陷入财务危机是一个逐步的连续过程,不存在一个明确的分界点将企业分为陷入财务危机和没有陷入财务危机两类,因此国内外专家学者对财务危机有多种不同的定义方法,对财务危机的判断也有不同的标准。预警是指事先知道并发出警示,以避免或尽量降低可能的损失。财务预警要求管理人员依据相关指标的变化来预测企业财务即将呈现的问题,及时向利益相关者提出警示。

2. 财务危机的界定

财务危机(Financial Crisis)又称财务困境(Financial Distress),通常公认有两种确定的方法:一是法律对企业破产的定义,企业破产是用来衡量企业财务危机最常用的标准,也是最准确和最极端的标准;二是以证券交易所对持续亏损、有重大潜在损失或者股价持续低于一定水平的上市公司给予特别处理或退市为标准。

根据中外学者的研究,财务危机至少有以下几种表现形式:

第一,从企业的运营情况来看,表现为产销严重脱节,企业销售额和销售利润明显下降,多项绩效评价指标严重恶化;

第二,从企业的资产结构来看,表现为应收账款大幅增长,产品库存迅速上升;

第三,从企业的偿债能力来看,表现为丧失偿还到期债务的能力,流动资产不足以偿还流动负债,总资产低于总负债;

第四,从企业的现金流量来看,表现为缺乏偿还即将到期债务的现金流,现金总流入小于现金总流出。

2006年8月27日第十届全国人民代表大会常务委员会第二十三次会议通过了《中华人民共和国企业破产法》(以下简称《破产法》),《中华人民共和国企业破产法(试行)》同时废止。《破产法》第二条指出:企业法人不能清偿到期债务,并且资产不足以清偿全部债务或者明显缺乏清偿能力的,依照本法规定清理债务。企业法人有前款规定情形,或者有明显丧失清偿能力可能的,可以依照本法规定进行重整。《中华人民共和国公司法》(以下简称《公司法》)第一百八十二条规定:公司经营管理发生严重困难,继续存续会使股东利益受到重大损失,通过其他途径不能解决的,持有公司全部股东表决权百分之十以上的股东,可以请求人民法院解散公司。在我国,上市公司出现财务状况或其他状况异常,导致其股票存在终止上市风险,或投资者难以判断公司前景,投资者的投资权益可能受到损害的,交易所会对该股票实施特别处理,被特别处理的公司股票前会冠以"ST"(Special Treatment)字样,以示区别。因此,以上市公司为对象研究财务预警问题时,通常将陷入财务危机而被特别处理的 ST 公司作为分析对象。

3. 财务预警的意义

首先,财务预警模型的建立,可以帮助市场经济主体降低营运风险,保障经济体制改革的进一步深化。企业存在的目的和价值就是以其所掌握的经济资源去创造最大的财富,实现资产的不断增值。企业破产关系到企业利益相关者的切身利益。无论是债权人、投资者还是政府或其他监管部门,无论是审计师还是金融服务机构,无论是企业的管理者还是雇员,对企业的财务预警都有很高的需求。对于债权人及潜在的债权人而言,在决定是否贷款或是在制定新的贷款政策时,需要评估贷款申请人或贷款人所面临的破产风险;工业企业在决定是否对某一客户供货时,需要评估对方的支付能力。对于投资者而言,如果投资于债券,那么他们需要评估债券发行人偿付债券本息方面出现问题的可能性,了解债务人的违约风险,而财务预警模型可以提供这样的信息;对于积极的股票投资者而言,财务预警可以使他们在投资之前对股票价格进行早期预测,及时发现股票的投资价值,为投资决策提供参考。对于那些准备借"壳"或买"壳"上市的战略投资者而言,在寻找重组公司时,利用财务预警模型来发现价值被高估或低估的"壳公司"也是必不可少的手段。对于政府和监管部门而言,财务预警可以作为评价被监管企业偿债能力及经营稳定性的一种非常重要的手段。许多国家的政府还在不同程度上对一些对国民经济有重要影响但陷入财务困境的企业实施援助,在进行经济援助时,待援助企业的生存能力也是非常重要的考虑因素,而财务预警模型正是此类信息的重要来源之一。评估企业的持续经营能力也是企业管理者的重要职能之一,企业管理者如果能够利用财务预警模型提供的早期预警信号及时做出一些补救措施(如和另一家企业合并,或在一个较为有利的时机将企业重组),则可以显著降低破产成本。

其次,行之有效的财务预警模型可以促进我国资本市场的规范和发展,具有重要的理论价值和实践意义。我国资本市场的建立和发展已有四十余年的历史,学者们普遍认为,中国股市仍处于弱势效率阶段,这意味着投资者尚未充分利用有关的公开信息,难以看穿企业的会计选择和信息披露方式,市场价格并未充分反映企业价值。因此,较为准确的财务预警模型可以充当财务信息汇总、阐析者的角色,帮助投资者识别企业质量,及时调整投资组合,降低投资风险,提高投资收益;同时也可以帮助政府和监管部门了解市场风险,确定监管重点。

最后,财务预警模型的建立,可以进一步优化配置社会资源,提高整个社会的资本利用效率和盈利水平。

9.3.2 财务预警的作用

建立有效的财务预警系统,及时跟踪、监控、预测和预报企业的财务情况,尤其是预报财务危机信号,对企业的持续发展有着重要的作用。

1. 监测作用

监测是指跟踪企业的生产经营过程,将其实际情况同企业预定的目标进行对比,及时检测出生产经营中存在的偏差。当危害企业财务状况的偏差或关键因素出现时,可以提出警告,让企业管理者早日寻求对策,以减少财务损失。

2. 诊断作用

诊断是财务预警系统的重要功能之一。它根据监测的结果,运用现代企业管理技术、企业诊断技术,对企业生产经营状况的优劣做出判断,发现产生偏差的原因或存在的问题,为控制和预防做好充分的准备。

3. 控制作用

当财务危机信号出现时,企业管理者不仅要采取措施控制财务危机继续恶化,而且要积极在内部挖掘资金潜力,在外部寻求资金支持,以尽快控制财务危机的影响范围。在财务危机基本得到控制的基础上,还要改进企业经营策略和投融资策略,寻求财务危机的彻底解决。

4. 预防作用

完整、有效的财务预警系统应能系统而翔实地记录企业财务危机发生的缘由、处理经过、解除危机所采取的各项措施以及处理改进建议,以备同类危机再次发生时参考备查。

复习与思考 财务预警的含义是什么？财务预警有什么意义？

9.3.3 财务预警理论

任何经济学理论都可以分为规范理论和实证理论,前者研究的是"应该怎样"的问题,而后者研究的是"是什么样"的问题。财务预警理论也不例外,财务预警的规范理论致力于通过演绎推理解释为什么一部分企业会走向财务危机,即寻求企业陷入财务危机的原因,而财务预警的实证理论则侧重于通过分析经验数据来预测企业的财务危机。

1. 财务预警的规范理论[①]

解释企业财务危机成因的规范理论大致可分为四类,即非均衡理论(Disequilibrium Theory)、财务理论(Financial Theory)、代理模型(Agent Model)和管理理论(Management Theory)。这些规范理论提供了进行财务危机研究的理论框架,为实证研究的变量选择提供了一定的指导。

(1) 非均衡理论

非均衡理论主要包括混沌理论和灾害理论。混沌理论主要从一系列相对微小的干扰对系统的影响入手分析问题。它的思想是:最初有一件微小的不均衡事件发生,而这一事件的发生又引起其他一系列事件随后发生,所有这些相对微小事件对系统的不均衡影响逐渐累积,最终导致整个系统偏离均衡。混沌理论认为,这些冲击都是系统外生的,都是不可控的。该理论已经具有自身的数学模型,大部分模型都是以不可预测冲击和随机过程(如随机游走过程)等经济及金融研究都已熟悉的统计概念为基础的。而灾害理论主要关注一个系统中的几个潜在均衡点,着重分析在一些逐渐平缓发生的变化后出现的突然的、不连续的变化对整个系统的影响。Ho and Saunders(1980)首次将灾害理论应用于公司破产研究领域,他们使用灾害理论研究美国的银行监管,发现银行的破产不是因逐步衰落而引起的,而是一种由监管机构行为引起的突然倒闭。

(2) 财务理论

Scott(1981)总结了由四种财务模型组成的第二类解释企业财务危机的规范理论。Scott 将企业的破产定义为权益价值小于 0 或资不抵债。Scott 首先考虑一期模型,将企业看成只持续两个时期的证券,如果该证券在第二期的变现价值低于企业负债的价值,那么企业就破产了。Scott 的外部市场不完美条件下的赌徒破产模型认为,考虑到融资成本、税收及其他市场不完美因素对企业破产的影响后,企业的持续经营价值与其净资产清算价值之间会存在较大的差距,在这种情况下,衡量企业的流动性指标,即在其他所有融资渠道都被切断时企业的生存能力或所能维持的时间,就有可能成为计算企业破产风险的一

[①] 该部分规范理论参照陈晓.上市公司的"变脸"现象探析[M].北京:企业管理出版社,2003。

个重要因素。

(3) 代理模型

第三类规范理论是将契约理论引入后得到的代理模型。该理论试图用股东和债权人之间的潜在利益冲突来研究企业破产。Chen et al.(1995)建立了一个研究破产过程的基本代理模型,该模型假设有三种参与者,即股东、银行以及和股东不能直接联系的其他债权人;并假设企业现金流只有两种状况:好的(Good)和坏的(Bad);此外,假设所有参与者都是风险中性的,管理层以股东利益最大化为目标。在这些假设的基础上,他们研究了出现有效投资(Effective Investment)、过度投资(Over Investment)、投资不足(Under Investment)和不投资(No Investment)的条件,认为企业变现价值与债务面值之比对企业投资行为有很大的影响,同时债务的期限结构也是影响投资效率的显著因素;他们还认为,短期银行借款在总负债中所占的比重越高,企业的投资效率也越高,这是因为银行相对于其他债权人来说,更具有信息优势和谈判能力,更能寻求保护所有债权人和股东的共同利益。契约理论的分析结果不仅表明破产原因远比 Scott(1981)所描述的复杂,而且表明现金流的波动性和企业资产的变现价值是决定企业生存的关键因素。因此,研究企业破产的实证模型应寻找这两个因素的替代变量。

(4) 管理理论

第四类规范理论是管理学和企业战略学理论,但对这类理论我们只能勉强称之为规范理论,因为它们只不过是对一系列破产企业进行案例研究得出的规律性总结。与一般的统计研究不同,形成管理理论的案例研究试图寻找企业破产的直接原因,而不是停留在破产的征兆上。管理学领域的研究者往往根据诸如波特竞争优势理论的管理理论来研究对手,强调竞争对手、进入和替代的威胁,以及与客户及供应商的讨价还价能力等因素,并通过分析这些因素确认企业在降低成本及产品差异化方面所具有的竞争优势。他们多是研究陷入困境企业复苏的情景。简单地说,他们认为导致企业衰败的原因是许多经济事件的不同组合,没有任何两个破产案例是完全相同的,在许多情况下,陷入困境的企业可以通过一些手段摆脱困境,也就是所谓的"复苏",比如战略上的变化或者与其他企业合并。但是,也有很多陷入困境的企业没有这么幸运,它们最终走向破产。案例研究的目的就是通过分析所处的环境找出破产企业特有的、最终导致它们走向破产的缺陷。

总体来说,管理学领域的学者们根据波特竞争优势理论的框架发展出一系列解释破产原因和征兆的理论。它们大多将管理失误作为企业经营失败的主要原因,例如:①管理上存在缺陷(如权力过于集中于某一个人手中,而且缺乏内部控制机制或机制没有得到有效执行);②会计系统存在弱点,财务控制不严;③企业对环境变化的反应太慢(如不能及时开发新产品及降低成本以对竞争做出反应);④存在一些经常导致经营失败的决策错误(如错误的收购政策,经营缺乏多元化,借贷过度等);⑤企业经营失败的征兆随着企业濒临破产会越来越明显(如关键财务指标恶化)。

规范理论虽然不能完全认定进行实证研究或预测企业破产的实证模型所应包括的解释变量,但它们毕竟提供了一个理论框架,为变量选择提供了一定的指导作用。

复习与思考 财务预警研究的理论分为哪几类?主要的理论有哪些?

2. 财务预警的实证理论

财务预警的实证理论侧重于通过考察财务困境企业的财务特征,利用一手数据和各种统计手段来预测企业的财务困境。尽管实证理论并不能很好地解释"为什么会出现财务困境",但是由于它能够提供良好的预测能力并帮助决策,因而成为财务困境研究的主体。财务困境模型通常被称为财务预警模型,它通过考察一些比率的趋势及表现,利用这些比率的特性来确认未来发生财务困境的可能性。模型假定困境能在比率中得到反映,我们可以较早地发现问题,以便采取措施来避免损失。

（1）单变量模型

单变量模型就是使用一个财务比率来预测企业财务困境。最早运用统计方法研究企业财务失败问题的是美国的 Beaver（1966）。他提出了一元判定模型,即利用单一的财务比率来预测企业的财务失败。他使用 5 个财务比率分别作为变量对 79 家财务未失败企业和 79 家财务失败企业进行一元判定预测,发现最好的判别变量是现金流量/总负债,在企业破产前一年成功判别了 90% 的破产企业,其次是净利润/总资产变量,破产前 1 年的判别成功率为 88%。其中,现金流量/总负债这一比率中的"现金流量"来自现金流量表的三种现金流量之和,除现金外还充分考虑了资产变现能力,同时结合了企业销售和利润的实现及生产经营状况的综合分析。该比率用总负债作为基数,是考虑到长期负债与流动负债的转化关系,但是总负债只考虑了负债规模,而没有考虑负债的流动性,即企业的债务结构,因此对一些因短期偿债能力不足而出现财务危机的企业存在很大的误判性。净利润/总资产这一比率用总资产作为基数,没有结合资产的构成要素,不利于预测企业资产的获利能力是否具有良好的增长态势,因为不同的资产项目在企业盈利过程中所发挥的作用是不同的。

单变量模型法虽然简单,但因不同财务比率的预测方向与能力经常有相当大的差距,有时会产生对同一企业使用不同比率预测出不同结果的现象,所以招致了许多批评。而且企业的财务状况是从多方面反映出来的,单一比率反映的内容往往有限,无法全面揭示企业的财务状况,因而该方法逐渐被多变量模型替代。

（2）多变量模型

① Z 计分模型。最早运用多变量模型法探讨企业财务危机预测问题的是美国学者 Altman(1968)。他将若干变量合并到一个函数方程:

$$Z = 1.2X1 + 1.4X2 + 3.3X3 + 0.6X4 + 0.999X5$$

$X1$ =（期末流动资产 - 期末流动负债）/期末总资产

$X2$ = 期末留存收益 / 期末总资产

$X3$ = 息税前利润 / 期末总资产

$X4$ = 期末股东权益的市场价值 / 期末总负债

$X5$ = 本期销售收入 / 总资产

各变量解释如下：

$X1$ 为营运资本/资产总额,反映了企业资产的变现能力和规模特征。营运资本是企业的周转资金,具有周转速度快、变现能力强、项目繁多、性质复杂、获利能力强、投资风险小等特点。一个企业营运资本的持续减少,往往预示着该企业资金周转不灵或出现短期偿债危机。

$X2$ 反映了企业的累积获利能力。期末留存收益是由企业累积税后利润而成,对于上市公司而言,留存收益是指净利润减去全部股利的余额。一般来说,新企业资产与收益较少,因此相对于老企业 $X2$ 较小,而财务失败的风险较大。

$X3$ 可称为总资产息税前利润率,而我们通常所用的总资产息税前利润率为息税前利润/平均资产总额,分母间的区别在于,平均资产总额避免了期末大量购进资产使 $X3$ 降低,不能客观反映一年中资产获利能力的情形。息税前利润是指扣除债务利息与所得税之前的正常业务利润(包括对外投资收益),不包括非正常项目、中断营业和特别项目以及会计政策变更累积的前期影响而产生的收支净额。原因在于:由负债和所有者权益支持的项目一般属于正常业务范畴,计算总资产报酬率时以正常业务经营的息税前利润为基础,有利于考核债权人和所有者投入企业资本的使用效率。该指标主要是从企业各种资金来源(包括负债和所有者权益)的角度对企业资产的使用效率进行评价,通常是反映企业财务失败最有力的依据之一。

$X4$ 测定的是财务结构,分母为流动负债、长期负债的账面价值之和;分子以股东权益的市场价值取代了账面价值,因而对公认的、影响企业财务状况的产权比率进行了修正,使分子能客观地反映企业的价值。对于上市公司,分子应该是"未流通的股票账面价值+流通的股票期末市价×股数"。

$X5$ 为总资产周转率,企业总资产的营运能力集中反映在总资产的经营水平上,因此总资产周转率可以用来分析企业全部资产的使用效率。如果企业总资产周转率高,则说明企业利用全部资产进行经营的成果好,效率高;反之,如果企业总资产周转率低,则说明企业利用全部资产进行经营的成果差,效率低,最终将影响企业的获利能力。如果总资产周转率长期处于较低的状态,企业就应当采取措施提高各项资产的利用率,对那些确实无法提高利用率的多余、闲置资产应当及时进行处理,加快资产周转速度。$X5$ 的分子"本期销售收入"应该为销售收入净额,指销售收入扣除销售折扣、销售折让、销售退回等后的金额。

这 5 个财务比率分别反映企业的流动性、累积获利能力、盈利能力、财务结构和资产周转率。

Z 计分模型从企业的流动性、累积获利能力、盈利能力、财务结构和资产周转率等方面综合反映了企业的财务状况,进一步推动了财务预警的发展。Altman 教授通过对 Z 计分模型的研究分析得出:Z 值越小,该企业遭受财务失败的可能性就越大。美国企业 Z 值的临界值为 1.8,具体判断标准如表 9-3 所示。

表 9-3 Z 计分模型的判断标准

Z 值	财务状况
$Z \geqslant 3.0$	财务失败的可能性很小,财务不失败组
$2.8 \leqslant Z \leqslant 2.9$	有财务失败的可能
$1.81 \leqslant Z \leqslant 2.7$	财务失败的可能性很大
$Z \leqslant 1.8$	财务失败的可能性非常大,财务失败组

Altman 教授选择了 1968 年尚在持续经营的 33 家美国企业进行预测,其准确率令人满意,而且分析所依据的资料越新,准确率越高。例如,依据临近财务失败的报表资料预测准确率为 96%,依据财务失败前一年的报表资料预测准确率为 72%。但无论怎样,都必须以财务报表的真实性、准确性、完整性为前提。近年来,澳大利亚、巴西、加拿大、法国、德国、爱尔兰、日本和荷兰都进行了类似的分析。尽管 Z 值的判断标准在各国间有相当大的差异,但各国"财务失败组"Z 值的平均值都小于临界值 1.8。

Altman 教授的 Z 计分模型中的 $X4$ 要求优先股和普通股的市场价值必须已知,因此该模型适用于公开上市公司。1983 年,Altman 教授提出了适用于公开上市公司和非公开上市公司的新模型:

$$Z = 0.717X1 + 0.84X2 + 3.107X3 + 0.42X4 + 0.998X5$$

其中,$X4$ = 股东权益/总负债。

新模型中各个比率对应的系数有所调整。调整后的 Z 计分模型的判断标准也做了调整,$Z \leqslant 1.23$ 意味着企业财务失败的可能性很大;$Z \geqslant 2.9$ 意味着企业财务失败的可能性很小;$1.23 < Z < 2.9$ 则称为"灰色区域",意味着企业有财务失败的可能性。

② F 分数模型。由于 Z 计分模型在建立时并没有充分考虑到现金流量变动等方面的情况,因而具有一定的局限性。为此,学者们对 Z 计分模型加以改造,并建立起财务危机预测的新模型——F 分数模型(Failure Score Model)。F 分数模型的主要特点如下:

- F 分数模型加入了现金流量这一预测自变量。许多专家证实现金流量比率是预测企业破产的有效变量,因而它弥补了 Z 计分模型的不足。

- F 分数模型考虑到了现代企业财务状况的发展及其有关标准的更新。比如,企业财务比率的标准已发生了许多变化,特别是现金管理技术的应用,使企业所应维持的必要的流动比率大为降低。

- F 分数模型使用的样本更加广泛。其使用了 Compustat 数据库中 4 160 家企业的数据进行了检验;而 Z 计分模型的样本仅为 66 家(33 家破产企业及 33 家非破产企业)。F 分数模型对 4 160 家企业进行检验的结果如表 9-4 所示。

表 9-4 F 分数模型检验结果

现实结果	检验结果
破产企业 22 家(100%)	破产企业 15 家(68.18%),非破产企业 7 家(31.82%)
非破产企业 4 138 家(100%)	破产企业 1 056 家(25.52%),非破产企业 3 082 家(74.48%)
合计 4 160 家	破产企业 1 071 家,非破产企业 3 089 家

F 分数模型如下:

$$F = -0.1774 + 1.1091X1 + 0.1074X2 + 1.9271X3 + 0.0302X4 + 0.4961X5$$

$X1$ =(期末流动资产 - 期末流动负债)/期末总资产

$X2$ = 期末留存收益/期末总资产

$X3$ =(净利润 + 折旧)/平均总负债

$X4$ = 期末股东权益的市场价值/期末总负债

$X5$ =(净利润 + 利息 + 折旧)/平均总资产

其中,$X1$、$X2$ 及 $X4$ 与 Z 计分模型中的 $X1$、$X2$ 及 $X4$ 相同,这里不再进行分析。

F 分数模型与 Z 计分模型中财务比率的区别就在于 $X3$、$X5$ 不同。$X3$ 是一个现金流量变量,它是衡量企业所产生的全部现金流量用于偿还企业债务能力的重要指标。一般来讲,企业提取的折旧费用也是企业创造的现金流入,必要时可将这部分资金用于偿还债务。$X5$ 则测定的是企业总资产在创造现金流量方面的能力,其中利息是指企业利息收入减去利息支出后的余额。相较于 Z 计分模型,F 分数模型可以更准确地预测出企业是否存在财务危机。

F 分数模型中的 5 个自变量的选择是基于财务理论,其临界点为 0.0274;若某一特定企业的 F 分数低于 0.0274,则该企业将被预测为破产企业;反之,若 F 分数高于 0.0274,则该企业将被预测为继续生存企业。

【例 9-1】 我们把 ST 公司界定为财务失败公司,以一个上市公司为例来验证多变量模型的运用。假设 A 上市公司 2019 年年底被宣布为 ST 公司,所以距特别处理 1 年以上的最近财务报表是 2018 年度的。其 2018 年财务报表部分资料如表 9-5 至表 9-8 所示。

表 9-5 资产负债表部分数据　　　　　　　　　　　　　　　单位:元

项目	期末数	项目	期末数
流动资产	356 366 718.13	流动负债	249 840 895.51
固定资产	343 921 021.57	长期负债	165 123 720.09
		负债总额	414 964 615.60
		股本	140 160 000.00
		留存收益	236 352 186.69
资产总计	791 476 802.29	负债和股东权益总计	791 476 802.29

表 9-6 利润表部分数据　　　　　　　　　　　　　　　单位:元

项目	期末数
销售收入净额	85 989 835.100
税前利润	-18 479 716.410
税后利润	-12 935 801.487

表 9-7 其他资料　　　　　　　　　　　　　　　单位:元

项目	期末数
利息支出	8 711 347.39
折旧费用	90 214 289.10
期末股价	6.76

表 9-8　股本结构　　　　　　　　　　　　　　　　　　　　　　　　　单位：万股

项目	期末数
（一）尚未流通股份	
1.发起人股份	
其中：国家股	7 440
其他	0
2.募集法人股	240
3.内部职工股	1 536
尚未流通股份合计	9 216
（二）已流通股份	
1.境内上市的人民币普通股	4 800
2.其他	0
已流通股份合计	4 800
（三）股份总数	14 016

由此可以计算出股东权益的市场价值为：

$$9\ 216 \times 10\ 000 + 4\ 800 \times 10\ 000 \times 6.76 = 416\ 640\ 000(元)$$

表 9-9　A 上市公司 Z 分值计算结果

自变量	系数	计算结果
$X1 = 0.1346$	1.2	0.16152
$X2 = 0.2986$	1.4	0.41804
$X3 = -0.0123$	3.3	-0.04059
$X4 = 1.0040$	0.6	0.60240
$X5 = 0.1086$	0.999	0.10849

$X1 = (356\ 366\ 718.13 - 249\ 840\ 895.51)/791\ 476\ 802.29 = 0.1346$

$X2 = 236\ 352\ 186.69/791\ 476\ 802.29 = 0.2986$

$X3 = -9\ 768\ 369.02/791\ 476\ 802.29 = -0.0123$

$X4 = 416\ 640\ 000/414\ 964\ 615.60 = 1.0040$

$X5 = 85\ 989\ 835.10/791\ 476\ 802.29 = 0.1086$

得：

$$Z = 1.2X1 + 1.4X2 + 3.3X3 + 0.6X4 + 0.999X5 = 1.24986$$

根据表 9-3 可知，当 Z 值≤1.8 时，则说明企业财务失败的可能性非常大，A 上市公司的 Z 值正好落在此范围内。

通过上述模型的运用，我们可以清楚地看到财务预警模型对上市公司的有效性。在公布 2018 年财务报表日，A 上市公司并未被列入 ST 公司的行列，但财务预警模型显示出它的生产经营已存在严重困难。这就要求股东、管理者以及其他相关人士及时了解企业所面临的财务困境,改变经营策略,或者进行实质性的资产重组,这样才能在市场低迷时适应市场要求,避免决策失误。对于 ST 公司,其资产重组或改革的难度更大,需要利润的大幅拉升才能改变现状,及时准确的财务状况预测更是必不可少的警报器。

复习与思考 财务预警模型主要有哪些?其判断企业财务危机的原理是什么?

3. 财务预警模型的局限性

财务预警模型能对财务失败起到预警作用,但也存在很大的局限性。

第一,选择的财务比率不同,可能得出不同的预测结果。由于所处的经济环境不同,同一个财务比率在不同的环境中对判断企业财务状况的重要程度不会完全一致。因此,国外准确率较高的财务预警模型运用于不同国家的企业不一定同样有效。而且财务预警模型所选择的财务比率可能未包括一些最重要的比率,因为还没有哪一种理论和实证分析能够证明哪些信息是最有用的。企业外部利益相关者关注的一些通用的财务比率,如净资产收益率、总资产收益率等,往往也是企业管理者关注的重要目标,极易被人为操纵。

第二,财务预警模型研究缺乏经济理论的指导。尽管财务预警的规范理论对建立财务预警模型具有一定的指导作用,但远不能确定模型应采用的预测变量。因此,在选择预测变量时,财务预警模型只能以判别率的高低为标准。但最好的预测变量常常是企业陷入财务困境的征兆,而非企业陷入财务困境的原因。因为财务困境企业一般都存在利润低甚至是负数以及负债高的现象,所以最好的预测变量往往是利润指标和负债指标。从这个角度来讲,大多数财务预警模型提供给分析人员的信息只是一些表象而已。

案例分析

网宿科技股份有限公司财务预警分析

随着经济的不断发展,许多企业对财务风险的防范越来越重视,建立有效的财务预警系统能够及时地捕捉到企业潜在的财务风险,使企业很好地规避风险。近年来互联网行业在获得迅速发展的同时也带来了更大的财务风险,需要在发展中注重对风险的防范。

网宿科技股份有限公司(以下简称"网宿科技")成立于 2000 年 1 月,其业务范围主要包括计算机软硬件的技术开发、技术转让、咨询、服务,计算机软硬件及配件、办公设备的销售,以及货物及技术的进出口业务(涉及行政许可的,凭许可证经营)。公司目前服务的客户有 3 000 多家且客户构成较为复杂,包括互联网企业、政府、传统企业以及电信运营商,是市场同类企业中拥有客户数量最多、行业覆盖面最广的企业之一。

一、数据分析

网宿科技多变量分析的相关财务数据如表 1 所示。

表1 多变量分析的相关财务数据   单位:万元

项目	2017年	2018年	2019年
流动资产	456 422.90	610 202.80	603 728.46
流动负债	192 697.11	258 911.13	138 953.91
负债总额	228 997.69	325 675.25	169 920.11
资产总额	1 026 271.87	1 194 012.46	1 133 094.87
留存收益	338 540.07	411 721.03	407 870.98
股东权益	4 797 274.17	868 337.20	863 174.76
主营业务收入	537 267.11	633 746.06	600 749.78
息税前利润	79 967.00	77 780.23	-1 063.46

多变量模型财务比率的计算如表2所示。

表2 多变量模型财务比率的计算

财务比率	2017年	2018年	2019年
$X1$	0.25697	0.29421	0.41018
$X2$	0.32987	0.34482	0.35996
$X3$	0.07792	0.06514	-0.00094
$X4$	20.94901	2.66627	5.07989
$X5$	0.52351	0.53077	0.53018

$$Z_{2017} = 1.2 \times 0.25697 + 1.4 \times 0.32987 + 3.3 \times 0.07792 + 0.64 \times 20.94901 + 0.999 \times 0.52351$$
$$= 14.9577$$
$$Z_{2018} = 1.2 \times 0.29421 + 1.4 \times 0.34482 + 3.3 \times 0.06514 + 0.64 \times 2.66627 + 0.999 \times 0.53077$$
$$= 3.2874$$
$$Z_{2019} = 1.2 \times 0.41018 + 1.4 \times 0.35996 + 3.3 \times (-0.00094) + 0.64 \times 5.07989 + 0.999 \times 0.53018$$
$$= 4.7738$$

Z值的变动趋势如图1所示。

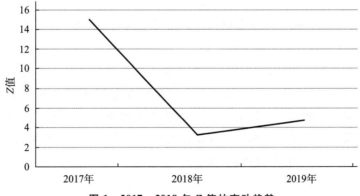

图1 2017—2019年Z值的变动趋势

二、案例分析

从网宿科技 2017—2019 年的 Z 值可以看出,三年的 Z 值均大于 2.90,说明企业就目前来看财务尚未出现大的危机。但是由于 Z 值波动较大,2018 年较 2017 年有着断崖式下跌,且跌近了临界值,2019 年虽略有回升,但仍大大小于 2017 年的 Z 值,说明企业财务上存在一定问题,若处理不当,则在以后时期可能出现财务危机。

三、几点建议

模型中所用的财务比率都是根据公开的财务报表数据计算得出的。但是,财务报表的编制具有相当的弹性,往往不能真正准确地反映上市公司的经营业绩。这一方面是我国法律法规中有实行特别处理、暂停股票交易及中止股票交易的规定;另一方面是由于上市公司经营者的利益与公司盈余挂钩,因此当上市公司财务状况恶化、经营业绩不佳、濒临亏损边缘或有业绩滑坡迹象时,上市公司的经营者除千方百计地改善生产经营外,还会尽可能地采取一些多计收益或少计费用的会计处理以调节盈余,粉饰财务成果,避免出现亏损或连续三年亏损的情况。为此,我们对改善上市公司的财务预警模型提出以下建议:

第一,加大宣传贯彻《中华人民共和国会计法》(以下简称《会计法》)和制定会计准则的力度。在上市公司贯彻《中华人民共和国公司法》的同时,还要积极宣传《会计法》,促使上市公司严格按照法律法规处理各项会计业务。此外,要加快制定会计准则的步伐,按照统一的会计准则规范上市公司的会计处理,加强监管力度,确保上市公司会计信息的真实性。

第二,建立新的评价指标衡量上市公司业绩。在有关法律法规规定公司连续三年亏损而予以暂停股票交易乃至中止股票交易之外,再辅以其他参数或量化指标来判断公司的经营状态。近年来国外提出了衡量上市公司经营业绩的新指标:经济增加值(EVA)和修正的经济增加值(REVA)。该指标站在出资者的角度来定义公司利润,因为公司经营的目标为股东财富最大化。该指标要求公司的经营者必须考虑资本的机会成本。也就是说,如果出资者期望他们的投资回报率为 8%,那么公司只有在税后利润超过权益资本的 8% 时才真正实现盈利,股东财富才真正得以增加。只要 EVA、REVA 持续增长,就意味着公司的市场价值不断增加,这也可以动态地评价公司业绩。由于中国证券市场起步较晚,上市公司信息披露仍不规范等,新指标的广泛使用仍有诸多不便,但从股东财富增加的角度建立新的评价指标仍不失为一条新思路。

第三,根据中国证券市场的实际情况完善财务预警模型。现有的财务预警模型都是外国学者根据本国上市公司的资料进行统计计算得出的,虽然在许多国家也同样具有一定的效用,但仍存在种种局限。随着市场上功能日益增强的统计软件的开发与会计资料库的建立,财务管理决策者或监测当局可以建立更适合本公司或本行业的财务预警模型,并根据自身情况对评价指标加以改进,及时预测上市公司的财务状况,推动中国资本市场的健康发展。

本章小结

信用评估是对信用市场上的借款人按期足额支付债务本息的能力与意愿的相对风险的判断,并将这种对风险判断的结果按风险相对大小分为若干类,每一类分别用一个符号表示。

信用评估从最原始的数据采集开始,通过信息收集、指标计算、系统汇总,最后得出信用等级和风险等级。

国际上对信用要素的定义有很多种学说,主要有5C、3F、6A、5P等。

根据企业的信用要素和选取原则建立的评估指标体系分为两部分:一为财务指标,二为非财务指标。

国内外的信用评级机构在实践中常用的信用评估方法大致可以分为定性评估法、定量评估法和综合评估法三类。

信用分析模型可以分为两大类,即预测性模型和管理模型。

财务预警是指以企业财务报表为依据,利用各种财务比率或数学模型,预测和分析企业发生财务危机的可能性及原因,以提前做好防范措施的财务分析系统。

财务预警的规范理论致力于通过演绎推理解释为什么一部分企业会走向财务危机,即寻求企业陷入财务危机的原因,主要包括非均衡理论、财务理论、代理模型和管理理论。

财务预警的实证理论侧重于通过分析经验数据来预测企业的财务危机,主要包括单变量模型和多变量模型。目前较为通用的是 Altman 教授的 Z 计分多变量模型。

重要名词

信用(Credit)
信用评级机构(Credit Rating Agency)
品格(Character)
资本(Capital)
环境状况(Condition)
财务要素(Financial Factor)
经济因素(Economic Aspects)
组织因素(Organizational Aspects)
财务因素(Financial Aspects)
目的因素(Purpose Factor)
保障因素(Protection Factor)
流动性(Liquidity)
盈利性(Profitability)
非均衡理论(Disequilibrium Theory)
代理模型(Agent Model)
信用级别(Credit Level)

多变量模型(Multi-variable Model)
财务危机(Financial Crisis)
能力(Capacity)
担保品(Collateral)
管理要素(Management Factor)
经济要素(Economic Factor)
技术因素(Technical Aspects)
商业因素(Commercial Aspects)
人的因素(Personal Factor)
还款因素(Payment Factor)
展望因素(Perspective Factor)
潜力(Potentiality)
财务理论(Financial Theory)
管理理论(Management Theory)
财务预警(Financial Early Warning)

思考题

1. 为什么要进行信用评级?
2. 你认为我国信用评级体系存在哪些问题?
3. 财务预警模型有哪些局限?
4. 信用评估的基本程序是什么?
5. 作为一家企业的首席财务官,你认为企业财务预警在日常的经营管理中处于怎样的地位?你会使用财务预警模型对你的企业进行财务预警吗?谈谈韩国大宇集团财务危机对你的启示。

练习题

甲公司 2020 年 12 月 31 日股东权益市场价值为 230 000 元,资产负债表和 2020 年利润表相关数据如下表所示。按照 F 分数模型,对甲公司进行财务预警分析。

资产负债表相关数据　　　　　　　　　　　　　　　　单位:万元

项目	2020 年 12 月 31 日	2019 年 12 月 31 日
流动资产合计	136 857	15 9754
流动负债合计	112 660	128 297
累计折旧	3 815	3 600
资产总计	246 838	303 184
留存收益	−53 148	−14 401
负债合计	113 567	128 956

利润表相关数据　　　　　　　　　　　　　　　　　　单位:万元

项目	2020 年
净利润	−38 680
财务费用	2 171

第 *10* 章 财务分析综合案例
——基于汇川技术的分析

[素养目标]

具备经世济民的社会责任感、遵纪守法的契约精神、预判风险的职业敏感度、诚实守信的职业素养和促进企业可持续发展的职业理想。

2020年年初暴发的新冠肺炎疫情,给众多行业带来了重大打击,也给企业的日常经营带来了不同程度的影响。后半年,随着疫情逐渐得到控制,各行业逐渐进入正常经营状态,但是不同企业的恢复程度也各不相同。汇川技术属于新基建行业,由于行业特殊性及其自身较强的抗风险能力,企业很快从疫情的影响下走了出来。同时,在人力成本上升、进口替代背景下,智能制造景气向好趋势不改,汇川技术已构建平台产品+基于工艺的行业解决方案的核心竞争力,业绩持续超预期,毛利率提升,费用率优化,双王战略稳步推进,证券公司称其为"业绩大超预期,双王已露峥嵘"。另外,汇川技术作为国内工业自动化控制领域的龙头企业,充分发挥平台型龙头优势,在通用自动化、新能源汽车业务领域加速市场开拓,业绩有望持续保持高增长趋势。

10.1.1 汇川技术背景简介

汇川技术专注于工业自动化控制产品的研发、生产和销售,致力于成为中高端设备制造商,以拥有自主知识产权的工业自动化控制技术为基础,以快速为客户提供个性化的解决方案为主要经营模式,实现企业价值与客户价值共同成长。2007年6月,汇川技术被深圳市授予"2006年度深圳市最具成长性企业"科技创新奖;2008年12月,被认定为国家高新技术企业、深圳市工业500强企业;2010年9月28日,荣登深圳A股市场,股票代码300124;2012年1月,入选"2012福布斯中国最具潜力上市公司",排名第1位;2019年8月,广东企业500强榜单,汇川技术排名第230位。

10.1.2 成长路上的汇川技术

1. 产品

公司是专门从事工业自动化控制产品的研发、生产和销售的高新技术企业。主要产品有低压变频器、高压变频器、一体化及专机、伺服系统、PLC(可编程逻辑控制器)、HMI(人机接口)、永磁同步电机、电动汽车电机控制器、光伏逆变器等;主要服务于装备制造、节能环保、新能源三大领域,产品广泛应用于电梯、起重、机床、金属制品、电线电缆、塑胶、印刷包装、纺织化纤、建材、冶金、煤矿、市政、汽车等行业。截至2019年12月31日,公司获得的专利及软件著作权达1 800项(不含正在申请的),其中发明专利307项,实用新型专利1 018项,外观专利278项,软件著作权197项;公司2019年新增发明专利27项,新增实用新型专利190项,新增外观专利33项,新增软件著作权26项。

2. 业务数据

2019年,汇川技术实现全球营业额73.90亿元,同比增长25.81%,同时净资产增长率与总资产增长率分别为36.75%、44.13%。而在上市之初公司营业额仅为10.50亿元,不到十年的时间,营业额增长了6倍;净资产也从25.10亿元增长到89.36亿元,增长了256.02%;总资产从26.73亿元增长到148.86亿元,增长了456.90%。

3. 整体网络

汇川技术拥有苏州、杭州、南京、上海、宁波、长春、香港等10余家分子公司,截至2019年12月31日,公司有员工11 216人,其中专门从事研究开发的人员有2 512人,占员工总数的22.40%。

为了持续提升产能,促进公司可持续发展,2013年7月4日,苏州汇川二期工程开工建设。苏州汇川二期厂房总投资6亿元,总占地面积200亩,总建筑面积30万平方米,二期厂房建设含生产车间、研发大楼、客户接待中心等项目,其中生产车间自开始建设,历时两年正式竣工,于2015年9月17日正式投产。苏州汇川二期厂房生产车间投产,满足了汇川技术未来发展对场地的需求,极大地提升了公司的产能,有助于促进公司可持续发展,助力汇川技术二次腾飞!

4. 国内美誉

汇川技术相继入选2017 CCTV中国上市公司50强社会责任十强、2017江苏省创新型企业百强榜单、首批国家重点研发计划"智能机器人"重点专项支持、2016福布斯亚洲中小上市企业200强、2015年中国年度最佳雇主100强企业。

5. 企业文化

为了能在波云诡谲的市场环境下站稳脚跟,实现企业价值与客户价值共同成长,汇川技术把"推进工业文明,共创美好生活"作为企业使命愿景,把"以成就客户为先,以贡献者为本,坚持开放协作,持续追求卓越"作为企业的核心价值观,坚持"质量至上,高效响应,精益求精,全员参与,构建优质产业链,以卓越质量成就客户价值"的质量方针。

本案例以汇川技术2015年的财务状况为起点,对其2015—2019年的经营成果和财务状况做一全面分析。

10.1.3 汇川技术各项财务能力的分析

1. 短期偿债能力分析

(1) 比率分析

汇川技术2015—2019年的短期偿债能力比率及其趋势分析如表10-1所示。

表10-1 汇川技术2015—2019年短期偿债能力比率及其趋势分析

比率	2015年	2016年	2017年	2018年	2019年
流动比率	2.97	2.24	2.24	2.19	1.81
速动比率	2.59	1.97	1.90	1.81	1.47
现金比率	0.10	0.31	0.07	0.22	0.35

表 10-1 中的数据反映在图形中如图 10-1 所示。

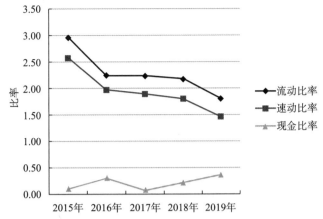

图 10-1　汇川技术 2015—2019 年短期偿债能力比率及其趋势分析

从表 10-1 和图 10-1 可以看出，汇川技术 2015—2019 年的短期偿债能力较强。具体来看，首先，从流动比率来看，其 2015—2019 年的值均接近或超过标准值 2。我们知道，流动比率的高低理论上是以 2 为标准，但具体企业还要视其行业状况和经营状况具体分析。流动比率偏高，可能说明其短期负债不足，或者流动资产过多，这就要结合其流动资产的具体构成来进行分析。其次，从速动比率来看，其 2015—2019 年的值也都高于标准值 1，且表现出与流动比率同样的变动趋势。最后，从现金比率来看，其 2015—2019 年的值都高于 0，但远小于 1，说明汇川技术的现金偿还能力有待提升。上述三个反映短期偿债能力的比率结合行业平均水平或竞争对手的水平进行分析可能更有意义。但就汇川技术 2015—2019 年的比率及趋势来看，其短期偿债能力一直保持在一个较好的水平上。

（2）趋势分析

汇川技术 2015—2019 年的相关项目金额如表 10-2 所示。

表 10-2　汇川技术短期偿债能力的绝对数额趋势分析　　　　　　　　　　　　　单位：元

项目	2015 年	2016 年	2017 年	2018 年	2019 年
货币资金	1 407 503 717.91	1 707 827 196.17	2 411 437 341.82	515 755 220.51	1 751 902 824.00
应收票据	566 665 759.75	966 810 655.61	1 484 655 233.37	1 445 205 809.61	102 746 964.38
应收账款	781 530 444.51	1 130 722 741.98	1 419 109 900.95	1 969 242 531.08	2 432 301 598.93
存货	576 254 345.54	751 045 132.56	1 031 200 608.57	1 263 822 869.11	1 709 685 334.83
其他流动资产	1 256 424 622.63	1 726 407 555.27	606 857 230.86	1 955 075 693.61	118 627 292.33
流动资产合计	4 673 600 306.46	6 390 320 757.25	7 073 266 729.15	7 693 387 238.54	9 511 837 233.00
短期借款	0.00	115 132 619.26	208 032 183.85	574 608 122.54	1 263 951 968.52
应付票据	428 716 200.83	474 250 137.24	793 181 210.58	1 027 375 682.40	994 294 357.08
应付账款	532 580 784.37	683 830 969.78	804 350 596.22	821 012 250.34	1 500 531 449.51

（单位：元）（续表）

项目	2015 年	2016 年	2017 年	2018 年	2019 年
流动负债合计	1 574 849 830.03	2 855 596 701.41	3 156 299 345.48	3 517 497 226.66	5 267 926 040.06
经营活动产生的现金流量净额	801 807 468.95	420 348 137.24	491 678 218.04	471 289 817.62	1 361 181 323.10

表 10-2 中的数据反映在图形中如图 10-2 所示。

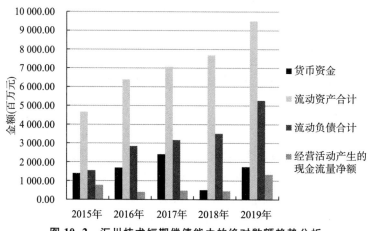

图 10-2　汇川技术短期偿债能力的绝对数额趋势分析

从表 10-2 和图 10-2 可以看出，2015—2019 年，汇川技术流动资产的绝对数额呈上升趋势，从 2015 年的 46.7 亿元上升到 2019 年的 95.1 亿元，货币资金除 2018 年由于投资和股利分红大幅减少外，绝对数额较为稳定；在流动资产内部，货币资金、应收票据、应收账款和存货基本上呈上升趋势，由此可见，流动资产规模的上升，是流动资产各个项目同时上升的结果。与此同时，汇川技术流动负债的绝对数额也逐年递增。在流动负债内部，短期借款、应付票据和应付账款也基本上均呈上升趋势。2015—2019 年，汇川技术经营活动产生的现金流量净额以 2017 年为界先降后升。

（3）结构分析

汇川技术短期偿债能力的结构分析如表 10-3 所示。

表 10-3　汇川技术短期偿债能力的结构分析　　　　　　　　　　单位：%

项目	2015 年	2016 年	2017 年	2018 年	2019 年
货币资金	23.67	21.42	26.65	4.99	11.77
应收票据	9.53	12.12	16.41	13.99	0.69
应收账款	13.14	14.18	15.69	19.06	16.34
存货	9.69	9.42	11.40	12.24	11.49
其他流动资产	21.13	21.65	6.71	18.93	0.80
流动资产合计	78.59	80.14	78.18	74.48	63.90
资产总计	100.00	100.00	100.00	100.00	100.00

（单位:%）（续表）

项目	2015年	2016年	2017年	2018年	2019年
短期借款	0.00	1.44	2.30	5.56	8.49
应付票据	7.21	5.95	8.77	9.95	6.68
应付账款	8.96	8.58	8.89	7.95	10.08
流动负债合计	26.48	35.81	34.89	34.05	35.39
负债和股东权益总计	100.00	100.00	100.00	100.00	100.00

由表10-3可见,汇川技术流动资产占总资产的比重在各年中都非常高,均在60%以上,而这之中2015—2018年货币资金、应收票据和应收账款、其他流动资产占了总资产的一半以上,2019年占比有所降低。流动资产的比重高,对流动负债的保障程度就高,但是由于流动资产的盈利能力较弱,因此流动资产比重太高,则企业的盈利性会受到影响。因此,流动资产比重过高应该说不是一个很好的现象。另外,对流动资产还可以进一步深入分析,查看应收账款、存货等各项流动资产的流动性强弱。汇川技术流动负债占负债和股东权益总额的比重较为稳定。其中,短期借款从无到有,逐年增加;应付票据和应付账款合计占比维持在16%左右。

2. 长期偿债能力分析

（1）比率分析

汇川技术2015—2019年的长期偿债能力比率及其趋势分析如表10-4所示。

表10-4　汇川技术2015—2019年长期偿债能力比率及其趋势分析

比率	2015年	2016年	2017年	2018年	2019年
资产负债率	27.86%	37.52%	36.71%	36.74%	39.97%
产权比率	38.62%	60.04%	58.02%	58.07%	66.58%
偿债保障比率	2.07	7.12	6.76	8.05	4.37

表10-4中的数据反映在图形中如图10-3所示

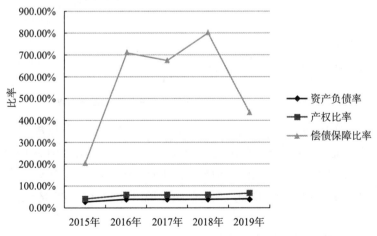

图10-3　汇川技术2015—2019年长期偿债能力比率及其趋势分析

从表 10-4 和图 10-3 可以看出,2015—2019 年,汇川技术资产负债率呈上升趋势,但低于 50%;产权比率在 60% 左右,总体较稳定。资产负债率和产权比率偏低,一方面说明汇川技术的财务风险很低,但另一方面也说明汇川技术可能存在没有合理利用财务杠杆来提高收益水平的情况。偿债保障比率在 2019 年大幅下降,是经营活动产生的现金流量净额大幅增加导致的。

（2）趋势分析

汇川技术 2015—2019 年的相关项目金额如表 10-5 所示。

表 10-5　汇川技术长期偿债能力的绝对数额趋势分析　　　　　　单位:元

项目	2015 年	2016 年	2017 年	2018 年	2019 年
资产总计	5 946 514 568.02	7 973 872 037.37	9 047 119 842.62	10 329 353 235.34	14 886 010 461.09
负债合计	1 656 686 668.77	2 991 578 719.34	3 321 643 907.04	3 794 556 359.41	5 949 635 040.16
股东权益合计	4 289 827 899.25	4 982 293 318.03	5 725 475 935.58	6 534 796 875.93	8 936 375 420.93
息税前利润	860 444 337.77	1 035 200 518.89	1 176 206 436.27	1 270 873 593.02	1 108 647 718.47
经营活动产生的现金流量净额	801 807 468.95	420 348 137.24	491 678 218.04	471 289 817.62	1 361 181 323.10

表 10-5 中的数据反映在图形中如图 10-4 所示。

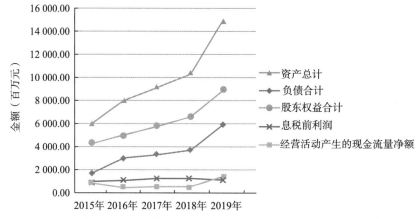

图 10-4　汇川技术长期偿债能力的绝对数额趋势分析

从表 10-5 和图 10-4 可以看出,2015—2019 年,汇川技术资产总额、负债总额和股东权益总额均呈上升趋势,其中资产总额从 2015 年的 59.47 亿元增加到 2019 年的 148.86 亿元,公司规模增长得很快;负债总额从 2015 年的 16.57 亿元增加到 2019 年的 59.50 亿元;股东权益总额从 2015 年的不到 43.00 亿元增加到 2019 年的近 90.00 亿元,增长了一倍。

（3）结构分析

汇川技术长期偿债能力的结构分析如表 10-6 所示。

表 10-6 汇川技术长期偿债能力的结构分析   单位:%

项目	2015年	2016年	2017年	2018年	2019年
流动负债	26.48	35.81	34.89	34.05	35.39
非流动负债	1.38	1.71	1.83	2.68	4.58
股东权益	72.14	62.48	63.28	63.27	60.03
负债和股东权益合计	100.00	100.00	100.00	100.00	100.00

从表 10-6 可以看出,汇川技术股东权益占到负债和股东权益总额的 60% 以上,2015 年更是超过了 70% 的水平;负债中,非流动负债所占比重非常低,主要是流动负债,且流动负债占负债和股东权益总额的比重较为稳定。因此,汇川技术总体的负债水平偏低,而长期负债水平更是低于正常水平。这可以理解为汇川技术在资本市场上的融资能力极强,从而造成其负债水平极低。

3. 营运能力分析

汇川技术 2015—2019 年营运能力比率及其趋势分析如表 10-7 所示。

表 10-7 汇川技术 2015—2019 年营运能力比率及其趋势分析

比率	2015年	2016年	2017年	2018年	2019年
应收账款周转率(次)	4.36	3.83	3.75	3.47	3.36
存货周转率(次)	2.81	2.86	2.94	2.98	3.10
营业周期(天)	211	220	218	225	223
流动资产周转率(次)	0.64	0.66	0.71	0.80	0.86
固定资产周转率(次)	6.82	5.94	7.11	7.39	6.83
总资产周转率(次)	0.52	0.53	0.56	0.61	0.59

表 10-7 中的数据反映在图形中分别如图 10-5 和图 10-6 所示。

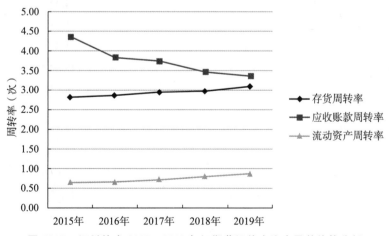

图 10-5 汇川技术 2015—2019 年短期营运能力比率及其趋势分析

从图10-5可以看出,2015—2019年,汇川技术的流动资产周转率和存货周转率呈持续上升趋势,而应收账款周转率呈下降趋势。应收账款周转率和存货周转率水平的高低要与行业平均水平或行业内主要竞争对手进行比较。

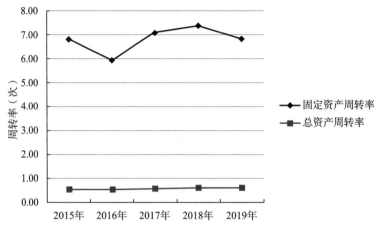

图10-6 汇川技术2015—2019年长期营运能力比率及其趋势分析

从图10-6可以看出,2015—2019年,虽然汇川技术固定资产周转率和总资产周转率在2019年有小幅下降,但总体呈上升趋势,表现出较好的资产管理效率。因此,从短期营运能力和长期营运能力分析,汇川技术的资产周转能力较强。

4. 盈利能力分析

(1) 营业收入分析

汇川技术2019年营业收入来源构成如表10-8所示。

表10-8 汇川技术2019年营业收入来源构成　　　　　　　　单位:%

营业收入来源	占营业收入比重
分产品:	
变频器类	40.22
运动控制类	15.52
控制技术类	4.09
新能源汽车和轨道交通类	13.78
传感器类	1.22
贝思特产品类	19.00
其他	6.17
分地区:	
华南	18.53
华东	55.33
华北	6.67
中西部	12.25
东北	2.58
海外	4.64

表 10-8 中的数据反映在图形中如图 10-7 所示。

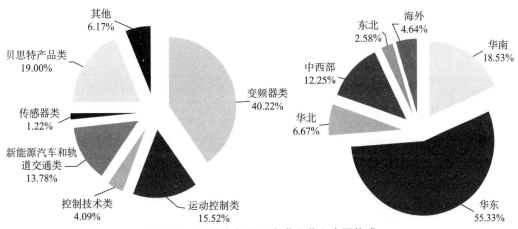

图 10-7 汇川技术 2019 年营业收入来源构成

从汇川技术营业收入来源构成分产品的情况来看,2019 年汇川技术营业收入主要来自变频器类与运动控制类产品的生产和销售;从分地区的情况来看,海外仅占 5% 左右,国内的销售占了营业收入的绝大多数,国内市场中华东地区占比达一半以上。结合产品和地区分析,汇川技术的变频器类产品可能在华东地区有较大市场,是营业收入的重要组成部分。

汇川技术营业收入来源构成的持续性分析如表 10-9 所示。

表 10-9 汇川技术营业收入来源构成的持续性分析　　　　　　单位:%

营业收入来源	2016 年	2017 年	2018 年	2019 年
分产品:				
变频器类	45.48	46.66	48.35	40.22
运动控制类	13.71	19.55	20.45	15.52
控制技术类	2.90	4.36	4.55	4.09
新能源汽车和轨道交通类	29.69	21.28	18.48	13.78
传感器类	0.95	0.95	1.20	1.22
贝思特产品类	—	—	—	19.00
其他	7.27	7.20	6.97	6.17
分地区:				
华南	18.67	21.76	22.25	18.53
华东	49.25	49.72	52.93	55.33
华北	3.06	4.46	4.53	6.67
中西部	23.77	19.15	15.48	12.25
东北	2.74	2.44	2.35	2.58
海外	2.51	2.47	2.46	4.64

表 10-9 中的部分数据反映在图形中如图 10-8 所示。

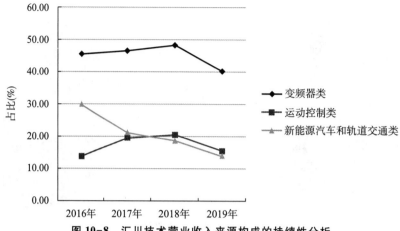

图 10-8 汇川技术营业收入来源构成的持续性分析

从表 10-9 和图 10-8 可以看出，2016—2018 年汇川技术的营业收入中，变频器类产品的销售收入约占全部营业收入的一半，运动控制类与新能源汽车和轨道交通类产品的销售收入之和占全部营业收入的比重也保持在 40% 左右。2019 年，由于收购贝思特，贝思特产品类的销售收入占全部营业收入的比重达 20% 左右，稀释了三种主要产品所占的份额。从分地区的情况来看，虽然汇川技术的海外销售比重有上升趋势，但是国内的收入占全部营业收入的比重仍保持在 95% 以上，说明汇川技术采用稳健的海外战略，海外市场的开拓稳步进行。

（2）盈利能力的指标分析。

① 比率分析。汇川技术 2017—2019 年盈利能力比率及其趋势分析如表 10-10 所示。

表 10-10 汇川技术 2017—2019 年盈利能力比率及其趋势分析

比率	2017 年	2018 年	2019 年
总资产报酬率	12.82%	12.48%	8.01%
股东权益报酬率	20.38%	19.72%	13.06%
每股盈余（元）	0.66	0.73	0.58
每股净资产（元）	2.99	3.44	3.93
每股经营现金净流量（元）	0.30	0.28	0.79
营业净利率	22.84%	20.58%	13.67%

从表 10-10 可以看出，2017—2019 年，汇川技术的投资报酬率指标有所下降。总资产报酬率从 2017 年的 12.82% 下降到 2019 年的 8.01%；股东权益报酬率从 2017 年的 20.38% 下降到 2019 年的 13.06%。这可能与营业净利率的逐年下降有关，从 2017 年开始，汇川技术的营业净利率从 22.84% 下降到 2019 年的 13.67%，下降了 9.17 个百分点，这可能与市场状况和行业有关，需要结合行业数据进一步分析。

② 趋势分析。汇川技术 2017—2019 年的相关项目金额如表 10-11 所示。

表 10-11 汇川技术盈利能力的绝对数额趋势分析　　　　　　　　　　单位：元

项目	2017 年	2018 年	2019 年
营业收入	4 777 295 690.69	5 874 357 770.64	7 390 370 858.40
营业成本	2 621 932 122.34	3 418 181 342.37	4 608 079 236.58
销售毛利	1 761 039 486.17	2 155 363 568.35	2 456 176 428.27
销售费用	441 161 066.14	504 462 144.67	626 929 353.87
管理费用+研发费用	847 175 191.88	1 004 038 641.81	1 278 941 018.93
财务费用	−26 045 143.41	−12 789 984.38	52 861 199.53
营业利润	1 184 633 769.62	1 282 705 937.26	1 047 323 684.92
投资收益	75 124 525.45	57 537 312.82	76 264 930.84
营业外收入	19 732 241.12	10 369 441.74	12 705 405.92
利润总额	1 202 251 579.68	1 283 663 577.40	1 055 786 518.94
所得税	110 886 817.27	74 942 805.40	45 645 719.97
净利润	1 091 364 762.41	1 208 720 772.00	1 010 140 798.97
经营活动产生的现金流量净额	491 678 218.04	471 289 817.62	1 361 181 323.10
资产总计	9 047 119 842.62	10 329 353 235.34	14 886 010 461.09
股东权益合计	5 725 475 935.58	6 534 796 875.93	8 936 375 420.93

表 10-11 中的相关数据反映在图形中如图 10-9 所示。

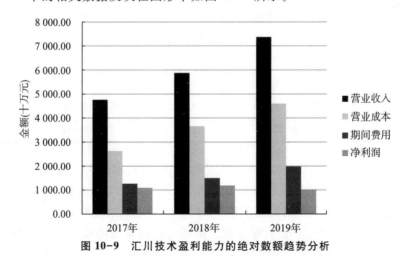

图 10-9　汇川技术盈利能力的绝对数额趋势分析

从表 10-11 和图 10-9 可以看出，2017—2019 年，汇川技术的主营业务规模总体来说呈上升趋势：营业收入、营业成本、销售毛利都逐年上升。财务费用、销售费用和管理费用与研发费用之和也呈上升趋势并且上升较快。至于净利润，则出现了一定波动，2019 年较

2018年有所下降。这主要是由于期间费用增长过快导致营业利润下降,进而影响公司净利润的数值。2017—2019年,汇川技术营业利润、利润总额和净利润都是先升后降;经营活动产生的现金流量净额波动上升,为公司带来了资产与股东权益的大幅上升。

③ 环比分析。汇川技术2019年与2018年相比,相关项目的环比变动百分比如表10-12所示。

表10-12　汇川技术盈利能力的环比分析　　　　　　　　　　　金额单位:元

项目	2018年	2019年	环比变动额	环比变动百分比
营业收入	5 874 357 770.64	7 390 370 858.40	1 516 013 087.76	25.81%
营业成本	3 418 181 342.37	4 608 079 236.58	1 189 897 894.21	34.81%
税金及附加	45 672 887.53	46 077 482.47	404 594.94	0.88%
销售毛利	2 155 363 568.35	2 456 176 428.27	300 812 859.92	13.96%
销售费用	504 462 144.67	626 929 353.87	122 467 209.20	24.28%
管理费用(含研发费用)	1 004 038 641.81	1 278 941 018.93	274 902 377.12	27.38%
财务费用	-12 789 984.38	52 861 199.53	65 651 183.91	513.30%
营业利润	1 282 705 937.26	1 047 323 684.92	-235 382 252.34	-18.35%
投资收益	57 537 312.82	76 264 930.84	18 727 618.02	32.55%
营业外收入	10 369 441.74	12 705 405.92	2 335 964.18	22.53%
营业外支出	9 411 801.60	4 242 571.90	-5 169 229.70	-54.92%
利润总额	1 283 663 577.40	1 055 786 518.94	-227 877 058.46	-17.75%
所得税	74 942 805.40	45 645 719.97	-29 297 085.43	-39.09%
净利润	1 208 720 772.00	1 010 140 798.97	-198 579 973.03	-16.43%
未分配利润	3 064 247 323.61	3 735 885 601.39	671 638 277.78	21.92%
经营活动产生的现金流量净额	471 289 817.62	1 361 181 323.10	889 891 505.48	188.82%
资产总计	10 329 353 235.34	14 886 010 461.09	4 556 657 225.75	44.11%
股东权益合计	6 534 796 875.93	8 936 375 420.93	2 401 578 545.00	36.75%

从表10-12可以看出,2019年与2018年相比,汇川技术的营业收入增长了25.81%,营业成本上升了34.81%,销售毛利增长了13.96%,可见其主营业务在2019年的发展态势良好。2019年,汇川技术的销售费用上涨了24.28%,管理费用上涨了27.38%,财务费用上涨得最快,上涨了513.30%,需要引起注意。由于受期间费用增加的影响,2019年汇川技术的营业利润下降了18.35%。2019年,汇川技术营业外收入上升的幅度很大,而营业外支出下降的幅度更大,不过这几个项目往往不由企业的经营是否努力而决定。由于净营业外收支的增加,2019年汇川技术利润总额和净利润的下降幅度比营业利润小。与2018年相比,2019年汇川技术经营活动产生的现金流量净额实现了跨越式增长,增长了

188.82%，可以看出2019年汇川技术的经营活动现金流量状况处于较好的状态。2019年，由于并购贝思特，汇川技术的资产和股东权益有了较大幅度的增长。

④ 结构分析。汇川技术盈利能力的结构分析如表10-13所示。

表10-13 汇川技术盈利能力的结构分析　　　　　　　　　　　　单位：%

项目	2019年	2018年	2017年
营业收入	100.00	100.00	100.00
营业成本	54.88	58.19	62.35
税金及附加	0.96	0.78	0.62
销售费用	9.23	8.59	8.48
管理费用（含研发费用）	17.73	17.09	17.31
财务费用	-0.55	-0.22	0.72
投资收益	1.57	0.98	1.03
营业利润	24.80	21.84	14.17
营业外收入	0.41	0.18	0.17
营业外支出	0.04	0.16	0.06
利润总额	25.17	21.85	14.29
所得税	2.32	1.28	0.62
净利润	22.84	20.58	13.67

从表10-13可以看出，汇川技术盈利结构中一个显著的特点是：营业成本和营业费用所占的比重较高，约占到了营业收入的80%，从而导致公司的盈利空间很小，并且其他项目的变动极易导致利润的剧烈波动。这种特点可能是行业的激烈竞争所致。由于竞争激烈，相互打价格战，公司只能采取薄利多销的策略，从而使得营业利润非常低，利润空间非常小。在这种发展状态下，即使营业规模稳步扩大，利润也很难上升，甚至大幅下降。因此，公司一方面应尽量缩减成本费用，另一方面应不断开拓新的市场，寻找新的盈利增长点，以扭转这种脆弱的盈利局面。

5. 发展能力分析

汇川技术2018—2019年发展能力分析如表10-14所示。

表10-14 汇川技术2018—2019年发展能力分析　　　　　　　　　单位：%

指标	2018年	2019年
营业收入增长率	22.96	25.81
毛利润增长率	13.96	13.28
净利润增长率	10.75	-16.43
总资产增长率	14.17	44.11
股东权益增长率	14.14	36.75

从表 10-14 可以看出,汇川技术 2018 年的成长性良好,各项成长性指标均为正,其中营业收入的成长性最高。2019 年,除净利润增长率为负外,其他各项成长性指标均为正;收购贝思特导致汇川技术总资产增长率、股东权益增长率较 2018 年有大幅提升。

10.1.4 汇川技术综合分析——杜邦分析

汇川技术 2017—2019 年的财务状况和经营成果用杜邦分析体系分析的结果如图 10-10 和图 10-11 所示。

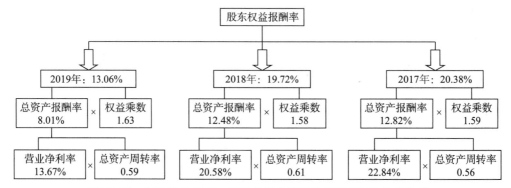

图 10-10 汇川技术 2017—2019 年财务状况和经营成果的杜邦分析

从图 10-10 可以清晰地看出,2019 年汇川技术的股东权益报酬率之所以低于 2017 年、2018 年的水平,从第一层的指标来看,虽然 2019 年的权益乘数比往年略高一些,但总资产报酬率下降幅度比较大,抵消了权益乘数小幅上升给股东权益报酬率带来的正面影响;从第二层的指标来看,总资产周转率较为稳定,营业净利率的下降造成了总资产报酬率的变动。因此,汇川技术 2019 年股东权益报酬率下降的原因是盈利水平中营业净利率的下降。

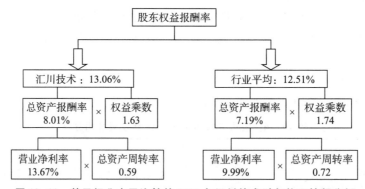

图 10-11 基于行业水平比较的 2019 年汇川技术财务状况杜邦分析

从图 10-11 可以看出,2019 年汇川技术的总资产报酬率高于行业平均水平,权益乘数略低于行业平均水平,导致其股东权益报酬率略高于行业平均水平。进一步来看,2019 年汇川技术的总资产周转率低于行业平均水平,但其营业净利率显著较高,导致其总资产报酬率高于行业平均水平。

10.1.5 汇川技术总体评价

1. 偿债能力

企业的发展仅靠内部资金的积累是不够的,尚需对外筹集资金。对现代企业来说,主要是通过股权和债务两种形式对外筹集资金。股权融资对企业来说是权益性质的资金来源,不需要还本,可能存在的压力只是股利的支付,而企业完全可以控制是否发放以及发放多少股利。债务融资对企业来说是债务性质的资金来源,不仅需要到期还本,还需要按期支付利息,否则,债权人可以要求企业破产还债。从这个角度来说,债务融资比股权融资对企业更有压力。但是,企业不对外负债又几乎是不可能的,而且适当的负债可以通过利用财务杠杆提高企业的获利水平。所以企业对负债只能是"爱恨交织",如何控制好负债的程度是企业的一个重要课题,企业是否具有到期偿还债务的能力在某些时候很可能关系到企业的生死存亡。

汇川技术的短期偿债能力和长期偿债能力都非常好:流动比率和速动比率比较合理,偿还到期债务的风险小;资产负债率低于 40%,而且固定资产所占比重较低,资产的流动性较好。然而,这样虽然利息费用较低,但也使资产的利用率不够高,我国上市公司的资产负债率平均在 50% 左右,汇川技术的资产结构有进一步优化的潜力。

2. 营运能力

企业的营运能力是指企业的资产在生产经营过程中的运转能力。企业资产运转得越快,说明企业利用经济资源的效率越高,企业的营运能力越强。企业的营运能力主要反映在企业对应收账款、存货、流动资产、总资产等项目的管理上,这些项目周转得越快,企业的流动性越强,偿债的风险越小,获利的可能性越大。

2015—2019 年,汇川技术的营运能力呈上升趋势,除应收账款周转率略有下降外,存货周转率、流动资产周转率、总资产周转率均呈上升趋势,周转速度加快,不存在大量积压产品的现象,这对企业经营发展来说是非常重要的。

3. 盈利能力

企业存在的一个基本目的就是谋取利益,虽然利润最大化不一定是每个企业财务管理的主要目标,但对任何一个企业来讲,亏损都不是一件好事情。汇川技术除市盈率(82.29 倍)低于行业平均值(102.00 倍)以外,其他指标不论行业排名靠前或靠后,均高于行业平均值。总体来说,汇川技术的盈利能力处于行业领先水平。

4. 发展能力

企业的存在并不是目的,发展才是企业追求的理想。而企业未来发展的潜力往往取决于目前所拥有的发展能力。企业的发展能力就是企业通过生产经营活动进一步扩充资产规模、增加销售收入、提高利润水平等方面的能力。汇川技术的多项发展能力指标表现良好,但 2019 年净利润增长率为负,值得我们进一步关注。

最后,用 2019 年度汇川技术董事局报告结束该案例的分析:

(一)报告期内整体经营情况的讨论与分析

报告期内,公司实现营业总收入 73.90 亿元,较上年同期增长 25.81%;实现营业利润 10.47 亿元,较上年同期下降 18.35%;实现利润总额 10.56 亿元,较上年同期下降 17.75%;实现归属于上市公司股东的净利润 9.52 亿元,较上年同期下降 18.42%;公司基本每股收益为 0.58 元,较上年同期下降 18.31%。

  2019 年是公司近十年来经营压力最大的一年。受到经济周期、产业政策调整与贸易摩擦等多重因素叠加影响,我国制造业整体投资处于较低水平,工业自动化相关产品的市场需求受到影响。面对外部不利的经营环境,公司适时调整经营策略,实施管理变革,以管理的确定性应对外部环境的不确定性。

  总体来说,汇川技术是一个业绩优良、具有巨大发展潜力的名牌企业,各方面的财务指标都显示出其强劲的实力。当然汇川技术也和我们每个人一样存在缺点,我们期待它有更好的发展前景。

附 录

附表 1　汇川技术 2015—2019 年度资产负债表　　　　　　　　　　　　　　　　　单位：万元

项目	2015 年	2016 年	2017 年	2018 年	2019 年
流动资产：					
货币资金	140 750.4	170 782.7	241 143.7	51 575.5	175 190.3
交易性金融资产	0.0	0.0	0.0	0.0	198 544.4
以公允价值计量且其变动计入当期损益的金融资产	0.0	0.0	0.0	45 824.2	0.0
应收票据	56 666.6	96 681.1	148 465.5	144 520.6	10 274.7
应收账款	78 153.0	113 072.3	141 911.0	196 924.3	243 230.2
应收款项融资	0.0	0.0	0.0	0.0	130 619.5
预付款项	1 756.0	2 791.4	5 517.1	4 649.7	8 018.0
其他应收款	3 669.8	3 910.7	3 849.4	3 954.6	2 475.4
其中：应收利息	3 096.4	4 048.6	2 634.0	604.9	0.0
应收股利	0.0	0.0	0.0	0.0	0.0
存货	57 625.4	75 104.5	103 120.1	126 382.3	170 968.5
其他流动资产	125 642.5	172 640.8	60 685.7	195 507.6	11 862.7
流动资产合计	467 360.0	639 032.1	707 326.7	769 338.7	951 183.7
非流动资产：					
可供出售金融资产	0.0	1 453.3	2 900.0	4 711.0	0.0
长期股权投资	297.9	20 325.1	27 165.2	57 768.7	80 459.6
其他非流动金融资产	0.0	0.0	0.0	0.0	6 998.4
投资性房地产	0.0	0.0	0.0	0.0	0.0
固定资产	59 414.3	63 801.9	70 559.1	88 476.8	127 875.1
在建工程	54.7	842.5	8 353.2	16 780.9	36 445.9
无形资产	18 322.2	28 781.1	29 980.9	36 800.6	52 835.7
开发支出	0.0	0.0	0.0	0.0	0.0
商誉	27 539.4	31 143.0	31 143.0	31 143.0	196 417.1
长期待摊费用	358.7	654.6	1 343.5	8 453.3	11 800.8

(单位:万元) (续表)

项目	2015年	2016年	2017年	2018年	2019年
递延所得税资产	11 657.3	7 525.2	12 920.3	11 826.9	16 212.5
其他非流动资产	9 647.0	3 828.5	13 020.1	7 635.4	8 372.4
非流动资产合计	127 291.4	158 355.1	197 385.3	263 596.6	537 417.3
资产总计	594 651.5	797 387.2	904 712.0	1 032 935.3	1 488 601.0
流动负债:					
短期借款	0.0	11 513.3	20 803.2	57 460.8	126 395.2
交易性金融负债	0.0	0.0	0.0	0.0	0.0
应付票据	42 871.6	47 425.0	79 318.1	102 737.6	99 429.4
应付账款	53 258.1	68 383.1	80 435.1	82 101.2	150 053.1
预收款项	18 204.6	16 899.1	29 604.6	23 685.3	37 919.8
应付职工薪酬	11 995.7	17 723.9	24 722.1	28 008.5	34 970.3
应交税费	8 807.3	10 124.7	10 559.0	9 530.8	7 205.1
其他应付款	16 074.5	66 187.9	68 667.0	47 225.5	43 400.7
其中:应付利息	0.0	0.0	31.7	280.8	0.0
应付股利	0.0	129.4	389.3	0.0	5 563.7
一年内到期的非流动负债	200.0	200.0	1 100.0	1 000.0	1 018.9
其他流动负债	6 073.1	46 973.2	0.0	0.0	26 400.0
流动负债合计	157 485.0	285 559.7	315 629.9	351 749.7	526 792.6
非流动负债:					
长期借款	1 300.0	1 100.0	0.0	9 000.0	47 177.5
预计负债	2 155.7	3 751.3	8 549.6	9 265.0	8 657.7
递延收益	4 728.0	8 601.5	7 984.9	9 394.0	8 988.7
递延所得税负债	0.0	145.3	0.0	46.9	3 346.9
其他非流动负债	0.0	0.0	0.0	0.0	0.0
非流动负债合计	8 183.7	13 598.2	16 534.5	27 705.9	68 170.9
负债合计	165 668.7	299 157.9	332 164.4	379 455.6	594 963.5
所有者权益:					
股本	79 525.2	165 988.3	166 412.5	166 222.0	173 164.4
资本公积	153 899.0	128 024.8	136 926.3	135 958.5	281 309.4
减:库存股	9 275.2	53 581.3	52 525.4	34 624.9	21 357.8
其他综合收益	5 842.4	1 740.6	2 161.0	128.5	289.6

(单位:万元)(续表)

项目	2015年	2016年	2017年	2018年	2019年
专项储备	0.0	0.0	0.0	0.0	0.0
盈余公积	26 752.8	35 285.3	43 792.8	50 100.5	54 790.8
一般风险准备	0.0	0.0	0.0	0.0	0.0
未分配利润	149 225.9	194 121.5	245 856.8	306 424.7	373 588.6
归属于母公司股东权益合计	405 970.0	471 579.2	542 623.9	624 209.4	861 785.0
少数股东权益	23 012.8	26 650.2	29 923.7	29 270.3	31 852.5
所有者权益合计	428 982.8	498 229.3	572 547.6	653 479.7	893 637.5
负债和所有者权益总计	594 651.5	797 387.2	904 712.0	1 032 935.3	1 488 601.0

附表2 汇川技术2015—2019年度利润表　　　　单位:万元

	2015年	2016年	2017年	2018年	2019年
一、营业总收入	277 053.0	366 004.5	477 729.6	587 435.8	739 037.1
其中:营业收入	277 053.0	366 004.5	477 729.6	587 435.8	739 037.1
二、营业总成本	207 219.3	285 801.8	398 759.9	495 956.5	661 288.8
其中:营业成本	142 769.1	189 900.6	262 193.2	341 818.1	460 807.9
税金及附加	2 710.7	3 727.9	4 591.9	4 567.3	4 607.7
销售费用	22 621.4	30 624.1	44 116.1	50 446.2	62 692.9
管理费用	40 807.7	58 431.7	84 717.5	29 223.3	42 338.2
财务费用	-4 496.7	-844.6	-2 604.5	-1 279.0	5 286.1
其中:利息费用	1 294.9	2 073.4	1 660.4	1 604.3	6 287.3
利息收入	5 827.0	3 136.7	4 727.7	4 023.9	1 819.8
研发费用	0.0	0.0	0.0	71 180.6	85 555.9
加:其他收益	0.0	0.0	31 359.2	34 485.8	27 593.6
投资收益	2 648.3	3 006.2	7 512.5	5 753.7	7 626.5
其中:对联营企业和合营企业的投资收益	-118.6	-1 394.0	-1 786.5	-515.0	-590.2
公允价值变动收益	0.0	0.0	0.0	275.2	1 091.9
信用减值损失	0.0	0.0	0.0		-5 068.9
资产减值损失	2 807.1	3 962.1	5 745.7	-3 503.5	-4 068.3
资产处置收益	0.0	14.0	622.1	-219.9	-190.7
三、营业利润	72 482.0	83 222.9	118 463.4	128 270.6	104 732.4
加:营业外收入	18 151.1	21 270.1	1 973.2	1 036.9	1 270.5

（单位：万元） （续表）

	2015 年	2016 年	2017 年	2018 年	2019 年
减：营业外支出	92.0	128.4	211.4	941.2	424.3
四、利润总额	90 541.1	104 364.6	120 225.2	128 366.4	105 578.7
减：所得税费用	7 144.4	6 347.6	11 088.7	7 494.3	4 564.6
五、净利润	83 396.7	98 017.0	109 136.5	120 872.1	101 014.1
归属于母公司所有者的净利润	80 928.1	93 183.7	106 004.2	116 689.8	95 193.6
少数股东损益	2 468.6	4 833.3	3 132.3	4 182.2	5 820.5
六、其他综合收益的税后净额	4 287.6	-4 101.8	420.4	-2 032.5	161.1
七、综合收益总额	87 684.3	93 915.3	109 556.9	118 839.6	101 175.2
归属于母公司所有者的综合收益总额	85 215.7	89 082.0	106 424.6	114 657.3	95 354.7
归属于少数股东的综合收益总额	2 468.6	4 833.3	3 132.3	4 182.2	5 820.5
八、每股收益					
基本每股收益（元/股）	1.03	0.59	0.65	0.71	0.58
稀释每股收益（元/股）	1.02	0.58	0.65	0.71	0.58

参考文献

第三章

[1] ALTMAN E I. Financial ratios, discriminate analysis and the prediction of corporate bankruptcy[J]. The journal of finance, 1968(9): 589-609.

[2] BEAVER W H. Financial ratios as predictors of failure[J]. Journal of accounting research, 1966, Supplement: 71-111.

[3] CHEN Y, WESTON J F, ALTMAN E I. Financial distress and restructuring models[J]. Financial management, 1995, 24(2): 57-75.

[4] HO T, SAUNDERS A. A catastrophe model of bank failure[J]. The journal of finance, 1980, 35(5): 1189-1207.

[5] SCOTT J. The probability of bankruptcy: a comparison of empirical predictions and theoretical models[J]. Journal of banking & finance, 1981, 5(3): 317-344.

[6] 埃巴.EVA经济增加值:如何为股东创造财富[M].凌晓东,译.北京:中信出版社,2001.

[7] 埃文斯,毕晓普.并购价值评估:非上市并购企业价值创造和计算[M].郭瑛英,译.北京:机械工业出版社,2003.

[8] 伯恩斯坦,维欧德.财务报表分析[M].许秉岩,张海燕,译.北京:北京大学出版社,2004.

[9] 布雷利,迈尔斯.公司财务原理:第七版[M].方曙红,范龙振,陆宝群,译.北京:机械工业出版社,2004.

[10] 陈文俊.企业财务困境研究综述[J].湖北社会科学,200(6):89-91.

[11] 陈晓.中国上市公司的变脸现象探析[M].北京:企业管理出版社,2003.

[12] 丁韶年,庚力.建立科学的企业信用评估系统[J].中国城市金融,2003(12):25-27.

[13] 樊行健.现代财务经济分析学[M].四川:西南财经大学出版社,2004.

[14] 冯丽霞.企业财务分析与业绩评价[M].长沙:湖南人民出版社,2002.

[15] 格拉斯曼,华彬.EVA革命:以价值为核心的企业战略与财务、薪酬管理体系[M].北京:社会科学文献出版社,2003.

[16] 郭伊扬,郭尚鸿,沈祖志.适合中小型制造企业的客户信用评估的研究[J].运筹与管理,2003(1):122-126.

[17] 韩季瀛,张先治.现代财务分析[M].北京:中国财政经济出版社,2003.

[18] 金碚.何为企业竞争力[J].传媒,2004(6):33.

[19] 金碚.企业竞争力测评的理论与方法[J].中国工业经济,2003(3):5-13.

[20] 金碚.中国企业竞争力报告[M].北京:社会科学出版社,2003.

[21] 荆新,刘兴云.财务分析学[M].北京:经济科学出版社,2000.

[22] 荆新,王化成,刘俊彦.财务管理学[M].北京:中国人民大学出版社,2002.

[23] 康纳尔,张志强,王春香.公司价值评估:有效评估与决策的工具[M].北京:华夏出版社,2001.

[24] 雷夫辛,柯林斯,约翰逊.财务报告与分析[M].阎达五,杨松令,译.北京:机械工业出版社,2004.

[25] 李秉成.企业财务困境概念内涵的探讨[J].山西财经大学学报,2003(6):109-112

[26] 李铁群.论企业发展能力分析指标的缺陷及框架方案的选择[J].湖南财经高等专科学校学报,

2003(6):45-48.
[27] 廖玉,凌荣安.财务报表分析技能与案例[M].北京:中国财政经济出版社,2003.
[28] 蔺楠.企业信用评估模式选择分析[J].商场现代化,2006(2):161-162.
[29] 刘光明.企业信用[M].北京:经济管理出版社,2003.
[30] 卢雁影.财务分析[M].武汉:武汉大学出版社,2002.
[31] 思腾恩,希利,罗斯.EVA挑战:实施经济增加值变革方案[M].上海:上海交通大学出版社,2002.
[32] 孙茂竹,文光伟,杨万贵.管理会计学[M].7版.北京:中国人民大学出版社,2015.
[33] 王化成.财务管理案例点评[M].浙江:浙江人民出版社,2003.
[34] 王化成,刘俊勇,孙薇.企业业绩评价[M].北京:中国人民大学出版社,2004.
[35] 希金斯.财务管理分析:第8版[M].沈艺峰,译.北京:北京大学出版社,2009.
[36] 萧维.企业资信评级[M].北京:中国财政经济出版社,2005.
[37] 扬,奥伯恩.EVA与价值管理:实用指南[M].李丽萍,译.北京:社会科学文献出版社,2002.
[38] 张金昌.财务分析与决策[M].北京:经济科学出版社,2004.
[39] 张鸣,贾莉莉.财务分析入门[M].上海:上海人民出版社,2002.
[40] 张鸣.企业财务预警研究前沿[M].北京:中国财政经济出版社,2004.
[41] 张新民,吴革.绩效管理[M].北京:中信出版社,2002.
[42] 朱荣恩,丁豪樑.企业信用管理[M].北京:中国时代经济出版社,2005.
[43] 邹小芃,余君,钱英.企业信用评估指标体系与评价方法研究[J].数理统计与管理,2005(1):37-44.

练习题答案

第 3 章

1. 普通股股数 = 500/(4 - 2) = 250(万股)
   所有者权益 = 250 × 30 = 7 500(万元)
   资产负债率 = 5 000/(5 000 + 7 500) = 40%

2. (1) 应收账款周转天数 = $\dfrac{\text{应收账款平均余额} \times 360}{\text{销售收入}}$

   应收账款平均余额 = $\dfrac{40 \times 1\,500\,000}{360}$ = 166 667(元)

   (2) 速动比率 = $\dfrac{\text{货币资金} + \text{应收账款}}{\text{流动负债}}$

   流动负债 = $\dfrac{150\,000 + 166\,667}{2}$ = 158 334(元)

   (3) 流动资产 = 158 334 × 3 = 475 002(元)
   (4) 总资产 = 475 002 + 425 250 = 900 252(元)
   (5) 总资产报酬率 = 75 000/900 252 = 8.33%

第 4 章

1. 应收账款周转率 = 20 000÷[(1 200+1 300)÷2+(1 000+500)÷2]
   = 20 000÷(1 250+750) = 10(次)

2.
资产负债表

单位:万元

资产	金额	负债和所有者权益	金额
货币资金	50	应付账款	100
应收账款	50	长期负债	100
存货	100	实收资本	100
固定资产	200	留存收益	100
资产总计	400	负债和所有者权益总计	400

列示计算过程：

(1) 所有者权益 = 100 + 100 = 200(万元)
    长期负债 = 200 × 0.5 = 100(万元)
(2) 负债和所有者权益总计 = 200 + (100 + 100) = 400(万元)
(3) 资产总计 = 负债 + 所有者权益 = 400(万元)
(4) 总资产周转率 = 销售收入 / 资产总额 = 销售收入 /400 = 2.5
    销售收入 = 400 × 2.5 = 1 000(万元)
    销售成本 = (1 - 销售毛利率) × 销售收入 = 1 000 × (1 - 10%) = 900(万元)
    存货周转率 = 销售成本 / 存货 = 900/ 存货 = 9(次)
    存货 = 900/9 = 100(万元)
(5) 应收账款周转率 = 360/18 = 20(次)
    应收账款周转率 = 销售收入 / 应收账款 = 1 000/ 应收账款 = 20(次)
    应收账款 = 1 000/20 = 50(万元)
(6) 固定资产 = 资产总计 - 货币资金 - 应收账款 - 存货 = 400 - 50 - 50 - 100
    = 200(万元)

3. (1) 流动负债年末余额 = 流动资产 / 流动比率 = 270/3 = 90(万元)
   (2) 速动资产年末余额 = 流动负债 × 速动比率 = 90 × 1.5 = 135(万元)
       存货年末余额 = 流动资产 - 速动资产 = 270 - 135 = 135(万元)
       存货平均余额 = (135 + 145)/2 = 140(万元)
   (3) 本年销售成本 = 存货平均余额 × 存货周转率 = 140 × 4 = 560(万元)
   (4) 应收账款年末金额 = 270 - 135 = 135(万元)
       应收账款平均余额 = (135 + 125)/2 = 130(万元)
       应收账款周转期 = (130 × 360)/960 = 49(天)

第 5 章

1. (1) 销售成本 = 125 000 × (1 - 52%) = 60 000(元)
       赊销额 = 125 000 × 80% = 100 000(元)
       净利润 = 125 000 × 16% = 20 000(元)
       应收账款周转率 = $\dfrac{100\ 000}{(12\ 000 + 8\ 000) \div 2}$ = 10(次)

(2) 由于：
存货周转率 = $\dfrac{销售成本}{存货平均余额}$

即

$\dfrac{60\ 000}{(10\ 000 + 期末存货) \div 2}$ = 5(次)

求得：
期末存货 = 14 000(元)

由于：

$$流动比率 = \frac{流动资产}{流动负债}$$

$$速动比率 = \frac{速动资产}{流动负债}$$

因此：

$$2.92 = \frac{流动资产}{流动负债}$$

$$2.16 = \frac{流动资产 - 14\,000}{流动负债}$$

将两式相除,得到：

$$1.35 = \frac{流动资产}{流动资产 - 14\,000}$$

求得：

流动资产 = 54 000(元)

资产总额 = 54 000/27% = 200 000(元)

总资产报酬率 = $\frac{20\,000}{200\,000} \times 100\% = 10\%$

(3) 股东权益总额 = 200 000 - 200 000 × 37.5% = 125 000(元)

股东权益报酬率 = $\frac{20\,000}{125\,000} \times 100\% = 16\%$

(4) 每股盈余 = $\frac{20\,000}{5\,000} = 4(元)$

(5) 市盈率 = $\frac{25}{4} = 6.25(倍)$

第 6 章

1. (1) 市场风险收益率 = 15% - 8% = 7%
(2) 必要收益率 = 8% + 1.2 × (15% - 8%) = 16.4% > 16%
   由于预期收益率小于必要收益率,因此不应该进行投资。
(3) 16% = 8% + β × (15% - 8%)
   β = 1.14
2. (1) 计算营业杠杆系数：
   A 产品单价 = 100 ÷ 40% = 250(元)
   固定成本 = 10 000 × (250 - 100) - 900 000 = 600 000(元)
   营业杠杆系数 = 10 000 × (250 - 100)/900 000 = 1.67
(2) 计算财务杠杆系数：
   销售收入 = 10 000 × 250 = 2 500 000(万元)

净利润 = 2 500 000 × 12% = 300 000(万元)

税前利润 = 300 000 ÷ (1 - 25%) = 400 000(万元)

债务利息 = 900 000 - 400 000 = 500 000(万元)

财务杠杆系数 = 900 000 ÷ (900 000 - 500 000) = 2.25

(3) 联合杠杆系数 = 1.67 × 2.25 = 3.76

3. 普通股资本比重 = 1 000 × 2.5/5 000 = 50%

  长期借款资本比重 = 1 000/5 000 = 20%

  债券资本比重 = 1 500/5 000 = 30%

  普通股资本成本 = 1 000 × 0.4/(2 500 - 100) + 5%

  　　　　　　　 = 16.67% + 5%

  　　　　　　　 = 21.67%

  长期借款资本成本 = 10% × (1 - 25%)/(1 - 0.2%)

  　　　　　　　　 = 7.5%/99.8%

  　　　　　　　　 = 7.52%

  债券的筹资费率 = 50/1 500 = 3.33%

  债券资本成本 = 12% × (1 - 25%)/(1 - 3.33%)

  　　　　　　 = 9%/96.67%

  　　　　　　 = 9.31%

  综合资本成本 = 50% × 21.67% + 20% × 7.52% + 30% × 9.31%

  　　　　　　 = 10.84% + 1.50% + 2.79%

  　　　　　　 = 15.13%

4. (1) 计算三家公司的期望收益值：

   甲公司的期望收益值 = 0.3 × 40 + 0.5 × 20 + 0.2 × 5 = 23(万元)

   乙公司的期望收益值 = 0.3 × 50 + 0.5 × 20 - 0.2 × 5 = 24(万元)

   丙公司的期望收益值 = 0.3 × 80 - 0.5 × 20 - 0.2 × 30 = 8(万元)

(2) 计算各公司期望收益值的标准离差：

$$\sigma_{甲} = \sqrt{(40-23)^2 \times 0.3 + (20-23)^2 \times 0.5 + (5-23)^2 \times 0.2} = 12.49$$

$$\sigma_{乙} = \sqrt{(50-24)^2 \times 0.3 + (20-24)^2 \times 0.5 + (-5-24)^2 \times 0.2} = 19.47$$

$$\sigma_{丙} = \sqrt{(80-8)^2 \times 0.3 + (-20-8)^2 \times 0.5 + (-30-8)^2 \times 0.2} = 47.29$$

(3) 计算各公司期望收益值的标准离差率：

$$V_{甲} = \frac{12.49}{23} = 0.54$$

$$V_{乙} = \frac{19.47}{24} = 0.81$$

$$V_{丙} = \frac{47.29}{8} = 5.91$$

通过上述计算可知，作为稳健的决策者，应选择甲公司进行投资。

第 7 章

1. （1）2021 年公司与同行业平均比较：

   本公司净资产收益率 = 营业净利率 × 资产周转率 × 权益乘数
   $$= 7.2\% \times 1.11 \times [1 \div (1 - 50\%)]$$
   $$= 7.2\% \times 1.11 \times 2$$
   $$= 15.98\%$$

   行业平均净资产收益率 = $6.27\% \times 1.14 \times [1 \div (1 - 58\%)]$
   $$= 6.27\% \times 1.14 \times 2.38$$
   $$= 17.01\%$$

   ① 营业净利率高于同业平均水平 0.93 个百分点，其原因是：销售成本率低 2 个百分点或毛利率高 2 个百分点，销售利息率较同业平均水平低 1.33 个百分点。

   ② 资产周转率略低于同业平均水平，主要原因是应收账款回收较慢。

   ③ 权益乘数低于同业平均水平，因而负债较少。

   （2）2022 年与 2021 年比较：

   2021 年净资产收益率 = $7.2\% \times 1.11 \times 2 = 15.98\%$

   2022 年净资产收益率 = $6.81\% \times 1.07 \times [1 \div (1 - 61.3\%)]$
   $$= 6.81\% \times 1.07 \times 2.58 = 18.80\%$$

   ① 营业净利率低于 2021 年 0.39 个百分点，主要原因是销售利息率上升。

   ② 资产周转率下降，主要原因是固定资产周转率和存货周转率下降。

   ③ 权益乘数上升，原因是负债增加。

2. （1）① 净资产收益率 = $500/[(3\,500 + 4\,000) \times 0.5] = 13.33\%$

   ② 总资产报酬率 = $500/[(8\,000 + 10\,000) \times 0.5] = 5.556\%$

   ③ 营业净利率 = $500/20\,000 = 2.5\%$

   ④ 总资产周转率 = $20\,000/[(8\,000 + 10\,000) \times 0.5] = 2.222$

   ⑤ 权益乘数 = $(8\,000 + 10\,000) \times 0.5/[(3\,500 + 4\,000) \times 0.5] = 2.4$

   （2）净资产收益率 = 营业净利率 × 总资产周转率 × 权益乘数
   $$= 2.5\% \times 2.222 \times 2.4 = 13.33\%$$

   （3）采用差额分析法：

   净资产收益率变动 = $13.33\% - 12.13\% = 1.20\%$

   营业净利率变动的影响 = $(2.5\% - 2\%) \times 2.333 \times 2.6 = 3.03\%$

   总资产周转率变动的影响 = $2.5\% \times (2.222 - 2.333) \times 2.6 = -0.72\%$

   权益乘数变动的影响 = $2.5\% \times 2.222 \times (2.4 - 2.6) = -1.11\%$

   净资产收益率变动 = $3.03\% - 0.72\% - 1.11\% = 1.20\%$

第 8 章

（1）计算贴现率：

股本资本成本(K_s) = 9% + 4% × 1.5% = 15%

长期负债资本成本(K_d) = 10%

加权平均资本成本(WACC) = 15% × 60% + 10% × 40% = 13%

（2）预测未来五年的净现金流量：

第一年：200 × (1 + 15%) − 100 = 130.00(万美元)

第二年：200 × (1 + 15%)^2 − 100 = 164.50(万美元)

第三年：200 × (1 + 15%)^3 − 100 = 204.18(万美元)

第四年：200 × (1 + 15%)^4 − 100 = 249.80(万美元)

第五年：200 × (1 + 15%)^5 − 100 = 302.27(万美元)

（3）计算现金流量现值：

TV = 130.00 × (1 + 13%)$^{-1}$ + 164.50 × (1 + 13%)$^{-2}$ + 204.18 × (1 + 13%)$^{-3}$ + 249.80 × (1 + 13%)$^{-4}$ + (302.27 + 1 500) × (1 + 13%)$^{-5}$

= 1 516.79(万美元)

甲公司可以接受的最高收购价格为 1 516.79 万美元。

第 9 章

按照 F 分数模型计算：

$X1$ = (136 857−112 660)/246 838 = 0.0980

$X2$ = −53 148/246 838 = −0.2153

$X3$ = (−38 680+3 815−3 600)/[(113 567+128 965)/2] = −0.3172

$X4$ = 230 000/113 567 = 2.0252

$X5$ = (−38 680+2 171+3 815−3 600)/[(246 838+303 184)/2] = −0.1320

F = −0.7074<0.0274

所以预测甲公司是一家破产企业。

教辅申请说明

北京大学出版社本着"教材优先、学术为本"的出版宗旨,竭诚为广大高等院校师生服务。为更有针对性地提供服务,请您按照以下步骤通过**微信**提交教辅申请,我们会在1～2个工作日内将配套教辅资料发送到您的邮箱。

◎ 扫描下方二维码,或直接微信搜索公众号"北京大学经管书苑",进行关注;

◎ 点击菜单栏"在线申请"—"教辅申请",出现如右下界面:

◎ 将表格上的信息填写准确、完整后,点击提交;

◎ 信息核对无误后,教辅资源会及时发送给您;如果填写有问题,工作人员会同您联系。

温馨提示:如果您不使用微信,则可以通过以下联系方式(任选其一),将您的姓名、院校、邮箱及教材使用信息反馈给我们,工作人员会同您进一步联系。

联系方式:

北京大学出版社经济与管理图书事业部

通信地址:北京市海淀区成府路 205 号,100871

电子邮箱:em@ pup.cn

电　　话:010-62767312

微　　信:北京大学经管书苑(pupembook)

网　　址:www.pup.cn